企业剩余权劳资共同治理模式研究

胡静锋 著

中国社会科学出版社

图书在版编目（CIP）数据

企业剩余权劳资共同治理模式研究/胡静锋著. —北京：中国社会科学出版社，2016.10
 ISBN 978-7-5161-8274-1

Ⅰ.①企⋯　Ⅱ.①胡⋯　Ⅲ.①企业—人力资本—研究　Ⅳ.①F272.92

中国版本图书馆 CIP 数据核字（2016）第 116746 号

出 版 人	赵剑英
责任编辑	卢小生
特约编辑	林　木
责任校对	周晓东
责任印制	王　超

出　版	中国社会科学出版社
社　址	北京鼓楼西大街甲 158 号
邮　编	100720
网　址	http://www.csspw.cn
发 行 部	010-84083685
门 市 部	010-84029450
经　销	新华书店及其他书店
印　刷	北京明恒达印务有限公司
装　订	廊坊市广阳区广增装订厂
版　次	2016 年 10 月第 1 版
印　次	2016 年 10 月第 1 次印刷
开　本	710×1000　1/16
印　张	13.5
插　页	2
字　数	202 千字
定　价	48.00 元

凡购买中国社会科学出版社图书，如有质量问题请与本社营销中心联系调换
电话：010-84083683
版权所有　侵权必究

摘　要

企业剩余权是剩余控制权和剩余索取权的统称,基于不完全契约理论。本书的研究对象是企业剩余权治理模式。现代企业契约观点将企业视为各投入要素的一个不完全契约的产物,物质资本和人力资本达成的劳动契约是企业得以建立的核心契约,企业的剩余权治理是对劳动契约的剩余控制权和剩余索取权的治理。

本书先对既有的企业理论进行了较详细的综述和辨析,在此基础上,研究了劳动契约的剩余控制权问题研究发现,由于人力资本使用上的特有属性,实际上劳资双方都掌握着劳动契约的剩余控制权。企业中的物质资本和人力资本由于存在目标利益的不统一,在行为上就会产生对剩余权治理模式的博弈反应,剩余控制权和剩余索取权对应的效率要求,只有通过治理模式的创新这一要求才能达到。本书在理论上证明了劳资共同参与的剩余权治理模式在效率上优于单边治理模式,劳资共同治理模式所体现的公平要求,可以实现企业内部在生产上的公平与效率的统一,也是企业内部劳资和谐关系得以建立的保证。在详细考察了两种代表性的剩余权治理模式,即英美资本单边治理模式和德日共同治理模式之后,结合中国社会主义市场经济体制的内在要求发现,中国企业建立创新的剩余权治理模式具有现实中国经济环境、法律制度以及社会经济思想的支撑,劳资共同治理模式的建立是构建社会主义和谐社会的必然要求,也是中国经济持续稳定高速发展的微观基础。

第一章对本书的研究背景、研究的现实意义和理论意义、研究重点和难点、研究方法、研究的可能创新之处做了阐述。

第二章先对企业的契约理论做出综述,然后对既存的共同治理理论作出述评，发现虽然这些共同治理理论都提出了有关人力资本所有者参与企业治理的讨论，但是，并没有从企业的核心契约——劳动契约角度认识劳资之间内生的博弈关系。基于此，本书从劳动契约出发，借助合作博弈的研究手段研究企业治理结构。

第三章从资本主义企业和社会主义企业两个角度对企业剩余权治理展开讨论。社会经济制度对企业剩余权治理模式存在着约束。资本主义企业原生于市场经济体制，资本单边治理理论是对资本主义制度的辩护。市场中的企业是生产性和契约的二重组织，劳动市场中资本一方拥有的权力使资本雇佣劳动成为现实。许多中国国有企业是计划经济体制时期国家基于经济发展赶超战略建立起来的，因而不是市场原生的产物。资本单边治理模式会造成企业效率的损失。经济体制向市场化转型必然要求社会主义企业剩余权治理模式的创新，创新应当实现公平与效率的统一。

第四章从企业建立的劳动契约角度研究剩余控制权。通过对不完全契约的详细考察之后发现，包含劳务的契约是不完全程度最高的长期契约。由于劳动契约是人力资本所有者和物质资本代理人签订的，因此有必要对人力资本的特质加以研究。从人力资本的定义出发，分析了人力资本的产权特征，人力资本具有创造性、可塑性、专用性及对物质资本依赖性的特质。在此基础上，将劳动契约的剩余部分定义为：除劳动契约中有关劳务雇佣总的法律规定原则和具体条款以外的不可契约化部分。通过考察发现，人力资本的使用存在人力资本同物质资本目标利益有分歧、人力资本的"代理性"、"事后性"以及人力资本和人身的不可分离等条件限制。劳方也拥有对劳动契约剩余的控制。劳方的剩余控制权是隐性的，显性的资方剩余控制权则表现为管理者权力。劳动契约中明示的管理者权力不能彻底消除员工对剩余的控制。剩余索取权是企业剩余收入的要求权，剩余索取权和剩余控制权的对应是企业效率实现的基本要求，因而劳方对剩余的控制必然导致对剩余索取权的要求。

第五章通过数理模型证明劳资共同治理模式是最有效率的剩余权制度安排模式，而实现这种模式有赖于公平与效率的统一。论证中将企业内部成员抽象为物质资本代理人的管理者和整体工人两类成员，由于两类成员在生产上具有的互补特性及企业团队生产的要求，因而在企业的二元结构中两类人员通过合作博弈结为一体，合作博弈按夏普利值分配剩余。成员间因剩余权治理模式安排而展开博弈，基于双方都拥有各自剩余控制权，在努力程度上产生差异，企业期望剩余是两个成员努力的二元函数。在模型抽象假设基础上，通过严格的数理论证，得出以下结论：

第一，劳资共同治理模式下的期望总福利大于单边治理模式下的总福利；

第二，如果监督劳动使得劳动者努力是管理者努力的线性函数，则劳方单边治理模式在效率上优于资方单边治理模式，其原因在于节约了监督；

第三，期望总福利最大化的均衡解是劳资共同治理。共同治理模式虽然是最优的剩余权配置安排，但是，对期望剩余的争夺则可能产生如同"公地悲剧"式的劳资关系协调问题，即个体理性和社会理性的冲突。通过引入企业成员对于公平的偏好，"公地悲剧"将发生结构性改变，帕累托最优均衡解可以实现，因而对社会公平的要求能够保证劳资共同治理模式的实现，即获得公平与效率的统一。还对人力资本所有者公平的剩余索取权要求实现问题做了讨论。

第六章对剩余权治理模式的实践做了研究，提出中国国有企业治理创新模式。实践中，有两类较大影响的模式，即英美模式和德日模式。英美模式基于企业股权高度分散以外部市场控制为特征，强调股东利益最大化，伴随新自由主义经济学思潮的泛滥，成为主流治理模式。但是，以这一模式代表的美国不断爆发公司财务丑闻和金融危机表明其存在内在的制度性弊端，并且这种模式会造成社会贫富差距的拉大，因而不是理想的模式。德日模式则基于企业股权集中以内部控制为特征，这种模式实现了一定程度的员工参与剩余权治理，对德国和日本的经济腾飞起到了重要作用，并且社会贫富差距也较小。德日模式虽然受到来自英美模式的挑战，但是，经过适度的调整其基本方面并没有改变。任何一个国家的公司治理模式都必须基于本国社会文化制度和经济环境状况，在社会主义市场经济体制下，中国国有企业劳资共同治理模式创新适合中国现阶段国有股"一股独大"的股权高度集中状况、社会文化背景以及和谐发展的需要。在现阶段，我国法律制度框架下，对劳资共同治理比较合适的办法是以内部控制为主导方式，内部股东、外部股东和企业员工共同参与的"三三制"治理模式。

关键词： 劳动契约　剩余控制权　剩余索取权　共同治理　公司治理

目 录

第一章 导论 ……………………………………………… 1
    第一节 研究背景 ………………………………………… 1
    第二节 研究的现实意义 ………………………………… 4
    第三节 研究的理论意义 ………………………………… 6
    第四节 研究重点、难点和方法 ………………………… 7
    第五节 研究创新之处 …………………………………… 8

第二章 共同治理相关理论回顾 ………………………… 10
    第一节 企业契约理论 …………………………………… 10
    第二节 企业剩余权共同治理理论 ……………………… 20

第三章 企业治理模式的社会经济制度约束和改革的必要性 …… 49
    第一节 公司制的现代企业产生及法人特征 …………… 49
    第二节 企业组织的权力体系 …………………………… 55
    第三节 社会主义企业治理模式的转变 ………………… 72

第四章 基于劳动契约的企业剩余权研究 ……………… 86
    第一节 劳动契约的不完全性分析 ……………………… 86
    第二节 基于劳动契约的剩余控制权解析 ……………… 91

第五章 企业剩余权劳资共同治理模式效率证明 ……… 113
    第一节 劳资共同治理模式效率最优证明 ……………… 114

第二节　社会公平要求与劳资共同治理模式 …………… 124

第六章　公司治理模式的国别比较和中国国有企业治理模式创新 …………………………………………………… 138

　　第一节　英美模式 ……………………………………… 140
　　第二节　德日模式 ……………………………………… 155
　　第三节　中国国有企业治理模式创新 ………………… 181

第七章　结语 …………………………………………… 191

参考文献 ………………………………………………… 193

后　记 …………………………………………………… 206

第一章 导论

现代社会经济企业的健康运作是整个国家经济和谐发展的重要保障，而只有国家经济的和谐发展才有整个社会的和谐稳定。从这个意义上说，企业和谐是构建社会主义和谐社会的非常重要的方面。20世纪90年代以来，随着我国经济体制的市场化转轨，企业经营体制改革也深入展开，在取得企业总体经营效率提升的同时，企业内部矛盾和冲突，尤其是劳资双方的紧张关系也凸显出来。我们看到，一方面是我国国有企业经营效率的改善，另一方面是企业内部劳资矛盾的出现和加剧。企业内部的剩余权治理模式是企业运行的中心环节，劳资双方的策略互动始终围绕着其展开。因此，构建一个适合我国国情，使得企业经营效率和企业内部劳资和谐统一的企业治理模式是深化我国企业改革的目标所在。本书研究目的在于，通过梳理国内外企业理论和公司治理的最新研究成果，深入研究劳动契约的特性，提出劳资和谐和企业效率相统一的企业治理理论，揭示劳资和谐和效率统一的内生机制，提出适应我国国情的具有中国特色的企业剩余权治理模式。

第一节 研究背景

西方新古典经济学理论将企业视为投入和产出的生产函数，对企业内部运行机理是不清楚的，处于研究空白的"黑箱"状态。科斯1937年发表的《企业的性质》一文开创了现代企业理论研究新的领域和方向。循着科斯的指引，国外经济学界对于企业的研究工作逐渐展开，最终在20世纪80年代以后形成了公司治理理论研究的热潮。作为公司治理理论核心的企业剩余权治理模式研究是经济学研究的前沿领域之一，该理论进入中国以后，引起了学界的广泛关注和讨论。

企业剩余权治理结构的实质问题是对企业生产的期望剩余权利和义务关系的界定，即由谁掌握剩余控制权，谁获得企业剩余索取权，因此企业剩余权治理模式实际起着指导企业运营的"宪法"作用。能否构建一个合理的企业剩余权治理模式，是关系企业运营绩效的最为关键的决定因素之一，同时也是关系企业内部各方能否和谐共赢的关键因素。因此，世界各主要经济发达国家都十分重视公司治理原则的制定，以求建立适合各自国家国情的公司治理模式，借以增强本国企业的经营效益和市场竞争力，进而实现和谐稳定的企业运营状态，以求减少劳资冲突给社会带来的消极影响。美国在1994年发表了《Jenkins报告》，1996年发表了《全美董事联合会咨询委员会（NACD）报告》，1999年发表了《商业圆桌会议公司治理原则》。英国在20世纪90年代也发布了一系列公司治理报告，如《Gadbury报告》、《Hampel报告》、《公司治理准则》以及《Turnbull报告》。最为标志性的事件是1999年经济合作与发展组织（以下简称"经合组织"）（OECD）成员国签署了《经济合作与发展组织公司治理原则》。2002年经济合作与发展组织又对这一原则做了修订，2004年最终完成并发布。在《经济合作与发展组织公司治理原则》中，尤其值得关注的是该原则第四条"公司治理中利益相关者的作用"中明确声明"公司治理结构应该承认法律或双边协议所确立的利益相关者的权利并且鼓励公司与利益相关者在创造福利、工作岗位和整个企业的持续融资能力方面展开积极的合作"，进一步又指出："利益相关者，包括单个雇员及他们的代表组织应该有权自由地表达他们对董事会非法或非道义规定的关注而且他们的权利不应该因为上述行为而受到侵害。"上述有关"利益相关者"的表述，清楚显示出该《原则》对加入企业生产各方参与公司治理做出了积极的肯定。我国2005年经修正颁布的《公司法》明确了企业职工参与公司董事会和监事会的权利，如第一百零八条规定："股份有限公司设董事会，其成员为五人至十九人。董事会成员中可以有公司职工代表。董事会中的职工代表由公司职工通过职工代表大会、职工大会或者其他形式民主选举产生。"第一百一十七规定："股份有限公司设监事会，其成员不得少于三人。监事会应当包括股东代表和适当比例的公司职工代表，其中职工代表的比例不得低于三分之一，具体比例由公司章程规定。监事会中的职工代表由公司职工通过职工代表大会、职工大会或者其他形式民主选举产生。"另外，人们对于公司治理理论的研究也投入了更大的精力和热情。在国际上，世界银行和经合组织合作举办了一系列定期的会议和论坛专门开展有关公司治理理论的最新研究成果和问题的研讨，如"全球公司治理论坛"、"亚洲公司治理圆桌会议"、"拉丁美洲公司治理圆桌会议"。我国除在学术期刊上发表的有关公司治理最新研究论文外，也有专门的公司治理研究机构，如南开大学公司治理研究中心每年出版4辑《公司治理评论》。

20世纪90年代，伴随着经济理论中新自由主义思潮的全球兴起，"股东至上主义"公司治理理论成为主流影响的学术思潮。然而在实际的公司经营领域，以美国发生的"世通"和"安然"事件为标志，"股东至上主义"的弊端逐渐显现出来。随着世界范围内新经济的兴起，尤其以信息技术、生命科学技术以及知识分享型企业为代表，人力资本在企业经营绩效的作用日益得到学界的关注。值得注意的是，我国的经济体制转轨时期正是世界范围内"新自由主义"思潮泛滥的时期，因此我国国有企业在改革的过程中，表现出强烈的"股东至上主义"倾向，劳动一方的权益日益受到损害和漠视，由此也造成近年来我国劳资纠纷事件的不断出现，劳资矛盾日益激化，进而企业内部的不和谐因素又引发了社会的不和谐因子的产生。事实上，作为"股东至上主义"公司治理理论的反对方，"共同治理理论"早在20世纪60年代已经崭露头角，美国斯坦福研究所在1963年就首次提出了利益相关者的概念。这一概念一经提出，就获得一些学者的积极支持和研究，如布莱尔（Blair）、弗里曼（Freeman）、布兰纳（Branagh）等，在国内的积极倡导者则有杨瑞龙等。国内学术界对于公司治理问题的研究，也明显分成"股东至上主义"和"利益相关者共同治理"两个阵营，并且在20世纪90年代中后期掀起了公司治理理论的学术探讨和争鸣热潮。

第二节 研究的现实意义

作为我国经济主体的国有企业脱胎于计划经济时期的国营企业，在企业改革过程中，既要做到企业效益的提升，也要发挥企业职工的主动创造和积极进取的精神和劳动热情的作用。创造出有中国特色的企业剩余权治理模式是时代的需要。

企业剩余权治理结构的创新和发展对于深化我国企业改革，最终走出一条具有中国特色的和谐共赢的公司治理模式具有重大现实意义。从我国国有企业改革的历史过程来看，经历了三个重要时期，即80年代初期是扩大企业自主权，后期则是所有权和经营权分离，再到市场化改革时期提出建立现代企业制度。中国共产党十五届四中全会通过了《关于国有企业改革与发展的若干重大问题的决定》，明确提出建立规范的法人治理结构。但是，如何构建、怎样构建以及为谁构建，在实践中和理论上还没有解决。

在我国市场经济体制基本确定以后，企业的公司治理结构的建设就显得尤为重要。从历史上看，我国对于国有企业改革的方向和方式是一个逐步展开的渐进过程。改革初期，由于传统计划经济体制对企业经营管得过宽、控制得过死，由此加强企业自主经营权利、放权让利成为那个时期企业改革的主方向。在市场化改革时期，为了扭转国有企业大面积亏损和经营不善的状态，又施行了减员增效、抓大放小以及股份制改造等措施。问题在实践中解决又在实践中产生，尽管我国的《公司法》明确地表述了企业职工在公司治理中的权利和义务，在企业改制以后的多年实践中，现实的状态却是企业职工参与公司治理的权利很少得以落实，而资方单边治理的"股东至上主义"趋势日渐强化,从而引发出企业内部的劳资关系的紧张和冲突,造成企业进一步增效的困难。国有企业和国有控股企业内部治理表现为典型的企业高层管理者的"政府官员化"倾向,企业的经营者和董事会成员往往具有政府官员身份或背景。作为国有资本代理人,其本身会根据激励机制设定做出相应的策略选择,简单来说,如果加大对国企高管的激励,直接的作用就是企业高管的年薪畸高,这拉大了同企业普通职员的收入差距,引发企业内部的管理层和普通职员的心理差距,从而造成企业内部的对立和矛盾的不和谐状态。另外,如果对他们的激励措施扭曲,则又会造成企业高管追求在职消费,容易引发所谓的"59岁现象"。而且以往发生的成为社会关注焦点的许多事件,如"仰融事件"、"于志安事件"、"褚时健事件"、"通钢悲剧"等都反映出我国国有企业剩余权治理模式存在较大的制度性缺陷。实践证明,"股东至上主义"的公司治理模式并不是我国国有企业改革适合的方向。虽然加大国有资产管理力度,增强审计和干部审查工作的力度可以在某种程度上确保国有资产不会流失,但是问题的更重要方面在于如何能够发挥出国企广大职工的生产积极性,建立上下一心的和谐企业运营机制,从而推进中国特色的社会主义企业剩余权治理模式的建设。这是亟须解决的事情,也是本书研究的宗旨。

树立科学发展观,建设社会主义和谐社会,以人为本是其本质和基础之所在。人是最可宝贵的社会财富,因而激发人本身的主观能动性至为关键。发展为了人民,发展依靠人民是社会主义价值观的重要思想结晶。国有企业改革的最终目的是增强我国的经济实力和实现人民的幸福安康。因此,依靠员工办企业,发挥广大企业员工的生产积极性、创造性和自觉性,从而建设企业和员工共同成长的和谐企业经营机制是深化我国企业改革的必然选择。这就需要找出一条合理有效并且可资操作的企业剩余权治理模式,真正让员工参与到企业剩余权治理中来,而不仅仅是停留在法律文件之中。这种模式应该通过企业内部自身的运营机制化解各方的矛盾冲突,并且将不和谐因素消灭在萌芽状态。这种全新的企业剩余权治理模式，应该做到能够协调好企业内部各方的利益，能够发挥企业内部各方的积极性和创造欲望，能够让普通员工的想法和呼声及时被倾听和疏导，能够避免因为企业内部各方的剧烈冲突而导致的经营效率损失，能够最大限度地提高企业经营绩效。这样，最终在企业内部形成同心同德、上下协调、风雨同舟的和谐氛围，既要照顾员工个人工作的心情舒畅，又要高质量完成企业经营目标。这是我们期望的目标，也是需要精心构造的企业剩余权治理模式，这就是劳资共同治理的企业剩余权治理模式。

第三节 研究的理论意义

作为"股东至上主义"的资本单边治理理论对立面，共同治理理论在同单边治理理论辩论中提出了人力资本参与公司治理的思想。这一派理论中的"利益相关者共同治理理论"倡导者认为，公司管理者不应当仅仅为实现股东利益最大化而工作，也要对参与企业经营的各方，包括股东、企业员工、银行、社区、供货商乃至客户的利益工作，要协调好各方利益，追求公司经济利益、社会利益、个人利益乃至公共利益的平衡。毫无疑问，从社会和谐的立场出发，他们的观点是值得称赞的。但是，作为一种经济理论观点，共同治理理论在研究方法和理论基础上还存在明显的不足。

从企业契约观点看，企业的核心契约是人力资本和物质资本达成的劳动契约。从这个意义出发，企业剩余权共同治理，其核心是劳资共同治理。综合国内外的文献，既存的共同治理理论提出了人力资本所有者参与公司治理的倡议，我们看到这些理论的前提多是基于新制度经济学所提出的人力资本专用性投资概念，另一方面这些理论也是对现实中在某些国家出现的人力资本所有者参与公司治理的现象做出的阐述和研究。因此，既有的共同治理理论并没有重视对企业的核心契约——劳动契约的研究，然而劳动契约是如此的重要，因为只有对劳动契约的准确认识和研究才能真正深入了解企业中劳资之间内生的博弈关系,才能提出逻辑一致的共同治理理论和治理方案。通过对劳动契约的深入研究,最终揭示公平与效率的统一是和谐企业治理模式的要求和基础,这也是本书研究的价值所在。

第四节 研究重点、难点和方法

一 研究重点和难点

本书研究的重点和难点在于揭示出劳动契约基础性核心作用,通过对劳动契约性质的研究,明确人力资本参与公司治理具有效率要求的必然性,通过对不同公司治理理论的比较研究,建立逻辑严密统一的劳资共同治理理论基础,在理论上证明劳资共同治理模式是达成企业经营绩效和内部和谐统一的最优企业剩余权治理模式,劳资共同治理模式是构建社会主义和谐社会微观经济基础的制度性保障。

同时,进一步考察主要经济发达国基于自身国情和经济状况建立起来的有代表性的公司治理模式,在比较研究基础上,结合我国企业改革的历史路径以及社会主义价值取向内在要求,提出适应我国国情的劳资共同治理模式方案。

二 研究方法

要达成研究目的离不开科学的研究方法的支撑,本书的研究也不例外。针对本书研究目的,下面对本书使用的研究方法做一个简要的说明。

第一,唯物辩证法。唯物辩证法认为,世界存在的基本特征是一个普遍联系的永恒发展过程,事物发展变化具有三个规律,即对立统一规律、质量互变规律和否定之否定规律。从世界存在的客观出发,实事求是地研究事物变化发展的规律。

第二,数理逻辑演绎研究方法。数学方法作为科学研究的基本手段,具有客观的逻辑解释力和深度洞穿能力。使用文字描述会受到语言表述能力以及语言本身表意模糊性的制约，而数学语言的精确性能够避免这方面的影响。对经济活动中的复杂联系关系，可以通过建立数学模型进行抽象研究，从而获得深度认识。

第三，博弈论分析方法。现代博弈理论在经济学领域的应用，对理解经济现象和发现经济规律取得了突破性成就。这种方法对经济关系中个体的行为选择和各方最终的利益收获能够做出易于为人理解的描述，因而通过一个反映现实经济关系的博弈表述，可以洞穿经济关系中的内在规律。博弈论作为一种比较成熟的研究方法，提供了研究手段上的现成抓手。

第四，比较分析方法和历史分析方法。比较分析法将同类或相近事物范畴做出对比，分析具体事物的同一性和差异性。历史分析方法则是循着一个时间路径，研究一个事物发生、发展、兴盛、消亡的整个过程。在研究中，将这两种方法结合起来，就能够比较出不同事物所具有的优点、缺点、存在原因、消亡原因以及发现事物发展过程中具有的内在规律性。

第五，规范分析和实证分析方法。作为经济学研究的基本方法，规范分析从一定价值判断出发，回答经济关系中"应该是什么"的问题；实证分析则回答研究经济活动中"是什么"的问题。这是任何一项经济学研究都必然会使用的基本方法。

第五节 研究创新之处

本书研究的可能创新之处可归纳为以下三个方面：

第一，从认识到契约的不完全性以来，研究者多关注企业与企业之间，以及企业和管理者之间契约的不完全，发现了逆向选择和道德风险以及事后机会主义等问题并提出了治理方案，然而对结成企业最根本的劳动契约的研究还存在明显的缺位和不足。企业内具有核心地位的劳动契约是一个对劳资双方权利和义务关系的约定文本。着眼于劳动契约，本书的研究力图证明人力资本一方对企业期望剩余也起着决定的作用，劳动一方参与企业剩余权治理是劳资和谐和企业效率的根本保障。

第二，从劳动契约的不完全性出发，建立企业剩余权劳资共同治理理论。有别于利益相关者共同治理理论关注公司所有的利益相关者，参与企业生产的核心成员是作为资本代理人的管理者和企业普通员工。本书力图在理论上证明劳资共同治理模式不仅是企业内部和谐的保证，而且在效率上优于传统的资方单边治理模式，是公平和效率相统一的企业剩余权治理模式。

第三，在比较借鉴国外公司治理实践的基础上，基于我国的国情和社会主义和谐社会核心价值观，提出有中国特色的社会主义企业劳资共同治理模式。这一模式在立场上是马克思主义价值体系的，在方法上借鉴和吸收西方经济学企业理论的合理成分。劳资共同治理模式将化解企业内部劳资冲突的紧张关系，消弭企业内部不和谐因素，实现我国社会主义企业公平和效率的统一，为进一步研究社会主义企业理论提供有益借鉴。

第二章 共同治理相关理论回顾

企业作为一个国家经济运行和发展的细胞，是现代社会主要的生产方式和经济载体，也是吸纳劳动力就业的主要方式。从现代企业契约理论出发，企业被认为是市场经济关系各投入要素的一个契约产物，从根本上说，是物质资本所有者和人力资本所有者通过劳动契约得以建立起来的。现代企业剩余权治理理论的研究对象是企业剩余控制权和剩余索取权安排的制度模式，其核心在于论述什么样的治理模式是效率最优和最合理的制度安排。本书将要论述和证明的问题是，劳资共同治理模式是最优效率的企业剩余权治理模式，也是中国社会主义市场经济体制的必然要求。研究的起点是劳动契约，只有对劳动契约剩余控制权有清楚的认识才能够建立起逻辑一致的理论基础。在此之前有必要对既有企业契约理论和共同治理理论做一梳理和评述。

第一节 企业契约理论

近几十年以来，企业理论研究一直是经济学研究的重点领域之一。契约理论的发展导致近几十年来有关企业理论的研究形成了浩大的学术潮流，这里只能择其重点，对影响较大的企业契约理论做一整理，进而对不同逻辑基础、不同立场观点的理论加以辨别，以加深我们对于企业结构的了解。这些既有的企业契约理论，关注点和研究对象有很大的差别，从本书的研究视角出发，重点关注的是企业边界理论、代理理论、最优契约设计理论和默契契约理论。下面逐一进行评析。

科斯（Coase，1937）首先从契约角度认识企业。在他的视野中，企业的产生是对于市场价格机制的替代，正如他所言："企业的显著特征就是作为价格机制的替代物。"科斯思想的精髓是交易费用概念的提出，企业之所以出现，是因为企业能够节约交易费用。企业边界在使用市场价格机制的成本和企业内部组织成本之间的均衡位置。科斯认为，企业之所以能够节约交易费用，是因为"一系列的契约被一个契约替代了"，即企业通过一个契约代替了一系列市场契约，按照科斯的说法是"通过契约，生产要素为获取一定的报酬（它可以是固定的也可以是浮动的）同意在一定限度内服从企业家的指挥"。这样，劳务或物品通过契约进入企业，就能够减少交易成本，因为契约规定的对于劳务或物品的使用权可以避开对市场价格的讨价还价的精力浪费，从而让劳务或物品在企业家的指挥、安排和管理之下开展具体的生产活动。科斯说："但由于购买者不知道供给者的几种方式中哪一种是他所需要的，因此，将来要提供的劳务只是以一般条款规定一下，而具体细节则留待以后解决。契约中的所有陈述是要求供给者供给物品或劳务的范围，而要求供给者所做的细节在契约中没有阐述，是以后由购买者决定的。……购买劳务—劳动的情形显然比购买物品的情形具有更为重要的意义。在购买物品时，主要项目能够预先说明而其中细节则以后再决定的意义并不大。"① 从中可以清楚地看到，科斯对于企业购买劳务契约的关注，这是科斯对劳动契约颇具眼光的认识。他认识到了劳动契约不完全性的重要意义：劳务如何利用没有事先的详细规定，而是劳动者在进入企业之后，由购买者决定如何使用其劳务。科斯提到企业"权威"的概念，但是，他并没有对这一概念作进一步的研究，他没有分析为什么企业的"权威"由企业家掌握，实际上他认为这个"权威"是由企业家在市场中通过购买而获得

---

① ［美］科斯：《企业的性质》，载盛洪、陈郁编《企业、市场与法律》，格致出版社、上海三联书店、上海人民出版社2009年版，第39—40页。

的，因而权力属于企业家是不言而喻的。科斯对于现代企业理论的重要贡献，在于认识并指出交易费用的存在和劳动契约的不完全。正是在科斯的开创性思想指引之下，经济学家对于企业的研究摆脱了新古典经济学范式的束缚，对契约不完全性的认识推动了现代企业理论研究的进展。

张五常（1983）认为，企业并不仅仅是科斯所言的对于市场的替代，企业是通过契约关系，用要素市场替代了产品市场。在张五常的理解中，企业作为一个"要素市场"，企业内部的劳资关系也是一种市场的契约关系。他以计件工资契约为例，说明了他所认为的企业作为"要素市场"如何节约了科斯所谈的"交易费用"，这些费用包括信息费用、考核费用以及谈判费用。从这个意义上说，科斯认为，张五常的研究是对自己所倡导的理论做出了"贡献"（实际上是补充）是成立的。进一步说，如果我们按张五常的逻辑，如果企业不是取代了市场，而仅仅是"要素市场"取代"产品市场"，那么市场中所可能出现的契约双方在事后的机会主义的利己行为，是不是也能在企业中产生？张五常实际上已经触摸及了劳动契约，但是，他并没有更深入地继续下去，他的关注点在于交易费用的节约，而不是劳动契约连接的劳资之间的关系上面。实际上，他将科斯的交易费用的企业观和阿尔钦安和德姆塞茨（Alchian and Demsetz，1972）的企业观做了一个综合①，他认为，企业不仅是节约交易费用的产物，而且也是一个内部的市场契约关系，正如他所言："阿尔钦安和德姆塞茨争论说是由于偷懒而使监督者（也就是企业）介入其中。我的论据却是更要后退一步，我认为这种行为有着它自己的原发因素，因为替考核工作选择了一个代理人以替代自己应尽的努力；因此，偷懒的概念是一种间接的表述方式，表明在发现相对贡献的价格中存在着一种费用。"② 由此可见，张五常是在

---

① 关于阿尔钦安和德姆塞茨（1972）的企业观在下文中将有辨析。
② 张五常：《企业的契约性质》，载陈郁编《企业制度与市场组织——交易费用经济学文选》，上海三联书店、上海人民出版社2006版，第236页。

用交易费用的语言描述阿尔钦安和德姆塞茨所表达的思想。

威廉姆森（Williamson, 1979, 1980）、克莱因和阿尔钦安（Klein and Alchian, 1978）继承了科斯有关交易费用和契约不完全的思想，在此基础上，他们提出了"资产专用性"概念，用以解释企业间所谓的纵向一体化问题。"资产专用性"概念主旨在于，在市场交易中相当多的投资都具有特定的关系性，往往都是为了一个具体的交易而进行的投资，因而投资具有特定的对象，所以一旦改作他用，该项资产的价值就会下降。这就产生了资产的专用性准租①，而这个租金很可能会在契约签订以后被双边谈判中具有优势地位（包括买方和卖方）的一方用"机会主义"的行为据为己有。如果在双方签约之前，处于谈判劣势地位的一方能够意识到这种风险发生的可能性，则有效率的专用性投资就不会被实施。这样，事后的机会主义行为就成为企业效率实现的障碍。为了解决这个问题，采取纵向一体化的方式则是明智的选择，即让可能受损失的一方兼并另一方。在他们看来，机会主义行为的产生和契约不完全所导致的交易费用紧密相关，专用性投资准租的提高必然伴随与之相关的市场契约交易费用的增加，因此契约中的一方通过纵向一体化手段购买对方的专用性投资，从而可以节省现货市场的交易费用。应当指出，他们对于市场中企业间契约的考察是详细深入而颇具洞察力的，进一步地，他们认为，纵向一体化只是作为最后的手段而存在②，一种变通的方式是使用一个更为明确的长期契约以克服事后的机会主义行为或"敲竹杠"的发生。

不同于威廉姆森、克莱因和阿尔钦安，格罗斯曼和哈特（Grossman and Hart, 1986）以及哈特和穆尔（Hart and Moore, 1990）提出了一个形式化的数理模型，即 GHM 理论，以说明企业所有权结构。其理论基础同样是建立在契约不完全认识之上，他们

---

① 准租是指就某项资产而言，对于最优使用者的价值超过次优使用者的价值差额。
② 显然，一个现实的理由在于，纵向一体化行为对于企业而言是有成本的，过高的成本付出对企业来说是必须考虑的一个财务负担因素。

将契约中没有特别规定的剩余部分的处置权利定义为剩余控制权①，并且认为，所有权就是拥有剩余控制权。他们的观点是，由于契约不完全性的客观存在，要详细规定资产所有的使用细节会导致交易费用很高，因而产生了契约的剩余控制权问题，一个比较好的办法是让交易中的一方购买剩余控制权，这样，按照他们的定义，也就拥有了该项资产的所有权。由契约引发的对于某项资产的使用会产生收入，这样拥有剩余控制权一方就获得了收益，但是，这对另外一方是一个损失，这种情况的直接后果是造成对契约交易中没有剩余控制权一方激励的扭曲，从而引发其专用性投资不足的效率损失。GHM理论对于剩余控制权配置造成的激励扭曲的研究是成功的，不同于威廉姆森等人的工作，在这个理论中，不单单是纵向一体化是否能够解决机会主义的问题，更重要的是在一体化的过程中，谁一体化谁更为合适。这个模型指出，均衡时的剩余控制权配置取决于契约各方事前所投资的专用性投资的价值。这一理论认为，纵向一体化中所产生的激励扭曲问题，应该通过剩余控制权的配置得以解决，这个配置的原则是：在交易各方中，谁的事前投资更为重要，谁就应该拥有剩余控制权；如果各方的投资同等重要，则非一体化的长期契约较优。

GHM理论对于劳资关系的认定显然是外生的。他们认为，对物质资产的控制就足以引发对劳动的控制。这一理论关注企业间的纵向关系，其实质是刻画了企业的边界，对于企业内部的劳资之间内生的纵向关系，并不是其研究的重点所在。在有关权利概念的界定中，由于他们将企业所有权等同于财产权，因而简单地认为企业由其所有财产构成，这种认识与其说是错误，不如说是GHM理论的创立者的逻辑基础的必然结果，因为他们事实上将资本雇佣劳动作为了常识性的逻辑起点。GHM理论中的企业是古典资本主义企业，即资本家经营的企业。不满意这种理论和现实的脱节，阿吉翁和博尔顿（Aghion and Bolton, 1992）同样在交易费用和不完全契约前提

---

① 关于他们定义的剩余控制权，第四章中将详细辨析。

之上，针对所有权和控制权分离的现代企业发展了一个企业家受财富约束的企业模型。他们的模型是对 GHM 理论的延伸，其研究的意义在于，对金融契约的剩余控制权如何在企业家和投资者之间配置做出了说明。他们首先对企业家和投资者的效用函数进行了定义，投资者的效用函数是货币收入，而企业家的效用函数除了货币收入之外还有在职所造成的非金钱收益，这样的定义表明企业家和投资者存在目标差异。由于目标效用在企业家和资本家之间存在差异，他们的研究指出：企业家控制总是有效率，但由于受投资者借贷限制而可能不可行；投资者控制一定是可行的，但又可能会造成无效率。他们进一步证明了，对于可行的投资者控制来说，存在着一种条件控制的控制权分配模式。这种模式用简明的语言可以表述为：只要企业家履行偿付承诺，企业家获得控制权；如果企业家不能保证贷款的安全偿付，则投资者掌握控制权。这样一种条件控制的分配模式，说明了企业家和投资者分享企业的控制权。应当指出，阿洪和博尔顿关于金融契约的控制权分配问题的答案，同 GHM 理论是一致的，其要点在于最优效率的控制权分配方案是让控制权掌握在那些做出了事前投资或者在业务活动中扮演相对重要角色的一方手中。

瑞奥登（Riordon，1990）比较了纵向一体化和市场交易的差别，在其模型中设定一个企业（委托者）面临两个选择：第一，在市场中从上游企业购买生产所需部件（市场交易）；第二，在自己企业内部生产部件（纵向一体化），做出这个决定意味着企业需要雇用一个管理者负责该项目的生产任务。作为委托者的企业如果在市场中向上游企业购买部件，他不知道有关的生产成本信息，而上游企业（所有者—管理者）有动力降低生产成本；如果自己生产部件，委托者虽然了解生产成本的信息，但是由于雇佣关系的存在，委托者很难监督管理者，这个雇佣者—管理者就很难有动力降低生产成本。这个悖论的逻辑在于，纵向一条化虽然使得委托者对于成本信息的获取可以使得他做出更有效率的决策，但是却使管理者降低成本的积极性减小了。这意味着，市场交易向纵向一体化的转变，是通过扭曲管理者激励从而实现生产决策更有效率。因而一个适合的组织方式，就应当考虑委托者对部件价值的评价和该部件的生产成本函数对于管理者激励的敏感程度。一个让人满意的纵向一体化，应该是部件对于委托人价值很高，并且生产该部件的成本对于管理者激励不会造成很大扭曲。

詹森和梅克林（Jensen and Meckling，1976）同样基于契约角度考察了由于企业管理者不是完全的企业所有者而产生的"代理成本"问题。他们认为，由于企业所有者（委托人）和代理人都具有自身效用最大化的行为方式，存在目标利益的分歧，必然使得代理人不可能完全为委托人的利益而行动。这将导致如下情况发生，管理者努力工作，却可能承担所有的成本而只是获得部分的收益。因而管理者的工作动力不足，而只是部分的尽责却更多追求在职消费。这种由于代理人行为的偏差造成的委托人的损失，他们称其为"剩余损失"。除此之外，委托人需要承担监督支出，代理人要缴纳保证支出，这三项总和就是"代理成本"。换一个角度，也可以认为"代理成本"是代理人部分拥有企业所有权的企业价值同完全拥有企业时的价值差额。这个"代理成本"是在企业外部所有者的理性预期范围内由代理者承担。从效率角度考虑，如果让代理者拥有企业剩余索取权可以消除或者减少代理成本。但是代理者由于自身财富的约束，只能举债筹资。进一步来看，举债筹资又会产生债权的代理成本，由于债权人也具有同样的理性预期，因此企业所有权的结构应该由股权代理成本和债权代理成本的均衡决定。詹森和梅克林的洞见是犀利的，他们的关注点在现代企业所有权和经营权分离的问题上，因此他们看到了企业内部的经理人控制问题。

利兰和派尔（Leland and Pyle，1977）为解决企业融资出现的代理问题提出了资本显示的信号模型。他们认为，企业家和资本家对于项目的获利能力存在信息的不对称，即企业家对于项目可能获利的知识相较于资本家更全面。企业家显示项目的获利前景的办法，就在于其自己对于项目的投资比例，如果投资比例越高则说明他对项目预期收益的信心越高，这样，在投资信号的显示作用下，资本家对于项目的贷款可能性就会增加。他们理论的核心，在于企业财务资本对于项目运作所起到的信号作用，这个信号将提升投资者的信心，从而使得代理问题得以解决。

委托—代理理论则针对契约双方信息的不对称或不完全发展出一系列最优激励契约的设计模型，其目的是解决由信息的不对称或不完全而可能导致的"道德风险"和"逆向选择"问题。这一理论的贡献者包括威尔森（Wilson，1969）、斯宾塞和泽克海森（Spencer and Zechavser，1971）、米里斯（Mirrleess，1974，1975，1976）以及霍姆斯特姆等（Holmstöm et al.，1979，1982）。由委托—代理理论发展起来的信息经济学，以一系列正式的数学模型为特征。这一理论的基础在于两个基本的假设前提：第一，委托人对于生产的随机产出没有贡献；第二，代理人在工作中的行为不容易被委托人监视，或者虽然有一些间接的证据，但是却无法证实。在这两个假设前提之下，下面的工作是，为了保证委托人的利益得以实现，需要设计出一个最优的激励契约以促使代理人为委托人的利益而工作。这个最优激励契约的一般原则要满足以下条件：第一，设定有关代理人和委托人的风险类型；第二，契约必须满足代理人的参与约束，即代理人如果接受契约则能够获得的期望收益不能小于不接受该契约时的最大期望收益；第三，契约要满足代理人的激励兼容约束，即委托人希望的代理人行动只能通过代理人自身效用最大化而实现。在这些总的原则的指导下，根据具体的情况，发展出了针对不同问题的最优契约模型解决方案。委托—代理理论由于在建立数学模型上所取得的巨大成功，成为现代经济学当中非常重要的一个部分。这一理论结论的重要意义在于，加深了我们对于资本家和管理者，管理者和工人之间关系的理解。但是这一理论的委托者和代理人是外生决定的，即股东相对于管理者是委托人，而管理者是代理人；同样管理者相对于工人是委托人，而工人是代理人。对于委托权为什么产生的问题，这一理论没有涉及，实质上也不在其考虑的范畴之中。

由贝利（Bailey，1974）、戈登（Gordon，1974）、阿扎里迪斯（Azariadis，1975）发展起来的默契契约理论将视角延伸到劳动契约。作为一个较早时期将焦点集中于劳动契约的理论，我们这里重点加以介绍和评析。这个理论的最初形式建立在劳资双方信息对称的基础之上，研究工人和作为雇主的企业一方达成的长期雇佣契约。[①] 首先作简要的介绍，企业的生产函数简化定义为一个基于工人劳动时间的产出量，$y = f(n)$，$f' > 0$，$f'' < 0$，其中，n 是工人劳动时间（小时），引入随机变量 θ 表示对企业生产的外生冲击所导致的不稳定状态，且平均值为1，即 $E\theta = 1$。由于信息是对称的，所以，工人和企业管理者都知道在任一时期的自然状态 $\tilde{\theta}$，以及工人工作的小时数 n，设 w 是工资率，则企业在自然所带来的不确定性冲击下的利润可以表达为：$Q = \theta f(n) - wn$，则最大化 Q 的均衡解为 $\theta f'(n) = w$。假设劳动力的供应量 n 是稳定的，即一个长期契约保证工人能够稳定的就业，则工资率是关于自然状态的函数 $w(\theta)$。在劳动力市场中，企业提出一个基于自然状态 θ 的劳动契约 w，工人如果接受这个契约，则双方都将默认保证执行一段时间。下面假设企业是风险中性的，工人则是风险规避的，即工人的效用函数具有如下特征：

$$u = u[w(\theta)],$$

其中，$u' > 0$，$u'' < 0$。为简化运算并且不失一般性，设固定劳动量 $n = 1$。

风险中性的企业为每一个可能的状态 $\tilde{\theta}$ 提供一个工资率 $w(\tilde{\theta})$，则企业的期望利润为 $E(Q) = f(1) - E(w(\tilde{\theta}))$，$n = 1$，则 $E\tilde{\theta} = 1$。对于工人一方来说，由于其是风险规避的，所以，如果有一个确定性收入 C，使得 $u(C) = E(u(w^0(\tilde{\theta})))$，则必有 $C < u(C) = E(u(w^0(\tilde{\theta})))$，这构成了促使工人能够达成契约的参与约束。这样，对于企业来说，其最优的劳动契约设计即是满足工人参与约束下的期望利润最大化解，如下式所示：

$$\max E(Q) = f(1) - E(w(\tilde{\theta}))$$

[①] 下面关于默契契约理论的简化表述，参见［美］埃里克·弗鲁博顿、［德］鲁道夫·芮切特《新制度经济学》，姜建强、罗长远译，上海三联书店、上海人民出版社2006年版，第290—295页。

s.t. $Eu(w(\tilde{\theta})) - C = 0$

引入拉格朗日常数 λ，得到 $\max f(1) - E(w(\tilde{\theta})) + \lambda[Eu(w(\tilde{\theta})) - C]$，对于每一个 $\tilde{\theta}$ 的一阶条件为：$-1 + \lambda u'(w(\theta)) = 0$，即 $u'(w(\theta)) = \dfrac{1}{\lambda}$。由于 λ 是常数，则由此可知，风险中性的企业为风险规避的工人提供的所有可能状态下的工资边际效用为常数。换句话说，企业为工人提供了在所有可能的情况下的固定工资。另外，由于企业的利润为 $Q = \theta f(n) - wn$，这表明，利润随自然状况的不同而波动，这表明，实际上企业承担了风险。进一步地，企业给出的一组工资的期望值 $E(w(\theta)) = w_1$ 大于短期劳动力市场交易所形成的工资水平 w_2，则企业能够提供的一个工资水平为 w_0，有 $w_2 < w_0 < w_1$，使工人愿意接受企业提供的这个长期契约保证下的工资水平 w_0，企业和工人双方都偏好长期劳动契约市场而不是竞争的劳动现货交易市场。这就表明，劳动契约是一个具有工资刚性特质的长期契约，而不是使用劳动与货币交易的现货市场契约，风险中性的企业为风险规避的工人提供了确定性工资收入和稳定就业。由于实际工资刚性，从而工资代表的工人劳动的边际收益和劳动的边际产品是分离的。

默契契约理论从劳动契约角度对于劳资关系的认识对我们有很大的启发。劳动契约作为复杂的长期契约确定了劳资之间具有内生限定关系，之所以得出工资刚性这一命题，很大程度上是由于其模型假设条件对工人风险规避的假设。这一假设的思想渊源或许可追溯自奈特（Knight,1921）的提法。更重要的是，这一理论提出了劳动契约作为一个长期契约所带来的名义工资刚性和劳动的边际产品分离的问题，即工人的边际贡献和边际收益是分离的。这表明，在默契契约理论框架内，工人一方虽然获得了该理论所说的确定性等价工资收入，但是，工人的名义工资不是效率工资，这给我们提供了进一步研究劳动契约的方向和途径。

在这之后，哈特（Hart,1979,1983）和布兰查（Blanchard,1989）引入不对称信息和不完全信息思想，发展出最优激励相容性契约模型以及经理—第三者契约模型，其研究方向转向就业波动和事后无效率就业问题。

企业契约理论的切入点都在于企业得以建立在不完全契约之上，其差别主要在于各自关注点和考察重点不同。交易费用理论的考察重点在于企业和市场的关系，即企业存在的原因、企业和市场的边界以及纵向一体化时企业与企业之间的关系。代理理论则将视角深入到企业内部，考察的重点在于如何使代理人按照委托人的利益行动。但是，代理理论对于委托人和代理人的地位是事前就已经设定好了的，它并没有考虑为什么股东或经理是委托人，而工人就是代理人，因而它没有研究劳资关系中的内生机制问题。企业契约理论取得研究上的重大突破，但是，它对于企业内部劳资关系的研究是疏忽的，或者也可以说对于资本雇佣劳动命题是无条件接受①，就此而言，也就指出了进一步能够展开研究的方向。

第二节 企业剩余权共同治理理论

企业中物质资本和人力资本关系是企业内部结构最基本的方面，经济学家对于这一问题的关注和争论形成各种不同解释角度和逻辑的公司治理理论。对于工人权益保障、人力资本对生产贡献的肯定、企业生产效率及社会责任等方面问题的关注，共同治理理论突破主流资本单边治理理论束缚脱颖而出，其影响不断扩大，从本书研究的对象出发，对于这些既存的有关人力资本所有者参与企业剩余权治理的有关理论思想有必要加以整理和评述。本节讨论的企业剩余权治理理论，都是作为资方单边治理理论的反对者而出现的，

---

① 迈克尔·詹森说："公司的独特之处在于它没有限定哪一方必须拥有剩余索取权，客户、管理者、员工和供应商都可以避免承担企业的剩余风险。因为是股东对公司与各签约方的合同负责，所以公司的剩余风险由股东承担。正是由于没有规定哪个合同方拥有剩余索取权，因而公司可以让那些擅长管理风险的投资者承担剩余风险。这样，公司以最小的成本实现了最优的风险分担，同时也能比其他形式的组织更有效地满足市场市场需要。"引文摘自［美］迈克尔·詹森《企业理论——治理、剩余索取权和组织形式》，童英译，上海财经大学出版社 2008 年版，第 1—2 页。

这些理论和源自新古典经济学范式的资方单边治理理论在立场上是对立的。对于既存的共同治理理论我们选择其有代表性的理论仔细加以评述，这些理论主要包括人力资本专用性投资理论、利益相关者共同治理理论、日本学者提出的劳资"双向控制"共同治理理论，以及学者们通过考察欧洲企业劳资共决制基础之上提出的在纯理论意义上的劳资共管治理理论。对这些主要的既存共同治理理论回顾之后，将对我国学者有关劳动者参与企业剩余权治理方面的理论探讨加以总结归纳。

一 人力资本专用性投资理论

交易费用经济学对于契约一方的专用性投资事后易受机会主义行为损害的讨论，在一个自然的逻辑思路指引下，则会引入对工人人力资本专用性投资保护问题的思考。人力资本和物质资本达成的劳动契约，使工人的人力资本专用性投资成为企业生产性资产的重要组成部分，从生产效率的实现角度来看，工人也有参与企业剩余权治理的必要。威廉姆森在其所著的《资本主义经济制度》一书中，从工人做出专用性投资角度，对工人参与企业治理做出了探讨。威廉姆森认为，签订一个契约，对于签约当事人而言，有三个重要的因素限制：有限理性、投机思想以及资产专用性，在这些不同状态条件的制约下，有不同的契约模型。这些契约模型的差异如表2-1所示。

表2-1　　　　　　　　　签约过程的各种属性

行为假设			
有限理性	投机	资产专用性	隐含的签约过程
0	+	+	有计划的
+	0	+	言而有信的
+	+	0	竞争的
+	+	+	须治理的

注：+表示该因素限制重要，0表示该因素不起作用。

资料来源：[美]奥利弗·E. 威廉姆森：《资本主义经济制度》，段毅才、王伟译，商务印书馆2002年，第49页。

物质资本所有者和劳动者在签约过程中，首先会受双方有限理性的制约并且劳资之间的有关承诺可能不会得到严格遵守，用威廉姆森的话来说，是劳资双方都可能具有的投机思想而产生事后机会主义的行为。再有，物质资本所有者（企业）和工人都做了对于企业生产效率有价值的专用性投资。这样，受到签约过程的这些因素限制，劳资之间劳动契约是需要治理的，其原因在于第三方（法院）对于契约是否能够有效率的执行很难做出裁决，这就只有依靠契约双方之间出一个机制措施来保证双方利益都不至于受到损害，从而达成契约并且有效率的执行，即契约需要一个合理的治理。正如威廉姆森所言："把各种交易组织起来，才能经济合理地运用有限的理性，同时又能保护他们免受投机行为之苦。这样一个命题，比起那个'最大限度地获取利润'的急功近利的口号来，使我们能够从一个新的角度，以更广阔的视野来看待经济问题。"[①] 在这里，威廉姆森明确指出，劳动契约是一个需要治理的契约，下面的分析则按照他所倡导资产专用性投资的逻辑展开。

从一个涉及专用性投资的契约达成过程看，以 k 来表示专用性投资的费用或者数量，即若 $k=0$ 表示契约交易中没有专用性投资，$k>0$ 表示交易中有专用性投资，这些包含专用性的技术在投入以后，如果在契约期结束以前交易行为就结束了，则会导致生产性价值的效率损失。从交易一方的专用性投资来看，如果其所做出的专用性投资没有一个保障机制作用，供给者从避免自己损失的角度考虑，就不可能做出对企业生产效率有利的人力资本投资行为。这种对于专用性投资的风险规避行为，是市场机制无法加以制约的，因而在交易当事者之间达成一种保护机制是合理选择。这种保护机制提供的安全措施的作用程度用 s 表示，即若 $s=0$ 表示双方没有使用安全措施，$s>0$ 表示采用了安全措施。这样，在专用性投资数量和是否采用安全措施两个因素制约下，可以达成三种不同情况的长期

---

① ［美］奥利弗·E. 威廉姆森：《资本主义经济制度》，段毅才、王伟译，商务印书馆 2002 年版，第 51 页。

契约,如图2-1所示。

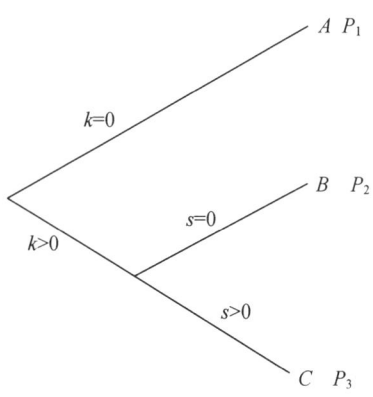

图2-1 签订简单契约的示意图示①

图2-1中A、B、C三点代表了三种契约类型不同的交易价格。威廉姆森设定对于参与交易的供给方(工人)来说,具有如下三个特征:不愿意承担风险、可以做出专用性或通用性的不同投资选择,以及只要能达成预期收支的平衡对安全措施由谁提供无所谓。这样,图中A点表示供给方做出通用性投资($k=0$),其投资的预期平衡价格为P_1;B点所代表的契约类型表明,供给方做了专用性投资($k>0$),并且没有采用安全措施($s=0$),其预期平衡收支价格为P_2;C点的契约表明,在供给方做了专用性投资之后($k>0$),买方为此提供了安全措施($s>0$),在这种情况下得到的预期平衡收支价格$P_3<P_2$。

威廉姆森认为,经济生活中的各种契约都可以通过上述签约过程中所具有的专用性投资(k)、安全措施(s)所代表的契约治理结构以及预期均衡价格(p)三种因素的相互制约作用得以决定,可以用来对各种制度安排加以解释。对此,可以简略地概括为以下

---

① 此图参考[美]奥利弗·E.威廉姆森:《资本主义经济制度》,段毅才、王伟译,商务印书馆2002年版,第52页,图1-2"签订简单合同的示意图"作出。

几个方面的内容。

（1）以通用性投资为交易的契约，都是 A 点所代表的契约类型，它是一种完全竞争市场下的交易结果，由于没有专用性投资，所以无须对契约加以治理。

（2）交易中一旦涉及专用性投资，市场机制无法保证契约有效履行，则必须要求交易者之间达成互惠的保证或者引入契约治理机制。对于这种交易达成的契约 B 来说，如果没有采取安全的治理措施（$s=0$），由于达成交易的预期平衡收支价格高于采取了安全治理措施时的价格（$P_2 > P_3$），这会造成契约的执行处于不稳定的状态。这样的契约有两个演化的路径：其一是使供给方用通用性投资替代专用性投资，因而退化成完全市场竞争的交易结果 A；其二是如果买方提供安全措施对契约加以治理，以此鼓励供给方作出有效率的专用性投资，则转化成有治理措施的契约 C。

（3）对于有治理措施的契约 C 来说，其目的是保护对生产有价值的专用性投资得以施行，但对买方来说，由此必须付出采用治理措施带来的较高价格。在一个交易成本为正的世界中，对契约双方来说采取治理措施所付出的较高价格是对契约能够达成以及保证其履行而言是必不可少的，价格低廉和有效的契约治理措施则不可兼得。这样来看，治理措施的施行将是一个普遍的情况。

从以上展开分析的逻辑过程来看，自然可以提出需要一个治理措施对工人专用性投资加以保证和促进问题。威廉姆森考虑工人已经对企业做出了人力资本的专用性投资，这种情况就是图 2-1 中 B 点和 C 点的情况，对于企业（物质资本）和工人来说，都一定会认识到采用一个治理结构以获得 C 点契约的稳定状态是较好的选择。显然，如果在 B 点上，工人一方会退化为只做出通用性人力资本投资或者对归己所有的专用性人力资本做出低效率的使用决策，工人也可能会要求更高的工资率以确保自己专用性人力资本投资的安全。这样就有充足的理由使契约在 C 点达成，其方法是：通过一个合理的劳资双向治理结构，实现企业生产的效率目标。这一分析的逻辑结果，充分说明了人力资本所有者参与企业治理的必要性。

威廉姆森进一步指出，在劳动契约中，有一个主要的困难是，如果工资标准事先确定之后，由企业单方面决定雇佣工人的人数，则会造成劳动力配置上的无效率，即使把工资标准和雇佣人数都确定下来，但是，对于掌握信息较少的一方也会产生不利影响，因此劳资共同参与的治理结构可以达到信息沟通上的作用，其直接方法就是让职工参与董事会。用他的话来说，"当企业真正遇到危机或自称遇到危机时，特别是当企业要求工人们以实际行动响应时，工人参加董事会这一条就显得重要了。因为他能促进可靠信息的沟通，消除工人（对雇主的）不信任心理"。信息的充分交流，能够促进工人和企业共同来承担风险，但是，基于完全自利动机的考虑，又会造成劳资双方很难在行动上真正达成一致，对于这个可能的障碍因素，威廉姆森引用了哈特（1983）的论说来加以佐证："不能直接根据这种状况来确定他们的工资。因为如果合同中有一条说：在企业走'背字'时，就应该降低工人的工资；那么，企业为了自己的利益，就总会把情况说得很糟。"① 威廉姆森用资产专用性的逻辑思想，指出，工人参与企业治理是一个合乎效率的要求，同时可以带来工人共同承担企业风险的好处。但是，他事实上也不得不指出，这种劳资共同参与的公司治理结构面临的来自资本主义经济制度方面的障碍，即反对者担心这会有损于股东利益，或者是低估这种治理措施所带来的好处。

人力资本专用性投资理论，从劳资之间达成的契约角度认识到作为人力资本所有者的工人参与企业剩余权治理的必要性。同样，克莱因等（1978）在考察人力资本的专用性投资问题时也很自然看到机会主义行为可能在企业内部产生的问题。他们认识到，他们所提倡的"纵向一体化"的终极手段无法使用到人力资本身上，因为奴隶劳动是违法的，因此只能采用长期契约方法。然而，问题的重要性在于，企业间的纵向一体化，只是克服了市场机会主义，但

---

① ［美］奥利弗·E. 威廉姆森：《资本主义经济制度》，段毅才、王伟译，商务印书馆2002年版，第420页。

是，企业内部的机会主义又无法用纵向一体化的方法解决，问题的全部悖论就在于此。然而，他们并没有就此深入下去，进一步对劳资关系得以确立的劳动契约加以研究，以获得威廉姆斯所谈到的工人参与企业治理的问题答案。事实上，交易成本经济学理论通过其理论逻辑的自然延伸，涉及对人力资本专用性投资保护以及企业劳资共同治理结构所能够带来的对物质资本所有者和人力资本所有者的种种好处。他们手里的钥匙（专用性投资）几乎已经是或者说接近于打开企业内部治理结构制度安排之谜，但是，他们轻易地放弃了进一步深入研究。我们认为，作为社会的人，即人作为一切社会关系的总和，并不是孤立存在于世界中的，被新古典经济学作为经济分析范例的鲁宾逊一个人孤零零在海岛上的生活并不是这个世界经济活动的实际状况。新制度经济学能够取得研究上的突破，很大程度是认识到现实世界中人与人之间互动关系的存在。既然企业1和企业2之间的交易契约会被双方事后机会主义行为损害，那么也有充分理由相信，在企业内部成员之间也存在同样的关系。这一理论框架中所包含的劳资共同治理的因素，对我们的研究思路是一个重大的启发，而他们没有进一步深入进行研究的领域，则是我们的研究所致力的方向，即劳资共同参与的企业剩余权治理模式。

二 利益相关者共同治理理论

利益相关者共同治理理论是在对"股东至上主义"的资方单边治理理论批判基础上建立起来的。美国学者玛格丽特·布莱尔（1995）是这一理论的开拓者之一，她所做的《所有权与控制：面向二十一世纪的公司治理再思考》是西方学者以专著形式讨论利益相关者共同治理的学术作品。

主流的资方单边治理理论经济学观点认为，在企业内部只有物质资本（股东的出资）承担了契约的剩余风险，因而应该拥有剩余索取权，从而为保证企业效率的实现，物质资本的代理人应监督工人的劳动，拥有剩余控制权，布莱尔对这一命题提出了挑战。她认为，承担剩余风险的不仅仅是股东，还包括企业职工、债权人还有供应商等利益相关者，其中职工则是核心的利益相关者。她认为，人力资本的所有者进入企业之后，随着工作时间的增加，就积累出对所在公司有价值的专用性人力资本技能，这种专用性人力资本也是有风险的，为了激励专用性人力资本的投资，也要对其所有者支付"剩余收益"。她给出了如下三个方面的依据：第一，职工在企业中长期工资的增长超过他们自己预期的来自一般性技能进步所导致的工资增长，这种增长表明，职工收入中有对应企业剩余的风险部分，这意味着职工也在承担剩余风险。第二，对于个人来说，终其一生，其从事的职业很难做到经常变换（无论是辞职还是被解雇所引起的职位变换率均低于平均水平），这表明职员工作时间积累所导致的专用性投资增加使得他的退路降低。第三，如果企业决定辞退一个较长工龄的职工，需要支付更多赔偿金，这表明企业对于职工长期积累的专用性人力资本的赔付。

布莱尔进而提出，如果从专用性资产投入导致对风险的承担来说，则企业职工以及其他利益相关者都应当据此而拥有企业控制权，使得企业所有的风险资产受控于其专用性的投资者。这样，所有的利益相关者可以通过其对企业投资的份额，承担与此相对应的风险，合适的办法是通过一个适当的股权划分，让所有的利益相关者联合选举董事会，从而让利益相关者获得一致的风险和得益。布莱尔为代表的利益相关者共同治理理论的倡导者认为，对于企业职工来说，实现参与企业剩余治理的方式，可以通过职工股票所有权计划（ESOPSs）或者工资换股票协议来达成。在实证上，布莱尔引用了克鲁斯（Kruse）的统计检验结果来佐证剩余分享计划对企业效率的提升作用。克鲁斯通过来自500家美国公司的样本统计发现，剔除其他影响生产率的因素之后，企业如果采用了剩余分享计划，其生产率会产生一次性增长率达4%—5%。

布莱尔将资产专用性概念引入对人力资本的考察，其秉持的逻辑是新制度经济学所倡导的风险和得益相一致原则。换句话说，只要是承担了企业经营风险的利益相关者都有权利获得企业的控制权。对布莱尔理论的诘难，主要集中在如下几个方面：

第一，利益相关者如何界定，企业经理如何能够做到对所有的利益相关者负责。主要问题是，公司经营必然涉及多方面的经济主体，对于所有这些相联系的组织和个人，如果只要和公司利益相关就参与公司治理，则由于边界的不易决定，会使得公司治理结构成为不稳定和无法行使职能的结构。

第二，布莱尔所说的剩余风险（剩余收入）并不是阿尔钦安和德姆塞茨倡导的资方单边治理理论中的剩余风险。其批判者指出：布莱尔用大型企业的职工工资高于小型业主制企业中具有同等技能的职工工资来说明不只是股东承担了剩余风险。这说明，布莱尔所说的"剩余收入"是指团队生产效率导致的大于单个生产效率的收入，而"剩余风险"则是与公司是否存在相关联的团体效益是否能够获得的不确定性。资方单边治理理论所说的"剩余收入"是指除去契约规定支付以后的收入，由于这个收入的多少不能确定，甚至可能为零，因而具有"剩余风险"。因此，布莱尔的理论就不能构成对于资本单边治理理论的批评。

第三，共同治理结构导致的可能收益增加会因为其带来的成本而导致其无法施行。其理由是利益相关者之间关于剩余的分配所导致的争执会带来相应成本，这种成本的增加如果超过了利益相关者各方的收益，则共同治理就无法施行。

第四，利益相关者所投入的风险资产，在进入企业以后成为一个整体，从而很难划分资产以及确定其相应的数量。①

这些诘难中，核心是第一个问题和第二个问题。

对于第一个问题，利益相关者理论的支持者进一步界定出核心利益相关者，一般认为，这包括股东、职工和贷款者，由此企业经理就应当为这些核心的利益相关者负责。

对于第二个问题，则一直存在争论，我们认为，布莱尔所举的"大型企业的职工工资高于小型业主制企业中具有同等技能的职工工资"例子，重点在于说明工人也获得了"组织租"（阿罗—德布鲁所说的团队合作生产减去个人单独生产的加总值所得的差额），

---

① 黄少安、宫明波：《共同治理理论评析》，《经济学动态》2004年第4期。

她是从这个意义上来批判阿尔钦安和德姆塞茨的团队生产理论。

更重要的是，从上面谈到的人力资本所有者所积累的对于公司有价值的专用性投资的三个方面依据而言，布莱尔从专用性人力资本也获得了"风险租金"的事实，说明人力资本也承担了企业经营风险，而且只能通过激励手段来促使企业职员进行专用性人力资本投资。从这层意义来看，布莱尔所说的"剩余风险"和契约意义上的"剩余风险"应该是一致的，它们在实质上都是说明企业经营所面临的风险。

詹森认为，利益相关者理论没有拿出一个解决各方利益冲突的办法。作为资方单边治理理论的支持者，他认为，在资本单边治理模式下，分散的股东作为唯一的剩余风险承担者将控制权委托给董事会，这样通过一个激励方案使得公司管理者为股东利益负责。公司管理者则做出一个最优投资组合，使得投资的边际成本等于投资对企业价值的边际贡献，从而实现企业最大化市场份额和最大化公司市值的统一，在没有外部性和价格垄断的情况下，则"最大化组织所有权益的市场价值就是对社会的最大贡献"。[①] 这一诘难是存在问题的。首先，股东并不是企业剩余风险的唯一承担者，劳动者也承担者风险。其次，在股权分散的状态下，如何设计一个合理的制度让公司管理者为股东利益负责和为公司利益相关者负责面对的是同一个问题，即管理者激励机制的设计问题。最后，由于工资刚性，工人工资和其边际产品是分离的，管理者在实际经营中无法做到理论上的边际成本等于边际贡献。[②] 企业的经营离不开劳动和管理的结合，在企业面临着外部风险，内部则有着劳资利益的不一致，因此，企业理论的研究必须从这两个方面的前提着眼，既然承认代理成本的存在，就无法回避企业员工利益如何保证并激发其创造力的问题。

---

① ［美］迈克尔·詹森：《企业理论——治理、剩余索取权和组织形式》，童英译，上海财经大学出版社2008年版，第2页。

② 工资刚性造成工资和劳动的边际产品的分离命题，是阿扎里迪斯（1975）、贝利（1974）和戈登（1974）的研究成果。

布莱尔提出的利益相关者共同治理理论，其理论逻辑基础根源于交易成本经济学提倡的专用性投资思路，其立论着眼点在于企业员工做出的专用性投资同样面临企业经营风险，主要以企业经营中产生的对于员工人力资本投入补偿的现实性回馈和投资行为产生的反应结果作为其论证依据。这一理论更多的是基于现实中企业经营效率实现的考虑，从实际发生的现象和事件上论证企业所有利益相关者（包括工人）参与企业治理的合理性，这就逐渐远离了对企业得以结成的劳动契约的研究，而理解整个企业治理制度的枢纽是对劳动契约的研究，只有如此才能够真正打开企业治理制度结构的难题。

三 劳资"双向控制"共同治理理论

青木昌彦和奥野正宽（1996）在其合著的《经济制度的比较分析》一书中，基于日本企业特有的员工参与企业治理制度安排实践基础之上，提出了"双向控制"模式的控制权治理结构理论，并建立了一个正式模型进行说明。他们认为，对于日本企业的经营人员，有控制权的集体有两个：一个是股东集团，另一个是职工集团，职工集团拥有控制权是因为他们的人力资本投资的特有技能对于企业是不可或缺的，为了激励企业职工的人力资本投资的积极性，让他们拥有控制权是符合企业利益的。他们通过一个数理模型分析了这种日本式的"双向控制"模式企业劳资之间的谈判机制，下面对这一模型作详细介绍。

劳资双方利益存在分歧，则其合作的达成通过谈判得以解决，因此他们的模型建立在纳什谈判解[①]基础之上。纳什谈判解，如下式所示：

[①] 纳什（Nash）考察两个参与者的谈判机制，在他设定的四个公理的假设条件上，证明了谈判解唯一存在，即纳什谈判解。这四个公理包括：（1）合理性，即谈判达成时参与者各自获得收益将不小于谈判破裂时的收益。（2）公平性，即谈判双方处于对称地位，谁作为先动者都不影响谈判的结果。（3）预期效用函数的一阶导数不变性，表明个体偏好不变。（4）无关选择的独立性，如果将无关的选择向量从集合中剔除之后，原谈判解依然是新集合的解。纳什证明满足上面四个公理的解唯一存在，并给出了正文中的闭合解。

$$\max_{\{(x_1,x_2)\}\in X, x\geq d}[(x_1-d_1)(x_2-d_2)]$$

其中，x_1 和 x_2 是谈判博弈参与者 1 和参与者 2 的支付，X 是可能的利益向量集，如果谈判破裂，则博弈双方各自获得 d_1 和 d_2 的保留支付。

假设 N 个工人组成一个工会，工会代表与企业经营者谈判达成一个工资率 w，企业只需要从 N 个工人中雇用 $L(L\leq N)$ 个工人工作①，即获得雇用的工人的努力程度为 e，其付出的努力的负效用为 $h(e)$，失业的工人则只能获得失业保险金 $\underline{u}$。企业的收入是雇佣人数和员工努力程度的函数，如果 L 个职工付出的努力都为 e，则企业收入为 $R(eL)$，因此，对于企业股东来说，其获得企业剩余收入就是企业总收入减去总工资，表达为下式：

$R(eL)-wL, R'>0$

假设企业雇用工人是随机决定的，即对于工人机会均等，如果就业率为 L，则被雇用的概率为 L/N，这样，单个工人的预期效用可以用下式表达：

$$\frac{L}{N}u[w-h(e)]+\left(1-\frac{L}{N}\right)\underline{u}, \ u'>0 h'>0$$

对于"股东至上主义"企业治理模式来说，企业的目标是股东利益最大化，其限制条件是企业必须保证工人工作的收入不小于失业保险金。其数学表达如下：

$$\max_{e,L,w}[R(eL)-wL]$$

$$\text{s.t.} \ \frac{L}{N}[w-h(e)]+\left(1-\frac{1}{N}\right)\underline{u}\geq \underline{u} \quad (2-1)$$

上述最优规划问题的解 e、L、w，就给出了一个以股东利益最大化为目标的企业向工人提出的劳动契约。

相反，如果是工人控制的企业，其企业目标的数学表达如下：

---

① 这个假设表明，工人处于劳资谈判的市场长边，这会使工人居于不利地位。可以想象，工人和资本家如果都"失业"，虽然最终都会死去，但是，工人如果不"犯法"去抢劫的话，必然死得比资本家早。

$$\max_{e,L,w}\left\{\frac{L}{N}[w-h(e)]+\left(1-\frac{1}{N}\right)\underline{u}\right\}$$

s.t. $R(eL)-wL\geq 0$

上述规划问题的限制条件表明,工人控制的企业只有保证金融支持不至于退出企业,即股东获得一定的资金投入报酬,才能实现工人人均效用最大化目标。

不同于资方单边治理模式和工人单边治理的企业模式,他们认为,日本企业的"双向式控制"模式,其企业行为是建立在劳资谈判基础之上,即股东和工会通过谈判达成劳动契约 (e,L,w)。代表工人的工会是按照全体参加工会的 N 个工人的效用总和做出决策,即工会的效用是雇佣数量 L 确定之前所有工会成员的效用总和。股东的效用则是企业收入减去总工资的企业剩余收入。股东有一个机会成本,即如果和工会谈判破裂,他可能丧失别的投资盈利,假设这个机会成本为零,即退路为零。对于工人来说,考虑他可以领取的失业救济金 u,则如果谈判破裂,工会(总体工人)的退路为 $N\underline{u}$。劳资谈判的纳什谈判解形式如下[①]:

$$\max_{e,L,w}[R(eL)-wL](L\{u[w-h(e)]-\underline{u}\}) \qquad (2-2)$$

求解上面的最优化问题可得:

$$w=\frac{R(eL)}{L}-f,\ f=\frac{u[w-h(e)]-\underline{u}}{u'[w-h(e)]}>0 \qquad (2-3)$$

$$R'(eL)=h'(e) \qquad (2-4)$$

$$w=eR'(eL)+\frac{1}{2}\left[\frac{R(eL)}{L}-eR'(eL)\right] \qquad (2-5)$$

这里,式(2-3)是对式(2-2)关于 w 微分而得;式(2-4)是对式(2-2)关于 e 微分以后,再代入式(2-3)而得;式(2-5)是对式(2-2)关于 L 微分而得。

为做出比较,求解(2-1)式所表达的股东利益最大化的资方

---

① 青木昌彦和奥野正宽讨论了使用纳什谈判解来描述劳资谈判过程的合理性。参见[日]青木昌彦、奥野正宽编《经济制度的比较分析》,魏加宁等译,中国发展出版社2005年版,第七章相关内容。

单边治理企业模式的最优化问题，得：

$$u[w-h(e)] = \underline{u} \quad (2-6)$$

$$R'(eL) = h'(e) \quad (2-7)$$

$$w = eR'(eL) \quad (2-8)$$

在"双向式控制"模式下，工人工资由式（2-3）确定，在工人管理企业的单边治理模式下，股东只要能确保获得与外部机会相等的效用就不会退出，从而工资率为 $R(eL)/L$①，但是，在"双向式控制"结构下，由于股东利益的约束，因而工资就要减少一个 $f = \dfrac{u[w-h(e)] - \underline{u}}{u'[w-h(e)]} > 0$。这表明工会对于谈判破裂是有所顾忌的，由于其对谈判破裂的恐惧②，工会就不会提出过高的工资水平。

从式（2-5）可以发现，这再次印证了工资和工人边际产品的分离，工人的实际工资是其边际产品加上平均产品和边际产品差额的1/2。这也表明，工会部分拥有企业控制权，提高了工资水平。另外，根据式（2-5），如果有 $R(0) = 0$，$R'' < 0$，则可得 $\dfrac{R(eL)}{L} - R'(eL) > 0$。这表明，只要工资小于边际产品，就能够增加雇用量。同式（2-8）比较，可以发现"双向式控制"模式比资方单边治理模式，有增加雇佣量的趋势。式（2-4）和式（2-7）相同，表明在两种企业控制权模式下，工人努力的边际成本和企业的边际收入均相等，这代表了工人努力对于企业收入的贡献。

由上面的模型分析，青木昌彦和奥野正宽比较了日本式"双向式控制"模式和资本单边治理模式的差异，其表现为：在"双向式

---

① 模型构建中由于假设资本退路为零，所以得出工人单边治理模式下工资率为 $R(eL)/L$，实际上由于金融约束限制，在工人完全拥有企业所有权时，也不可能使工资率等于平均产出。

② 青木昌彦和奥野正宽说："恐惧"程度取决于两个因素：（1）谈判成功的收入收益与谈判破裂的收益之差；（2）谈判成功时收益评价的边际效用大小。若（1）大，由于谈判破裂造成的损失很大，工会就不会很大胆；若（2）小，则由于即使得到所要求的高工资，所能得到的追加利益也不大，工会将尽可能避免谈判失败。参见［日］青木昌彦、奥野正宽偏《经济制度的比较分析》，魏加宁等译，中国发展出版社2005年版，第七章相关内容。

控制"模式的日本企业中，企业赠予工人雇佣的保证，而通过劳资间的谈判机制，要求工人努力的边际成本等于企业的边际收入，这就是工人通过努力给企业（股东）的回馈。这种日本企业的特征，即劳资关系的双向赠予和回馈机制，通过一个终身雇佣的长期契约的保证而得以消除劳资双方短期的自利行为的损害。这自然要求将企业共同的长期利益放在劳资双方各自的短期利益之上，才能使赠予和回馈机制的得以持续下去。他们认为，"双向式控制"的企业模式相较于单边治理模式（包括资方和劳方的单边治理）在企业效率方面能够获得一个帕累托改进，这表现在资方单边治理模式下，股东会承受工人努力不够的损失，而员工则承担得不到雇佣保证的损失，"双向式控制"则通过劳资谈判机制改善了这两个方面的状况。进一步地，"双向式控制"的企业模式，使得企业成长率高于资本单边治理模式企业，原因在于这种"双向式控制"模式通过纳什谈判机制协调了股东与工人的利益，而日本企业追求高成长率也来源于此。青木昌彦和奥野正宽用纯粹的经济学研究方法，演绎了日本企业的"双向式控制"模式，而这种日本企业模式往往被认为是东方文化的传统忠孝观念造成的，即工人对于家长式企业家的忠诚。

值得注意的是，他们指出，日本式的"双向式控制"企业治理模式能够促使企业对长期发展的重视。现代企业有限责任制度，使得众多企业股东表现出完全的逐利倾向，他们可能会更多地通过股票投机获得金钱收入。这样，一旦企业出现经营危机状况，他们完全可以抛出手中股票，"用脚投票"，一走了之。而对于企业广大的员工来说，由于已经对企业投入了大量的专用性人力资本，企业如果不存在会导致他们的人力资本贬值，以及失业的耻辱、事业失败的挫折感等负效用的发生，因此，对企业更具有归属感和责任心，他们更注重企业的长期发展，而企业的长期发展对于整个社会的财富和技术的积累是有益的，这从一个侧面表明了"双向式控制"共同治理模式相较于资方单边治理模式对于社会和广大员工来说是一种更具效率的选择。

资本单边治理理论认为由于人力资本和人的不可分离性，因而人力资本无法抵押，而物质资本作为显示财富的信号可以实现抵押，共同治理的支持者则认为，人力资本也同样具有"可抵押性"。伊丹敬之（1995）研究第二次世界大战以后日本的企业制度，认为其基本的特征是"从业员主权"模式。"从业员主权"模式的日本企业得以建立和实现效率主要来自两个方面的原因：第一，这个制度具有的高效率。"从业员主权"模式使得参与企业的所有成员成为利益相关联的命运共同体，从而在利益一致的基础上做到决策及获取和传达信息上的高效率，这是日本企业高效率的原因之一。第二，日本社会的公平容纳度。日本企业特有的员工终身雇佣制度，使员工在企业中长期固定的工作导致员工技能和知识的积累及增长，这就为企业提供了比金钱更稀缺的人才资源，而人才对于企业的贡献比只提供资金的股东的贡献更大。更重要的是员工承担了比股东更大的风险，因为对员工而言，他对企业倾注的时间、精力等人力资本的投入是在任何一个市场都不能够购回的，这样，员工投入于企业的人力资本就应当是一个"抵押品"。

加护野忠男和小林孝雄（1995）将投入企业的资产分为两部分：一部分是看得见的物质资本；另一部分是看不见的投资。对于看不见的投资来说，主要包括两个方面的投入：第一，员工的努力程度所体现的看不见的投资；第二，企业经营中形成的特异能力，它包括企业的信息网络状态、企业特定员工之间形成的良好协作关系及生产方式。这种看不见的投资对于企业和员工来说具有完全不同的效用，对资本主义企业来说是赊欠员工的投入，而且经常低估其价值；对员工来说，则会造成其退出企业的障碍。这是因为，员工做出的看不见的投入，是作为一种没有事先获得金钱支付的资源投入企业的，经过积累以后成为企业经营的剩余利润，而员工之间的协作关系及其生产方式是企业特异能力的组成部分，从而只能存留在企业组织内部的员工及其他们之间的关系之中。换句话说，任何个人一旦退出企业就丧失了包含在企业内部的这种协作关系。以上两点，都成为企业的人力资本所有者（包括员工和管理者）中途退出企业的障碍，一旦退出，其所有者的损失将会是巨大的。这对企业来说是有利的，这种"障碍"使员工将其所有看不见的投入和企业的兴衰成败紧密结合起来，企业可以获得这种"障碍"所带来的好处，包括以下几个方面：员工将把企业利益和个人利益视为一个整体，从而当企业危机降临时，员工会为挽救企业而努力；员工的努力和员工之间的协作本身就是企业的宝贵资源；对那些没有退出障碍的企业成员（物质资本）来说，员工的退出障碍恰恰保护了这些消极参与者的利益；企业从这些"障碍"中获得了权力的增加，同时这种权力也是相对的，如企业对从业人员也存在高度依赖，权力应当是一种均衡机制的结果。通过加护野忠男和小林孝雄分析，我们不难发现，由于人力资本对企业做出的看不见的投入，形成了人力资本对于企业的抵押。

青木昌彦（1984，2001）认为，公司包括金融资产投资人、工人和管理者三类成员，管理者需要平衡股东和工人的利益，而同时管理者也具有自身的利益，因此在公司内部存在这三个成员之间的博弈，而管理者由于其特殊的地位居于企业内部博弈机制的中心位置。企业的金融资产投资人向企业投资之后，管理者在法律和企业章程规范之下协调工人的行动，从而创造出组织租金。这些组织租金将由管理者按照法律、契约、习俗的规定分配给组成企业的各个成员。而企业成员将会根据报酬分配的方案决定其未来的行动（多期博弈），如股东和工人可以采取的"退出"或者"呼吁"等措施。这样，在他看来，企业剩余权治理就是一个企业内部博弈机制的决定。管理者将根据企业业绩的预期，以及在这个预期之下企业资产出资人和工人可能的策略行为，作为自己行动的约束而做出决策和行动，因此管理者实际上就处于企业内部博弈机制的中心环节。同时，青木昌彦也指出，企业外部一些外生因素的存在也能影响企业内部各方的博弈，从而起到约束管理层决策和行为的作用，这些外生因素包括社会公共政策、金融市场以及经理市场等。

青木昌彦从企业内部的各个成员基于制度环境展开策略性互动的认识出发，用博弈分析的方法研究企业剩余权治理结构的生成问题。他的这种认识方法和研究手段，给我们的研究提供了一个很好的参考。进一步看，劳资双方的博弈行为是在劳动契约约束下的交往双方的策略性互动行为，关于这一点在后面的章节研究中，我们将进行较为详细的阐述。

四 劳资共管企业治理理论

在欧洲，尤其是德国，工人参与企业治理已经纳入国家法律制度，这种在现实中出现的劳动和资本分享企业控制权的制度安排似乎背离了传统的资本主义企业治理结构，经济学家对这一现象产生了浓厚的研究兴趣。埃里克·G. 弗鲁博顿（E. G. Furuboton）和鲁道夫·芮切特（R. Richter）合著的《新制度经济学——一个交易费用分析范式》一书对此有专门章节研究。

弗鲁博顿和芮切特认为："劳资共管可以被定义为一种组织形式，用来保证劳工在法律上拥有对企业的控制权。……如果劳动和资本的代表者在董事会层次上参与企业的决策制定过程，企业就是劳资共管的。"他们指出，即使抛开法律制度的强制性规定，"劳资共管在某些时候也可能因个人选择有效的组织结构而出现"。这就指出，在现实的市场经济中，某些企业家从企业经营绩效提高的现实需要出发，能够自主的选择一种劳资合作的企业经营模式，即让企业中的劳动者也共同参与企业经营决策的制定乃至于日常企业管理性事务。在比较典型的情况下，如果将企业所有投入要素（物质资本和人力资本）作为平等的伙伴，则从专用性投资效率保护考虑，"工人—投资者提供了企业所有专用性资本的一部分，因而有理由让他们成为股东，并将企业的收入权和控制权给予他们"，这样一种投资伙伴式的劳资共同参与治理模式，他们将其称为"自愿性劳资共管企业"而有别于法律规定的"强制性劳资共管企业"。[①]

在"自愿性劳资共管企业"中，企业所有专用性投资者（工人

---

① ［美］埃里克·G. 弗鲁博顿、［德］鲁道夫·芮切特：《新制度经济学》，姜建强、罗长远译，上海三联书店、上海人民出版社2006年版，第502页。

和资本家）共同承担企业的剩余风险，由此各要素按照投资份额比例分享企业控制权，使得企业经营信息在这个联合体中的成员间达到分享交流，当然企业的剩余收入也按照投资份额的比例予以分配。在这个分享机制作用下，由于能够使得信息在企业所有成员之间流动，从而实现对所有成员利益的保护，在风险共担的基础之上，相当多的企业的内部代理成本得到了节约，促使成员间合作动机与自身生产性激励因素得到加强。这种"自愿性劳资共管企业"由于拥有了工人的人力资本，而不是在劳动市场中企业对工人的雇用，或者对于工人而言是将人力资本"出租"给企业，因而在很多情况下能够减少市场交易费用，如工会组织实施的对市场中劳动契约的监督所带来的费用，极端情况下的罢工则不仅会给企业、员工带来损失，由此付出的时间、精力和资源代价，对于社会（第三方）来说也是巨大的损失。

在"自愿性劳资共管企业"中，由于企业所有投入要素实现按投资额度比例分享控制权和剩余收入，也即是对企业风险的共同承担。人力资本投资者收入包括：（1）每期的工资。（2）人力资本的专用性资产折旧。（3）按比例分配给工人的每期企业正常利润和超额利润。这些收入在工人离开企业之后除丧失工资收入以外，其他第（2）项和第（3）项收入在理论上应仍然拥有，这将使得企业对解雇工人的难度增大，并且为之相当慎重。作为对工人一方面的约束，工人不应该获得其人力资本投资产权的转让权，以避免合作热情和劳动激励的损失。

自愿的企业联合体赋予人力资本的专用性投资同物质资本实体投资一样的地位，这就使它们成为同等地位的企业股份，其企业内部成员之间得以形成伙伴关系。这种劳资联合的构想，试图将内部劳资之间存在对抗关系的传统资本主义企业，调整成为劳资合作并共担风险的专用性投资联合企业。对于劳资联合企业所能带来的好处，这个设想的倡导者给出了理论意义上的阐述。从设想得以建立的逻辑基础来看，用一句话来说，这种劳资联合共同治理模式，有利于增强人力资本专用性投资从而获得生产效率的提升，能够减少劳动市场的交易费用，在风险共同分担方面达到了理想的配置状态。

对欧洲大陆国家法律强制规定的劳资共管类型企业，相较于典型特征的劳资联合投资企业而言，则是在法律规定的劳动者参与企业治理约束之下的资本主义企业。从我们理解看，是传统资本主义企业迫于法律规制对工人一方做出的让步，而法律有这样的规定是来自社会文化的影响和工人为维护自身权利斗争两个方面综合作用的结果。在最主要的特征方面，虽然法律强制规定劳动者有参与公司控制的决策权利，但是，工人获得工资仍然是固定的工资收入，没有企业剩余收入权。工资是通过代表工人的工会一方和企业通过谈判机制达成的，在这个过程中涉及契约的执行、监督和修正，势必依然会造成由此带来的交易费用的增加。如果工人离开企业，则其对企业的专用性投资将完全损失，这可能会造成人力资本专用性投资效率的损失，并且在这种企业中，企业一方作为雇主依然拥有解雇工人的权力，法律并没有对这一重要的雇主权力予以取消（只是要求事先通知和给予相应的解雇费），虽然解雇行为的实施会面临来自工会一方的询查或阻碍。

接下来的一个疑问是，既然劳资联合专用性投资的企业联合体相比于资本主义企业有如此之高的效率，为什么没有成为普遍的企业组织方式。对于这个问题，理论提出者给出了两个基于工人利己主义角度的解释。一个原因是默契契约理论所阐述的风险规避的工人对避免市场风险的刚性工资的偏好。另一个原因是同物质资本实现联合经营需要共同承担企业风险，同时这也需要花费精力和时间于企业内部的协商，工人们会偏爱使用更为廉价的寻租手段，或许这样对工人来说能够获得更多的好处，如通过工会组织向政府方面施加压力，以获得法律做出有利于工人的改动。联系上面有关人力资本专用性投资理论的阐述中谈到的工人同样基于自利动机所产生的对于企业释放的风险承担信息的不信任问题，就可以发现还存在另外一个方面的原因，企业物质资本所有者也会同样出于自利的考虑，致力于对企业剩余收入权的完全拥有，从而使得这一理论上有效率企业组织设想无法实现。

从现实层面来看，劳资联合体的企业组织设想是欧洲大陆国家用法律强制实施的劳资共管企业组织形式的一个典型化解构，尽管现实中法律强制的劳资共管企业仍旧是从属于资本主义企业类型的范畴。从经济学理论渊源来看，这一理论是在威廉姆森有关人力资本专用性投资理论的基础之上的一个典型理论化应用。这一理论对加深企业内部劳资关系的理解帮助颇大，尤其重要的是，它提出的具有效率的劳资联合企业的组织形式在现实中少有出现的事实，给出了一个我们非常感兴趣的研究方向，我们的关注重点在于是否能够实现公平与效率的统一，并且在此基础之上构建适应社会主义基本经济制度的劳资共同治理模式。

五 国内学者提出的有关共同治理理论综述

本节对我国学者有关劳动者参与企业剩余权治理的研究做一综述。国内学者的观点，有的来自对资方单边治理理论的批判，有的则是较为系统的逻辑阐述。

方竹兰（1997）在对资方单边治理理论的批判中指出，从风险的角度来看，由于人力资本专用性和团队生产特性，使人力资本退出企业非常困难，而物质资本则可通过其形式的多样化和资本市场规避风险，从而物质资本所面临的风险小于人力资本的风险。因此，从人力资本也具有抵押性质而承担了风险出发，人力资本所有者也应当参与企业剩余权治理。

周其仁（1996）从劳动契约角度来考察企业的产权，他认为，企业是资方和劳方两方面结成的不完全契约的产物，因而企业的产权不可能是完全单方面拥有的。其原因在于产权的特质，产权作为多方面经济关系的产物是一个界定经济关系当事人权力和义务关系的概念。劳资双方是具有独立产权的主体，这表现为劳动者拥有其人力资本的产权，物质资本所有者拥有物质资本的产权，这样，企业作为劳资双方共同缔结的契约，从产权角度理解，自然也应当是缔约双方共同所有。周其仁用土地租赁契约来说明这一问题。他说，一个土地租赁契约，租佃双方都可以将这个契约在市场上进行

"交易抵押"，尽管由于租方在产权交易中的地位高于佃方，会使得租方的契约抵押价格高于佃方，但是，这充分表明了一份契约具有多个所有权，而并不是单独一方的所有权。同时，由于劳动能力和劳动者人身的天然不可分离性，决定了劳动只可以激励而不能压榨。因此，从契约交易所具有的产权特性和人力资本的特性两个方面来看，他认为，人力资本所有者也应当参与企业剩余权治理。

我国学者杨瑞龙和刘刚（2002）提出了一个在知识成本和代理成本双重约束下的企业最优所有权安排模型。他们从企业作为"生产"和"契约"两重规定性的团队组织认识出发，引入知识成本和代理成本，在两个成本的双重约束下，在边际修正意义上，他们认为，企业所有权集中与分散对应的结合（劳资共同治理）是最优所有权安排的常态。其使用控制决策权命名剩余控制权，并且认为，谁拥有财产所有权（人力资本的和非人力资本的）则谁就将拥有控制决策权。由于企业最优生产效率的要求，决策权应该同知识和信息对应，在对应方式上存在两个路径：第一，将知识传递给财产所有者，原因在于控制决策权所有者的有限理性；第二，将部分决策权转移给知识和信息的拥有者，原因在于实施决策权主体和客体之间的信息不对称。可见，在他们的逻辑中，这是一个双向对称的过程，前一种对应方式存在知识成本的约束，而后一种对应方式则受到代理成本的约束。知识成本定义为，"知识的转移、学习和传递成本以及决策者缺乏知识和信息做出的错误决策的机会成本"；代理成本则沿用詹森和梅克林（1976）的定义[①]，是由于委托人和代理人目标函数差异而导致的成本。知识成本随着决策权的集中而提高，代理成本则随着决策权的集中而降低。另外，风险的承担者是对企业做出专用性投资的所有者，物质资本和人力资本的专用性投

[①] 詹森和梅克林的"代理成本"定义我们已有辨析。杨瑞龙和刘刚对"代理成本"沿用了这一定义，即"代理成本主要是指在权利的委托—代理关系中委托人和代理人目标函数不一致所造成的成本，即设计、实施、维持适当的激励和控制制度的成本和由完全解决这些问题的困难引起的损失的总和。"引文摘自杨瑞龙、刘刚《双重成本约束下的最优企业所有权安排——企业共同治理的经济学分析》，载《经济学》（季刊）2002年第3期。

资程度的提高表现为企业核心知识和能力的积累，经营控制权对应风险制造，监督控制权对应风险承担。

他们认为，对最优所有权的安排将在双重成本约束下做出边际修正。

第一种情况，当企业刚建立时，他们认为，企业剩余主要来自集中决策者对市场机会的把握以及对雇员的监督，由于企业的知识积累刚刚开始（意味着知识成本很小或没有），人力资本的专用性投资还不存在，物质资本是风险的主要承担者，在这种基本只存在代理成本的状态下，最优的企业所有权安排是"资本雇佣劳动"。

第二种情况，如果代理成本很小，则最优的所有权安排应该是决策权分散对应，即"劳动雇佣资本"。

第三种情况，则是企业经营的常态，随着企业知识和能力的积累，而成为剩余的主要源泉，面临知识成本和代理成本的双重约束，企业所有权是集中与分散对应的结合。其最优结合点是知识成本和代理成本的总和的最低点。这时，劳资共同治理是最优的所有权安排。

边际修正意义上的共同治理理论在一定程度上论证了人力资本所有者参与企业剩余权治理的合理性。但是，还存在几个需要商榷的地方。

第一，在企业创立初期，人力资本实际上已经做出了专用性投资，显然，对于任何一个企业来说，他们在招聘员工的时候对员工的学历、技能等都是有要求的，这样员工要进入企业必然要做出事先的专用性投资。

第二，他们认为，企业建立初期，企业剩余来自物质资本的所有者的发现市场的能力和监督，这应当是片面的，生产活动从一开始就是物质资本和人力资本的结合，没有人力资本的参与就不会有企业剩余的产生。

第三，在控制决策权和企业所有权（剩余控制权和剩余索取权）这两个概念之间的逻辑联系关系在阐述中晦暗不明，从对他们论文的理解，控制决策权应该是和剩余控制权相联系的概念，他们将控制决策权分为经营决策权和监督决策权，认为经营决策权对应"风险制造"，监督决策权对应"风险承担"，这里面包含概念界定上的模糊。① 显然，对于这些概念之间的关系还需要进一步辨析。

企业物质资本受到他们说的"知识成本"的约束，从而使得人力资本逐渐获取"控制决策权"的过程，从另一个角度来看，其实是物质资本对于人力资本加重了"激励"的作用。在他们定义的"知识成本"产生于知识和信息向物质资本所有者的流动过程中，因此为了节约在流动过程中产生的费用，物质资本所有者势必有一个将"决策控制权"从集中到分散的调整过程，从而从企业建立初期的集中控制变化为分散控制，即从"资方单边治理"演变为"劳资共同治理"。另外，"控制决策"实质是属于管理范畴的概念，是控制决策的主体向客体的一种行为实施，即管理者通过决策实施对被管理者的控制。在企业内部，不是所有的成员都是管理者，广大的员工实际上是处于被管理的地位，因此我们认为，这种决策控制权的分享，事实上也无法扩展到企业所有员工身上。实际上，从动

---

① 他们在论文中有如下表述："在逻辑上，控制决策权又可以划分为经营决策权（和资源配置相关）和监督控制权（和动力问题或度量问题相关的）。经济学所讨论的剩余权利一般是指控制决策权及其收益权（剩余索取权）"，我们显然可以认为，他们所谈的决策权是指剩余控制权。在接下来的阐述中，他们认为："风险的制造主要来自经营决策权，而风险的承担者却是财产的所有者即主要的专用性资产的投资者。因而控制权是二维的，两者在风险制造和风险承担上是非对应的。和风险制造相对应的主要是经营控制权，而和风险的承担相对应的主要是监督控制权。经营权强调决策权的知识基础，而监督权则强调决策权的财产所有权基础。解决风险制造和风险承担缺乏一致性系的主要途径是把对风险制造相关的集中决策权中的监督权分离出来，成为某些企业组织成员的专门职能，如股份公司的监事会等机构。"在这一段阐述中，我们不难发现在概念上的混淆，在前面已经界定"经营控制权"联系"风险制造"，而接下来又认为"风险制造"和"监督权"相关，而在上文中是将"监督控制权"和"风险承担"联系起来的。一般认为，剩余索取权的拥有者承担风险，剩余控制权的拥有者制造风险，最优的企业所有权安排是剩余控制权和剩余索取权的对应，换句话说，也是风险制造和风险承担的对应。既然"监督控制权"是"控制决策权"的一部分，按照他们论文中的阐述"控制决策权"就是一般所言的"剩余控制权"，则作为"剩余控制权"一部分的"监督控制权"是无法和"风险承担"联系起来的。可见，对于"控制决策权"、"剩余控制权"和"剩余索取权"这些概念之间的联系和区别，在他们的论文中是模糊不清的。上述引文摘自杨瑞龙、刘刚《双重成本约束下的最优企业所有权安排——企业共同治理的经济学分析》，《经济学》（季刊）2002年第3期。

态的时间维度来看，企业中决策控制权的分享，是伴随着企业的成长而实现的，企业经营业务的扩大导致知识和信息处理成本的增加，则更多地导致委托—代理关系在企业内部的扩张，从员工角度来看，在这个过程中，就会有一部分员工由于工作业绩出色和能力提升而获得在企业组织体系中等级地位的提高，即向管理者地位的转变。由此看来，他们的理论作为一种边际修正的共同治理理论，并没有超越委托—代理理论和激励理论的逻辑范畴。

洪银兴（2003）认为，企业的治理结构应当协调企业各利益相关者的利益，由此需要通过合作博弈机制的设立，以改变劳资双方的对抗性博弈结构，这需要通过企业制度的建设得以达成，其途径是通过激励与约束机制促使合作博弈结构的达成。吕景春（2009）研究了劳资合作博弈的边界问题，认为要达成劳资合作则合作博弈的均衡解应该是对于双方的一个帕累托改进，对于任意一方收益的增加，如果导致另外一方的收益减少，将使得另一方的合作热情和意愿降低，从而使得帕累托改进无法实现。对于合作边界的考察，在其定义的自由合作区内，由于劳资双方的收益差距不大，因而可以通过所谓市场主导型的劳资之间自发的调整实现帕累托改进。在这种情况下，政府不应过多的干预，从而避免适得其反的副作用。在困难合作区，由于劳资之间收益差距太大，以至于市场关系中看不见的手自发的调节无法实现，在这种情况下，来自政府的外部干预措施就成为必要，需要通过制度措施的建设和执行乃至于对制度做出创新，用看得见的手加以调整，以促使帕累托改进的实现。

荣兆梓（2009）认为，在国有企业内部建立和谐劳资关系是推进社会主义经济制度建设和国有企业改革的重要方面，其重点是要推进劳动民主建设，发挥出劳动者的生产和创新的积极性，而我国公有制经济主体地位的稳固发展使得劳资和谐关系的建立和发展得以保障。劳动民主意味着企业中的劳动者参与企业的民主决策和民主管理。社会主义基本经济制度下的公有制企业内部，公有资本对剩余价值的索取体现的是社会所有劳动者的整体利益和长远利益，劳资关系不存在对抗性质的阶级矛盾，因此具有建立和谐劳资关系的基础。从马克思经济学的立场出发,劳动民主要求企业实行劳资共同治理模式。

张衔和黄善明(2001)的研究指出,由于员工事实上拥有对于其人力资本的剩余控制,并且基于其自身效用最大化动机,传统的监督、激励手段并不能阻止员工偷懒、卸责等问题。员工可以通过其拥有的剩余控制实现其剩余索取,因而企业治理结构需要在创新中实现员工在企业产权安排的合理地位。本书研究坚持这一立场,并且将更进一步详细研究。

最近的一个有关企业内部控制权模型是来自卢周来(2009)提出的劳资合作博弈关系框架下的企业内部权力模型。其主要观点是,企业内部成员讨价还价达成的契约决定权力的归属,在这一讨价还价过程中,企业投入要素在市场中的重购成本决定了其所有者的谈判力,这种来自企业外部的市场制约力量导致谈判力较大的成员会掌握更大的企业内部的控制权。由于普遍情况下对要素的重购成本不等于零,这导致企业内部要素不能够被完全的替代,因而资方和劳方会在一定程度上分享企业控制权,进一步地,由于劳动市场均衡时并未厘清,这种市场决定的资本相对于劳动的稀缺,使契约达成的组织均衡状态是资方拥有更多的控制权。

在此对这一模型做一简要介绍。劳资之间缔约以后,形成生产的组织租金 π,它被设定为一个常量,参与企业的劳方的禀赋数量为 x_l,市场价格为 w_l,资方的禀赋数量为 x_k,市场价格为 w_k。设双方合作时资方占有的组织租金份额为 θ,则劳方份额为 $1-\theta$,这表示劳资双方的讨价还价能力所带来的控制权相对大小。这样,在合作状态下,劳方获得的收益为企业对其的购买价格和组织租份额之和,即 $\pi_{l1} = w_l x_l + (1-\theta)\pi$,类似于劳方的情况,同样,资方会获得的收益为 $\pi_{k1} = w_k x_k + (1-\theta)\pi$。如果发生任何一方不合作的情况,则相应的对方将从市场上购买这一要素,这需要付出重购成本 $\xi_i(i=k,l)$,要素的可替代性越高,则重购成本 ξ_i 越小。由于新购入的元素刚进入企业,因而在没有做出对于企业生产必不可少的专有技能投入和熟悉生产业务的情况下,不具有谈判力,这样,购买者将获得全部的组织租金π。可以设想，对劳资双方来说，面对同样的对方不合作状况，劳方的收益为$\pi_{l2} = w_l x_l + \pi - x_k \xi_k$，资方的收益为$\pi_{k2} = w_k x_k + \pi - x_l \xi_l$。由此，劳方选择合作，则必须有$\pi_{l1} \geq \pi_{l2}$；资方选择合作，同样必须有$\pi_{k1} \geq \pi_{k2}$，计算可得劳资合作条件为$(x_l \xi_l + x_k \xi_k) - \pi \geq 0$。在劳资合作博弈框架下，租金的分配方案通过双方讨价还价来决定，这样，双方的分配份额由纳什谈判积的均衡解决定，表达为下式：

$$\theta = \mathrm{argmax}\left[(\pi_{l1} - \pi_{l2})^{1/2} (\pi_{k1} - \pi_{k2})^{1/2} \right]$$

对上式求解，可得$\theta = \dfrac{1}{2} + \dfrac{1}{2} \dfrac{(x_k \xi_k - x_l \xi_l)}{\pi}$，在合作条件$\pi_{l2} = w_l x_l + \pi - x_k \xi_k$的限制下，可以得出如下一些结果：$\xi_l \to 0$，则$\theta \to 1$，这表明，劳动的重购成本$\xi_l$越小，则在纳什谈判框架下资方获得的控制权份额越大；$\xi_k \to 0$，则$\theta \to 0$，这表明，资本的重购成本越小的情况下，劳方获得的控制权份额越大；由于在一般情况下，资本和劳动的重购成本都不会等于零，即$\xi_i > 0$，$i = l, k$，所以，企业会存在一定程度的劳资分享组织租金的情况，这表明，劳资双方都拥有一定控制权。如果认为企业投入元素的重购成本是关于要素市场供给量的负相关函数，即要素供给量越大则重购成本越小，在这个假设之下，要素在市场上的稀缺程度就表现为要素间谈判力的相对变化，从而决定要素所有者在企业内部拥有的控制权大小。

这一模型通过劳资合作博弈关系研究表明，劳动市场的不均衡未厘清状况导致企业内部控制权将更多地为资方所有，而之所以没有被资方完全拥有，原因在于对劳动的重购成本的存在。重购成本不为零表明劳动和资本两个元素的互补性作用，即组织租金的创造依赖各元素所有者的特定投资。作为一个方面的解释，该模型指出，劳动一方分享企业控制权的存在逻辑。

这个模型的中心逻辑阐述是，由元素可替代性约束下的重购成本决定劳资双方在签约谈判中的不同谈判力，而缔约时谈判力的大小决定了企业内部的控制权结构。因而其关注点在于缔约过程，而不是缔约以后劳资双方关系上，这似乎是一锤子买卖，因而模型在时间序列的关系上是静态的，而不是一种基于动态视角的更长时期的对劳资合作博弈关系的考察。应该说这个模型研究的是劳动契约，但是，从演绎的逻辑来看，它并不是基于契约不完全的思想。同时需要指出，用要素稀缺性程度来解释企业内部不同成员的控制权差异的原因，其视角是从企业外部市场来窥探企业内部组织结构，但是重要的问题在于，只有深入到组织内部考察才能了解其内生结构的秘密。这与其说是我们对这个模型的研究不满意，不如说是为我们找到了一个可以进行更深入研究的路径和方向。

六 结语

共同治理理论被系统的提出以前，就有不少企业家从激发员工工作热情和提升企业经营效率实际需要出发，在企业经营实践活动中实施了很多让员工参与公司治理的措施，如员工参与公司的日常经营管理、工人董事制、西方国家流行的员工持股计划、劳动分红制、工人互助基金的设立，等等。而作为一种学术探讨的共同治理理论被提出来之后，不仅在学术领域引起了广泛的探讨和争论，对社会的影响力也与日俱增。这表现为世界各国的公司法当中几乎都出现了有关公司需要维护有关利益相关者权益的法律条文。最为典型的事件是，经济合作与发展组织（OECD）于2004年发布的《经济合作与发展组织公司治理原则（2004）》有关维护企业利益相关者权益的建议。[①] 这个原则中所指的利益相关者，从广义而言，可以包含所有与企业经营相关的参与者（股东、管理者、工人、供应商、债权人、经销商、消费者、社区，等等）。学者们则更进一步确定所谓"核心利益相关者"，我们认为，宽泛地谈及企业经营的所有方面，会使企业边界变得模糊，从市场经济中企业的生产性和契约性两重规定出发，所谓"核心利益相关者"应当是指资方和劳方。因此本书研究的共同治理理论，是只针对企业核心成员而言

---

① 参见《经济合作与发展组织公司治理原则（2004）》第四条有关表述。经济合作与发展组织：《经济合作与发展组织公司治理原则（2004）》，张政军译，中国财政经济出版社2005年版。

的，即劳资共同治理。

通过上面的综述，既存的共同治理理论认为，人力资本所有者也应该参与企业剩余权治理，其依据包括以下内容：

第一，人力资本所有者做出了专用性投资，因而人力资本也可能受到事后机会主义行为的损害，为保证人力资本使用的效率，劳动者也应当参与企业剩余权治理。

第二，人力资本的投入同样是对企业的一种"抵押"，原因在于人力资本所有者的退出障碍以及企业破产或员工失业都将使投入企业的人力资本价值受损。

第三，人力资本也承担着企业经营的风险，原因在于企业经营从来就和风险相伴，无论物质资本还是人力资本都将面对企业的亏损或者破产，资方会损失大量的财务资本，而劳方则面临工资和福利被削减乃至失业的后果。

第四，人力资本的产权特性以及人力资本和人身的天然不可分离性，意味着如果从契约角度认识企业，则由于劳动者拥有人力资本的完全"私有"产权，进而事实上也拥有企业所有权，从而人力资本应该参与企业剩余权治理。

我们充分认识到上面所提到的人力资本所有者参与企业治理的合理原因，更重要的是通过综述发现了得以继续研究的路径和方向。从企业契约理论出发，企业作为物质资本所有者和人力资本所有者的一个契约，对劳动契约的深入研究是亟须进行的工作，因为只有通过对这一企业核心契约的深入了解，才能够最终洞穿企业最优治理模式安排的谜题。从劳动契约的不完全角度来看，所谓的企业剩余权治理，其本质是对于形成企业的核心劳动契约的治理，是企业劳资双方作为主体对于劳动契约这一客体的治理，目的是获得企业创造的总财富最大化以及促进企业内部各成员的和谐协作关系的发展。另外，企业作为一个团队组织，其组织成员之间利益协调将遵循合作博弈的机制展开。因此，本书将从不完全契约理论出发，研究企业内部劳资之间的合作博弈机制，从而建立起逻辑一致的劳资共同治理理论模式。

第三章 企业治理模式的社会经济制度约束和改革的必要性

本章将对资本主义企业和社会主义企业两类不同经济制度下发展起来的企业治理状况加以研究。主要内容包括公司制的现代企业的法人特征，对资本雇佣劳动命题证明的批判，市场体制下企业的性质，资本雇佣劳动的现实原因，社会主义企业的建立和发展及在计划经济体制下的治理特征，社会主义企业在市场经济转轨之后治理机制创新的必要性等问题的探讨。

第一节 公司制的现代企业产生及法人特征

企业不是从来就有的，它是伴随着市场经济体系建立和发展而兴起的。资本主义企业作为生产的组织形态一旦产生，就表现出不同以往任何时期的巨大生产能力和扩张能力。同时也要指出，企业的产生是生产力水平发展到一定程度的标志，单独的一个人的力量是无法超越协作生产的组织所具有的巨大生产能力和技术能力的，因而企业从它诞生的那一刻开始，就以人群组织的面貌呈现出来。这表现为企业是一个层级的组织体系，生产的协作是一个复杂的机制，在协作中必然需要有人做出生产决策，有人进行日常的管理，有人进行具体的劳动，有人进行产品的包装和销售，有人负责原材料的采购，有人进行生产技术的改良和对劳动者的教育培训等。从生产技术发展的角度来看，企业萌芽于工场手工业时期，在工业革命之后，随着机器大工业的产生，资本主义企业的形态就开始了它的进化历程。作为经济学研究的关注点，通过对企业制度变化历程的考察，从历史发展顺序看，获得一致认可的结论是将资本主义企业制度发展历程及类型划分为个人业主制企业、合伙制企业和现代公司三种类别，其中，现代公司包括股份有限公司和有限责任公司两种主要形式。公司是当代企业组织的主流形式。

个人业主制企业是个人拥有生产资料同时又自己经营的企业，是市场经济发展早期阶段的一种企业形式。业主制企业是典型的资本主义企业。这种企业类型从诞生开始就一直存在，即使在当代仍然可以发现它的踪迹，尤其在那些技术含量低的劳动密集型产业中，由于其规模相对较小因而具有灵活变通的特性，从而依然在我们的经济生活中发挥着作用。业主制企业的所有者，拥有企业的全部期望剩余，是剩余索取权的完全拥有者，同时在财务上要承担无限责任。业主制企业拥有传统意义上的"所有权和经营权"两权合一的制度形态[①]，按照现代产权理论的看法，也可以解读为物质资本所有权和企业家人力资本所有权的两权合一。

业主制企业是典型的鲁滨逊·克鲁斯（Robinson Crusoe）式的企业，自负盈亏、自主经营，但是，它同漂流在荒岛上的鲁滨逊最大不同在于，从它诞生开始的那一刻起，就必须面对市场的考验，也就是说从那一刻开始风险就伴随而行。[②] 业主制企业的个人经营特点，决定了企业的命运和经营企业的资本家命运始终，当资本家受到自身精力和年纪的限制，企业就很难获得进一步的发展。我们往往可以看到这样的情况：当一个资本家离开自己创办的企业之后，这个企业的生命也就走到了终点。更重要的是，这样的企业在市场中运营需要面对巨大风险和发展资金受到限制两个重要的问题。在风险方面来说，业主制企业对于债务承担无限责任，对个人

[①] 由两权合一的古典资本主义企业向"所有权和经营权"分离的现代企业形式的转变，来自伯利和米恩斯（Berle and Means, 1932）的洞察。

[②] 有关鲁滨逊·克鲁斯式企业情形的分析，参见［美］萨缪·鲍尔斯《微观经济学：行为、制度和演化》，江艇、洪福梅、周业安译，中国人民大学出版社 2006 年版，第 226 页。下文有关企业经营风险和企业类型关系的分析，同上书，第 226—230 页。

而言风险很大；对于发展所需的资金来说，个人的财富总是有限的，如建设一条铁路所需的资金作为个人来说是无法筹集的。企业发展资金的限制或许可以通过向银行借贷加以解决，但是，受个人财富担保的信用限制，一般也很难通过信贷征信的审查。为了解决这一系列的有关企业生存发展的问题，最好的办法是业主制企业的发起人寻找到一个志气相投的合伙人，这样就会形成通常所说的合伙制企业。

合伙制企业合伙人之间具有无限连带的责任关系，而且合伙人之间也具有相互代理的权利义务关系。合伙制企业同个人制企业一样，属于自然人企业的历史范畴，合伙企业的每一个合伙人对于企业债务都有无限责任，并且合伙人的退出或者死亡都可能导致企业的消亡，如果有新合伙人加入又会面临企业谈判重组的巨大困难，因此合伙制企业是不稳定的，只可能暂时解决企业发展所需资金扩大问题。因此，从企业制度层面的客观出发，业主制企业向现代企业的过渡是必然的历史规律。

合伙制企业的另外一个发展方向，则可能会形成劳动者联合经营的合作社企业。工人合作社企业的组织形式毕竟不是现代社会组织企业的主流方式，主要是以下几个原因所致：

第一，合作社成员的数量不可能无限制的增加，原因主要在于新老成员的利益会存在差别，而且数量庞大的成员会产生管理上的巨大困难。

第二，合作社企业，从其本质上看，是合伙制企业的一种放大形式，因此合伙制企业所具有的缺点，大体上合作社企业也会存在。

第三，合作社企业在与其他市场中的组织谈判时，由于需要广泛统一成员意见，可能会造成企业内部冲突和决策成本提高。比如，当企业因为经营规模扩大的需要向银行贷款的时候，这可能会在短期内影响合作社成员的当期收入，因而往往形成合作社内部旷日持久的谈判。

第四，合作社所从事的行业，往往多集中于劳动密集型的低技术产业类型之中,其原因在于结成企业的劳动者本身知识和技术能力的限制。由于受到产业类型的限制,合作社企业几乎没有出现在任何一种具有高新技术特点的产业范畴之中。现代高新技术的开发,也需要投入大笔的研发和启动资金,作为劳动者人力资本和物质资本联合的合作社企业也很难筹集如此巨大的资金。①

业主制企业和合伙制企业都是一种古典形态的资本主义企业,由于其固有的体制"瓶颈"限制,以及生产技术发展需要,主要表现为:一方面现代大型企业的建立已经远远超出了个人资金所能承载的范围,另一方面技术的发展要求企业开展经营业务所需的职员人数也越来越大,这样在历史的合力作用之下,企业形态的主流形式逐渐地演变为公司制的现代企业模式。催生现代企业制度产生的关键性性因素是有限责任制度的建立,即公司股东以出资为限承担公司债务。现代企业正是从有限责任制度基础上获得了独立人格,即企业法人。

公司的神奇之处就在于公司获得了如同自然人一样的经济生命,这是由公司出资人的有限责任给予了公司无限责任,使得公司制度得以延续并发展起来。如我国《公司法》对有限责任定义为:"股东以其出资额为限来承担责任,公司以其全部资产对公司的债务承担责任。"这个定义精确表达了公司的无限责任来源于股东的有限责任,公司无论负债多少,股东只以其出资额为限。② 这样,股东的有限责任制度实际上就降低了个人投资风险,而又明确了公司的资产额度,给外界提供一个明确的显示信号。同股东有限责任相联

---

① 对合作社类型企业发展受资金、规模、技术等条件制约,从而相较于资本主义企业的劣势地位的分析,经济学家多有研究。参见[美]埃里克·弗鲁博顿、[德]鲁道夫·芮切特《新制度经济学》,姜建强、罗长远译,上海三联书店、上海人民出版社2006年版;[美]萨缪·鲍尔斯《微观经济学:行为、制度和演化》,江艇、洪福海、周业安译,中国人民大学出版社2006年版;[美]迈克尔·詹森《企业理论——治理、剩余索取权和组织形式》,童英译,上海财经大学出版社2008年版。

② 目前公认的看法是,有限责任制度来源于欧洲15世纪商人海上贸易的冒险事业。海上贸易虽然获利极大,但是,其风险也非常高,因而为了规避风险,最好的办法就是投机的商人们只以自己货物的价值额度为限来承担风险。

系的是股东的有限权利,表现为股东的权利受《公司法》和公司章程的具体限制,具体而言,股东意志的表达受到其股权份额的大小限制。有限责任制度的建立使得资本市场得以确立,股票作为公司资产出资人的凭证也在市场上流通。这样,就为资本的社会化打开了大门,极大地提高了公司的融资能力,使公司能够在较短时期之内筹措到公司业务扩大所需的巨额资金。[①] 有限责任制度最大的优势在于能够有效地做到资金集聚,能够将社会上存在的闲置资金用契约方式组织起来,投入生产活动。当公司的创始资金一旦到位,接下来就需要通过公司法人的名义同劳动者签署劳动契约,将人力资本吸纳进来。如果说股东的出资是公司诞生的孕育阶段,而人力资本进入公司就标志着公司生命的真正开始,物质资本和人力资本的结合最终产生了企业法人。

公司制的现代企业的一个显著特点是它拥有了同自然人一样的法定义务和权利,即法人。从字面意义来理解,法人就是法律设定的人格权利。这样,企业一旦通过法律授予拥有了自然人一样的独立人格以后,就可以用其法人的资格同其他社会成员签订契约,并且享有法律所赋予的一切权利并承担相应义务。由于企业的法人资格是由法律赋予的,因此它不同于自然人的生命一样自然的出生和死亡,它的产生和消亡都要依靠固定的法律程序加以规制。同时,企业法人的独立人格表明其具有自身存在的目标价值和意志,即企业的自我存在是独立于企业成员的,如一个企业的CEO辞职或者解聘,都不会影响企业法人的存在。实际上,最终决定企业法人生命的决定因素只是市场竞争环境,当一个企业因为经营不善而破产倒闭,会进入法律规定的破产清算程序,在法人资格注销以后,企业法人就最终消亡。这样,相比于业主制企业和合伙制企业,公司的法人地位使其摆脱了企业创始人的自然人宿命,股东可以通过股权买卖转让使得公司的物质资本所有权在市场上流通起来,即公司的

---

① 人们购买公司股票存在很大的投机性,以至于很多时候会出现股票价格事实上并没有反映企业业绩。

物质资本所有者可以换上不同的人,而公司本身却依旧存在。

  以企业的形式组织生产,在经济学上的最有意义的作用在于它能够节约科斯所言的"交易费用"。公司一经成立,就将物质资本和人力资本纳入其组织体系之中,这样,作为一个具有独立意志的中心签约人的地位就确定起来,公司可以和任何其组织以外的个人、债权人、原材料供应商、销售商以及客户达成各种各样的契约,显然,最大限度地避免了各个目标利益不同个体之间讨价还价的时间、精力和费用。公司法人具有的名誉权和名称权,使公司的信誉机制建立起来,这种信誉机制使公司每个成员的言行都纳入公司的外部形象之中,因而公司实际上就需要对其所有的成员施加言行规范的管制,即要求公司的成员的言行足以维护公司声誉,这种声誉机制的建立,能够最大限度地提高公司的公信力。① 公司法人地位使公司的经营者在公司授权范围之内拥有了自主经营权,而公司经营者的自主经营权就为优秀企业家脱颖而出创造了条件,这是公司能够不断发展壮大进而成为企业制度主流形态的关键环节之一。公司也为员工个人事业发展提供了舞台,一个拥有经营才能和创新精神的人,虽然受到自身财富的约束,但是,在他进入公司以后,可以凭借在工作中的卓越表现而有机会成为管理者或企业家,从而在提升自己人力资本价值的同时为公司的价值增加做出贡献。另外,公司的独立法人地位能够确保其以公司资产做抵押获得信贷,公司的资产对银行来说是一个确定性信号,表达了公司的还债能力。《公司法》明确规定了公司债权人的优先清算赔偿权利,公司的股东在完成出资以后,就不能再随意地按照自己的意愿处置资产了(他可以做的就是出售手里的股票),这些资产只能在公司法人意志之下得以处置。

  公司法人的形成不是物质资本单方面投资的结果,人力资本的

---

  ① 声誉机制是一种隐性激励机制,具体模型分析参见 [美] 帕特里克·博尔顿、[比] 马赛厄斯·德瓦特里庞《合同理论》,费方域等译,格致出版社、上海三联书店、上海人民出版社 2008 年版,第 295—340 页。

参与也是公司法人地位得以确立的重要方面。投资者将资金投入企业是为了获取公司经营的利润,对于公司广大的职员来说,则是一种就业谋生的手段。从这个层面来理解,公司应当是参与公司业务的所有成员,包括投资者、经营管理者、公司员工的一个命运共同体,公司的长期存在和盈利,对于公司所有成员都是有利的。但是也应当看到,在存在共同利益之外,公司成员参加公司的目标却不是一致的。投资者将资金投入企业,是为了实现个人资产的保值和增值;管理者则更多地倾向于实现公司的长期稳定经营,以完成企业经营目标从而获得个人价值的实现;企业的普通员工,在公司工作除能获得工资收入和福利待遇以外,在职的荣誉感以及个人在工作中所能获得的人力资本的成长也是重要的方面。现代企业就是这样一个对于内部成员而言既有共同利益又存在目标差异的矛盾统一体。

第二节 企业组织的权力体系

本节从市场经济环境的现实角度出发,重点在于研究企业内部权力结构产生的根源。企业在市场的边界之内,企业在有计划的权力组织体系的维系下开展工作。企业是一个什么样组织?企业内部的计划组织体系是一个怎样的状况?既然企业内部使用计划的方式在安排工作,那是谁在制定计划?为什么是资本雇佣劳动?其决策权力是怎么产生的?企业内部的权力机制是怎样运作的?这正是本节的研究所关注的事情。

一 资本雇佣劳动命题述评

作为对资本主义经济制度的辩护,资本单边治理理论在西方经济学理论中处于主流地位,影响最大也最为深远的一个理论,在立场上表现为"股东至上主义"的思潮,在理论方面则是对"股东至上主义"的解释和说明,即证明为什么资本雇佣劳动以及资本雇佣劳动的剩余权治理结构是有效率的两个主要命题。对于这些理论,我们不是做总体上的概括，而是将其中具有代表性的影响较大的理论加以辨析。

奈特（1921）是资方单边治理理论的早期代表人物之一。奈特理论的要点在于企业在市场中所要面对的不确定性，由于不确定性存在，在奈特的逻辑中，对于不确定性和风险态度成为企业制度的关键。他认为，在企业里，"实施某种具体的经济活动成了生活的次要部分；首要问题和功能是决定干什么以及如何去干"，自然在其逻辑中企业家（在他的时代也是资本家）承担了这个"首要功能"，承担这个"首要功能"就需要面对企业经营中的不确定性。奈特对于不确定性和风险是有区分的，他认为，所谓的风险是指知道其发生概率的不确定事件，这样，人们就可以通过过去的概率分布而推知将来的可能情况；不确定性则是人类理性之外的事物，是将来要发生的从没有经历过的事件，因而不确定性是无法保险的。这个奈特所说的不确定性，从不完全契约的角度可以理解为契约中所没有明确规定的"剩余收入"。由于"剩余收入"是不能保险的，因而拥有它的企业家就必然具有不同气质和心理类型，奈特是这样叙述的："在这个体系中，自信和具有冒险精神的人承担风险，或者为疑虑重重和胆怯的人提供保险，其做法是保证后者特定的收入，以换取最终实际结果的权利。"[①] 这就将企业家和工人分开了。我们似乎可以这样解读，作为企业家的人一定具有非同寻常的品质，首先他至少应该是一个"风险中性"的人，其次他应当有自信心，这个自信是来自他所具备的知识和处理问题的超人能力。由此，由于工人不具备这些企业家条件，从而获得了确定性的收入，作为一种补偿则听命于企业家的管理和安排进行生产劳动。这个逻辑的自然结论是：企业家和工人各取所需，而利润则作为"风险租金"归企业家所有。这一理论考察了企业内部的权力关系，把企业内部权力形成的原因归结为企业机制之外的人格心理的外生因素差

[①] [美] 富兰克·H. 奈特：《风险、不确定性和利润》，王宇、王文玉译，中国人民大学出版社 2005 年版，第 196 页。

异。这种对企业内部权力形成的解释，并没有考察劳资关系得以确立的劳动契约关系，而是更多地从企业家与众不同的特质解读企业。从个体心理差异来说，确实每个人具有不同的风险偏好，但是，将数量如此众多的工人都假定是风险规避的，确实是一个非常值得商榷的问题。在很多情况下，对个体工人来说，由于其人力资本和人身的不可分离，在人力资本再生产环节中，由于受到财富约束，工人不得不从现实角度出发做出一个基于生存本能的最优反应，即接受劳动契约，而对于物质资本的所有者来说，其所有的财富足以使他具有更大的风险承担能力，从而能够抵御风险损失。因此，在很大程度上说个体的风险态度和行为主要基于现实制度结构的最优博弈选择，而不是主要基于其本身的天生心理类型的差异。

奈特之后，对于企业家的关注形成了经济学中的企业家理论，代表人物包括熊彼特（Schumpeter，1934）、科斯纳（Kirzner，1970）和卡森（Casson，1982）等。在熊彼特看来，由于公司制企业的存在，不确定性应当主要由资本家承担，而企业家具有的企业家精神使其工作具有"创造性破坏"特点，企业家才能和资本家承担不确定性是一个互补的关系。企业家的特长在于他具有开拓市场的精神和能力，能够在同其他人的竞争中发展企业。科斯则强调企业家具有的非凡悟性和知识，因此能够敏锐地发现并抓住机会从而创造出利润源泉。卡森将奈特的企业家概念综合进来，他认为，企业家具有明智的决断能力，能够有效地整合各种稀缺资源，协调各方面的利益关系，从而开拓出新的市场。他们和奈特在一点上是相同的，即企业家获得是报酬不是如同工人一样的确定性工资而是剩余收益，当然，这个收益是要同资本家的投资回报进行比例协调。这些企业家理论，对我们理解企业家人力资本的特性帮助颇大，但是，他们对于企业家人力资本的重视，却忽略了工人人力资本在生产中的基础地位和作用。我们的观点是，企业家作为人力资本的拥有者，其工作的方式和态度会受到企业制度本身的制约，一个明确的问题是企业家的才能是为资本家利益服务，还是为工人利益服务，或者为资本家和工人共同的利益服务。这又回到企业剩余权治理模式安排这个根本问题上来了。

有别于交易费用经济学对于企业和市场边界的研究，阿尔钦安和德姆塞茨（1972）将研究视角深入企业内部，他们的分析框架沿着科斯提出的交易费用思想展开，因此，他们首先认为，科斯有关企业组织节约了市场交易费用因而得以形成的观点是正确的，然后他们通过考察企业内部的管理费用切入他们的研究，即激励问题引发的管理费用。他们认为，报酬和生产率的一致非常关键，这就引发了测度生产率的重要性，如果测度的偏差造成了报酬的扭曲，自然对企业生产者的激励就会扭曲，他就不会有积极的努力。同时，测度生产率是需要费用的，市场竞争可以极大地降低测度的费用。问题在于，由于企业是个团队生产的组织，这种特性一方面使团队生产的产出大于单个个体的产出之和，另一方面又使测度每个团队成员的边际生产率变得不可能，或者测度费用非常高。问题不止于此，由于团队生产的性质，使得团队成员的个体生产率相互影响，并且会引发团队中的成员偷懒的"搭便车"行为。解决这个问题办法是，在团队成员中设置一个监控者以监督其他成员的劳动，并且这个监督费用低于市场的监督费用，则企业就得以成立。最后的问题是，监督者也是生产团队中的成员，如何让他负起监督的责任呢？那就是让这个监督者拥有企业的剩余索取权，进一步这个监督者就必然是企业物质资本的投入者。物质资本者成为监督者的理由主要有两个方面：第一，物质资本能显示补偿信号；第二，物质资本的所有者能够有动力和理由监测物质资本是否被"滥用"。这样，阿尔钦安和德姆塞茨通过一个比较严密的逻辑推理过程，证明了古典资本主义企业存在的合理性，即为什么是资本雇佣劳动。

阿尔钦安和德姆塞茨逻辑里最核心的阐述在于物质资本的所有者拥有剩余权的根源在于团队生产成员的边际贡献的考察费用过高，也就是团队成员会"偷懒"。在10年之后，霍姆斯特姆（1982）证明了"偷懒"并不是团队成员边际贡献不可观察的必然结果，如果引入奖惩机制打破"预算平衡"约束（团队成员平均分配产出），则可以实现团队合作生产的帕累托最优，同时也是纳什均衡解。打破这个"预算平衡约束"的关键就是引入一个奖惩机制,而这个奖惩机制由一个"委托人"实施。霍姆斯特姆首先假设一个团队成员的最优的努力向量 e^* 使得 $Y(e^*)$ 是帕累托最优的团队产出,委托人制定奖惩机制并且成员都遵从,其办法是:团队成员在生产开始前向委托人支付 $Y(e^*)(n-1)/n$ 的押金,生产完成后考核实际产出,如果大于或等于 $Y(e^*)$,则每个成员可以得到 $Y(e^*)$;如果产出小于帕累托最优值 $Y(e^*)$,则全部押金将归委托人所有。他证明成员产出努力向量 e^* 就是纳什均衡解。我们认为,霍姆斯特姆研究的重大意义在于揭示了帕累托最优产出和"预算平衡约束"的矛盾,也就是和团队成员初始财富的矛盾。一个最为明显的道理在于,现实世界中不是所有人都有足够的财富预先缴纳 $Y(e^*)(n-1)/n$ 数量的押金。问题的反面是,如果现实世界的人都有足够的财富,在团队生产之前事先缴纳押金,则鲁滨逊·克鲁斯式的最优生产就能够达到了。在我们看来,霍姆斯特姆方案同时也指出了现实中劳动者集体拥有的生产合作社能够存在的逻辑基础,然而合作社并不是当前社会生产方式的主流模式。从这个角度来看,霍姆斯特姆指出了个人财富差异是资本雇佣劳动得以实现的现实基础。另外,也必须指出,阿罗—德布鲁和霍姆斯特姆的研究,也从各自的理论角度,充分说明了激励机制在团队生产中的重要作用,适当的激励能够造成团队生产的高效率;反之,如果团队成员的激励被扭曲,则团队生产必然效率低下,甚至可能导致团队的崩溃。

　　阿罗—德布鲁之后,资本单边治理理论更多以模型方式来证明资本雇佣劳动的必然性和合理性。下面就一些代表性的模型做出评析。费特译和穆勒(Fitzer and Müeller,1984)建立了一个基于企业成员流动性差异的模型,其观点是决定企业结构的关键是成员的非流动性程度。他们继承了企业的契约观点和威廉姆森的专用性资产的事后机会主义风险理论。企业的成员进入和退出企业由于受交易费用和专用性投资积累的限制,其流动性将发生差异。成员流动成本包括两个方面:第一,机会成本;第二,流动过程的交易费用。

他们认为，适当的企业结构安排，应该平衡成员之间的流动性程度，如果成员的流动性程度相等，则剩余权应该分享，这需要有一个高度信任的自愿契约保证；如果成员的流动性程度不同，则剩余权应该给予流动性程度较低的一方。提出这一原则的原因在于，流动性程度越高的成员较容易偷懒，相应地，对流动性程度较低的一方而言，其监督的积极性就提高了。对较易流动的一方来说，如果获得的收入和其退出企业能够获得的机会成本相等，则他没有动力关心其他成员的行为方式；然而，对流动性程度低的一方来说，则可能会承担易流动成员的机会主义行为的损害。这样，同威廉姆森的资产专用性理论逻辑一样，流动性程度较低的一方应该拥有企业的剩余权从而监督易流动一方的行为。他们认为，在企业结构中，物质资本的流动性小于人力资本的流动性，因而物质资本应该拥有剩余权，即资本家监督和管理工人。他们的理论虽然在逻辑上属于交易费用经济学的范畴，但是，对于资本雇佣劳动合理性的解释并不成功。虽然他们认为人力资本可以通过"退出"以威胁物质资本，但是，实际上受制于财富约束的人力资本将会因成本的高昂而事实上无法做到。更为重要的是，在实际经济活动中，由于物质资本可以通过金融形式（股票、债券等）而变得易于流动。由此来看，现实世界和他们的模型正好相反，这表现为人力资本的专用性投资会造成其流动性的降低，而物质资本的金融形式使其流动性增加。

杨小凯和黄有光（1995）的视角在自给自足经济、市场和企业三个维度上，进而建立了一个定价成本模型。他们的论点是，劳动分工造成的经济收益虽然有可能增加交易费用，但是，如果这个收益超过市场交易费用，则企业就会出现。在企业内部，决定企业剩余权结构的关键因素在于其内部要素交易效率的大小，即定价成本。他们指出，由于管理服务的交易效率小于直接生产劳动的交易效率，即管理的定价成本高于生产劳动的定价成本，因而剩余控制权应该归管理者所有。管理者工作的定价成本高于生产劳动的定价成本，其原因主要在于管理活动的不易观察和难以捉摸使得很难度量出它的努力水平和产出水平，因而定价成本很高，而直接的生产劳动的生产效益则相对很容易度量。他们的研究将视角延伸到企业内部的管理者和劳动者关系上，其核心思想是管理者拥有企业剩余索取权根源于管理的间接定价成本较高。他们理论中的定价成本概念和阿罗—德布鲁所谈到的团体成员劳动贡献的测度费用之间是紧密联系的，在其后逻辑中，他们指出，由于管理者劳动贡献的"测度费用"高于工人劳动贡献的"测度费用"，从而资本雇佣劳动是有效率的，由此资本雇佣劳动命题得到证明。

道（Dow，1993）为了证明为什么是资本雇佣劳动的命题，将资产专用性概念引入企业内部考察劳资关系。经过多种情况的分析，他获得的结论是，在大多数的情况之下，资本家将专用性资产投资于自己管理的企业所获得收益大于将资产出租出去所得到的收益，当然，为了获得收益，资产专用性的投资者需要拥有企业剩余控制权。由于物质资本的可抵押性，而人力资本同人身的不可分离从而无法抵押，因此从风险对称的角度出发，为避免物质资本的被滥用以及人力资本的偷懒，物质资本支配人力资本是合理的选择。进一步的逻辑在于，在建立企业时，谁事先做出专用性投资，在均衡条件下就应该获得企业的剩余控制权。由此，由于资本家事先做出了专用性投资，因而获得了企业的管理权。可是，问题在于人力资本也存在专用性投资，而且在道的逻辑里，更大的问题是物质资本专用性投资的程度越大，则相应的越占有统治地位，然而，这个逻辑显然是经不起历史事实检验的，从资本主义企业建立初期的手工工场时期来看，由于受当时生产力水平的制约，物质资本的专用性投资程度并不高，资本家手里的资金基本上是用作企业的流动资金，而在那个时候资本雇佣劳动就已经发生了。

与道的论证逻辑不同，在斯蒂格利茨和威斯（Stiglitz and Weiss，1981）信贷配给模型基础之上，埃斯瓦瑞和科特瓦特（Eswaran and Kotwat，1989）建立的模型证明，由于产权制度的有限责任以及信贷市场可能出现的道德风险问题，资本家将有动力自己经营企业，实际上是直接监督自己资本的使用而不是通过信贷市场将资本借贷给劳动者经营的企业。

斯蒂格利茨和威斯（1981）的研究从借贷关系契约的信息不对称出发，由于借方比贷方在还贷能力和还贷道德上掌握的信息更多，由此可能引发信贷市场上的逆向选择和道德风险问题，这样，如果贷方增加贷款利率，将导致投资项目的风险增加，因而利率的提高有很大的可能性减少贷方的预期收益。在这种情况下，资本家则不会提高利率而使用信贷配给。

埃斯瓦瑞和科特瓦特（1989）正是在斯蒂格利茨和威斯模型基础上解释了为什么资本雇佣劳动。他们首先假设，对一个典型的生产活动来说，有两种必需的投入品，包括企业家的努力和租用投入资源。这些投入资源是劳动和物质资本的组合，他们进一步认为，资本的作用就是在于购买投入资源，而租用的投入资源和企业家努力在生产组织中有不完全的替代关系。由于不可控制的随机因素的存在，尽管企业家努力工作，但是，一定数量的投入资源的产出是不能确定的。这就会导致一种情况的发生，即企业家为了购买投入资源需要向资本家借贷，但是，能不能及时还本付息是不确定的。在有限责任的情况下问题就产生了，如果企业家的经营资本全部是借来的，则他实际上使用了"廉价"的资本，其原因在于，当经营效益状态足以使他还本付息给资本家，他就得以致富；而当经营不善不能还本付息，虽然他违约了也破产了，资本家将承担全部的损失而企业家几乎没有损失。造成这种情况的原因在于，企业家不是完全责任而是有限责任从而他可以获得"廉价"资本。由于资本家无法测量企业家的努力程度，企业家就可以利用"廉价"资本购买更多的投入资源，从而替代他自己的努力，这样，相较于他负完全责任的情况，他就有更多的时间闲暇。这样，同完全责任相比，有限责任导致的企业内部企业家努力和投入资源之间的扭曲状态，使企业破产的可能性增加了。面对这样一个巨大的风险，对资本家来说，就获得了足够的动力去创立工厂，这样，通过自己的监督和管理以确保自己资本能够获得安全的回报。这样，由于有限责任导致的债务人道德风险问题的存在，使建立资本主义企业成为应对这一问题的自然反应。由此可见,从斯蒂格利茨和威斯模型到埃斯瓦瑞和科特瓦特模型就构建了一个资本主义企业得以建立的结构图。他们的模型更接近于历史的真实。

关注于企业内部委托权的让渡问题,证券设计理论着眼点在于通过股权和债权所具有的投票表决权,从而实现对于最优管理者的选择机制。这方面代表性文献有哈瑞斯和雷维夫(Harris and Raviv,1988)、博尔滕和斯卡夫斯坦因(Bolton and Scarfstein,1990)以及哈特和穆尔(1989)等。这一理论的主旨在于,拥有表决权的证券持有人虽然获得了剩余权益,但是这是有风险的,正是因为表决权和风险的对应,那些没有风险的"廉价投票"是没有效率的。风险产生于外部证券持有人和内部代理人之间的信息不对称,代理人由于同业务的直接关系从而较之于外部证券持有人掌握更多的经营信息,由此它可以占有剩余收入而不支付给证券持有人。这就使证券持有人的投票表决机制成为必要,其目的是选出一个合适的代理人以维护他们的利益。

张维迎(1996)从企业团队生产性质出发,排除了个体风险差异,假设组成企业的"生产成员"和"经营成员"的心理类型都是风险中性的。首先,他认为,企业内部成员存在天赋才能的外生差异,"经营成员"具有经营决策上的天赋能力,而工人则只能从事一般的具体工作。相较工人而言,"经营成员"对团队的经营业绩更重要或贡献更大,也更难监督。从社会的总福利等于企业生产函数代表的期望总产出减去企业成员努力成本之后的差值这一设定出发,他将"经营成员"和工人的努力向量代入生产函数,以最优委托权的制度安排就是社会总福利最大化为依归,通过数理逻辑演绎的方法,证明"企业成员在团队生产上的相对重要性和监督上的相对有效性是决定最优委托权安排的重要决定因素"。[①] 由于"经营成员"对于企业的重要性以及更难监督,最后得出"经营成员"获得

[①] 张维迎:《博弈论与信息经济学》,格致出版社、上海三联书店、上海人民出版社2004年版,第307页。

企业剩余索取权对于组成企业双方的成员和社会来说都是最优的结论。进一步地，他认为，对于企业家（经营成员）的选择，由于"隐藏信息"所可能导致的道德风险，将委托权或权威赋予资本家是最优的，这个逻辑在于资本所具有的显示信号表明了所有者的能力。张维迎使用一个与埃斯瓦瑞和科特瓦特（1989）一致的逻辑方式进行演绎，他认为，穷人比富人更有积极性谎报自己的能力，原因是他能使用有限责任导致的"廉价资本"，如果不用财富标示个人的能力差异，则一无所有的笨蛋就会冒充企业家。这样，就证明了"资本雇佣劳动"的命题。张维迎认为，个人财产所有制是经济制度能够将企业家区分出来的关键，只有这样，才能使有才能的人获得经营决策的权力。社会结构中，个人才能、个人财产和风险类型差异是决定个人职业的基本因素，按照他的表述，即在一个竞争的市场经济中，股份公司是个人能力和财力的合作，其均衡结果是，既有才能又有财产的人成为企业家，有才能而无财产的人成为职业经理人，无才能而有财产的人成为金融资本家，无财产也无才能的人成为工人。

在其模型中有以下几个尚需讨论的问题：（1）线性监督努力函数的设定表明工人的努力和经理的监督努力成正比；（2）"经营成员"对企业的经营业绩或贡献更大；（3）"经营成员"比"生产成员"难以监督。线性监督努力函数，表达工人越受到经理努力的监督则更努力工作，这里面隐含的逻辑在于工人越被"压榨"则越努力。而我们认为，劳动具有天然的只可激励而不能压榨的特性。"经营成员"对企业生产业绩的贡献大和物质资本对企业生产贡献大是一个完全的同义反复。当然，企业生产经营中需要面对市场的不确定性和风险，但是，这完全可以通过集体智慧的决策而共渡难关。实际上，如果认为"生产成员"贡献大，则该模型必然得出完全相反的命题即"工人雇佣资本"。关于"经营成员"比"生产成员"难以监督的假设，在内涵上指的是企业内部成员可能的道德风险问题，而正是由于"经营成员"没有有效的监督而使企业存在了严重内部人控制问题。张维迎（1996）认为，人力资本与其所有者的不可分离性意味着人力资本所有者容易"偷懒"，而非人力资本与其所有者的可分离性意味着非人力资本容易受到"虐待"。① 实际上,这是产权理论的物质资本风险客观说。张维迎在论证过程中也指出:"如果监督在技术上是可能的,但不是非常有效,尽管存在监督区域,剩余分享制可能是最优的。"② 现代企业日益具有资本技术密集型的特点,监督劳动在流水线上的工人确实相对容易了。另外,现代企业由于所有权和经营权的分离,经理人员掌握私人信息难以有效监督,追求自身利益最大化的内部人控制问题也容易滋生。现实的情况是,工人越监督越不努力(集体伪装低效率),经理人员越激励内部人控制越严重。这些情况反映了企业采取资方单边治理模式的缺陷。

资本雇佣劳动在市场经济中是一种主流的企业组织形式。对于这一命题的证明实质是对资本主义制度的辩护。对资本雇佣劳动命题的证明,加深了我们对于企业组织成员间内生关系的了解。我们将试图避开一个先入为主的立场设定,而以客观的态度对劳资双方在企业剩余权治理中的结构加以研究。为此目的,在市场中的企业是一个什么性质的组织是我们首先需要认识的问题。

二 企业的组织性质

首先,企业是一个进行团队生产的组织。正如许多古典经济学家指出的,企业首先是一个生产的协作组织。在现代市场经济条件下,企业的生产具有社会化生产属性,无论如何企业最终的产品只有满足社会中某一人群的需求,才能获得企业的持续经营。对于团队协作生产力的比较优势,斯密通过制针工业的分工协作体系的解析已做出了经典的分析。

企业的团队生产特征,决定了企业内部存在团队成员之间的协调问题。协调问题涉及团队成员对组织目标实现的个体努力问题,成员可能"搭便车"也可能创造团队努力的奇迹。现代企业的团队

---

① 张维迎:《所有制、治理结构及委托—代理关系》,《经济研究》1996年第9期。
② 张维迎:《博弈论与信息经济学》,格致出版社、上海三联书店、上海人民出版社2004年版,第315页。

生产的直接原因是固定成本超越了个人的承担界限，固定成本需要物质资本的投入才得以解决，由此来看，物质资本只是团队生产得以实现的保障罢了，而且只有保证物质资本的保值增值，才有可能使得物质资本参与进来。

古典资本主义企业时期，由于物质资本和企业家人力资本的二位一体，企业团队生产是在资本家指挥和管理下进行的。现代企业的股份制形式，即物质资本参与企业生产的有限责任形式几乎使得物质资本完全表现出逐利特点。因此，物质资本与人力资本的劳动之间是矛盾性质的合作关系。物质资本只有通过与人力资本的劳动结合才具有获得性的生产力，而最终也只有人力资本才是生产力的源泉。企业的团队生产方式是物质资本、人力资本的联合生产形式，它们相互需要，但是，目标存在差异，因此企业是一个存在矛盾的联合体。当矛盾尖锐化时，就表现为激烈的劳资冲突。

其次，企业是物质资本、管理者和劳动者人力资本三个参与目标不同的生产要素的一个不完全契约。周其仁（1996）将组成企业的契约命名为"企业合约"，原因是"企业合约不同于一般市场交易的关键，首先是在企业合约中包含了劳务的利用"，由此而认为，"企业，无非上述各种人力资本与其他非人力资本之间的一个市场合约"。[①] 劳务天然附着于个人，即天然具有私有产权属性。正是由于劳务是完全意义上属于个人的私有财产，受到个人主观意识的完全支配，这样，在个人社会活动过程中，通过个人主观的社会实践，一般意义的劳动者人力资本可能成长为管理者人力资本。基于这样一个动态的认识，简单地使用个体风险类型的差异去划分管理者和劳动者人力资本的差别是片面的。按照罗默的表达，如果劳动者有可能成为管理者，则需要一个"机会平等"。[②] 问题的实质在

[①] "资本"按照马克思的定义是"能够产生剩余价值的价值"。

[②] 罗默在《社会主义的未来》第一章对"机会平等"做了阐述，他写道："我认为，社会主义者需要如下机会平等：（1）自我实现和福利机会平等；（2）政治影响机会平等；（3）社会地位机会平等。"引文摘自［美］约翰·罗默《社会主义的未来》，张金鉴等译，重庆出版集团、重庆出版社2010年版，第9页。

于，个人学习能力和意志品质的差异会导致使用"机会平等"过程中最终结果的不同。在生产过程中，管理者和劳动者在创造财富方面确实存在差异，但是，如果认为财富只是代表物质资本利益的管理层一方的劳动创造显然是错误的，事实上，企业创造财富的过程，是在物质资本的保障下，由管理者组织劳动者，以应对"不确定性和风险"的社会化生产过程。在现实的经济活动中，劳动者更多地承担确定性责任，管理者则要面对企业整体而言的"不确定性和风险"。进一步看，如果说物质资本是被动地面对"不确定性和风险"，那么管理者则采取主动行为方式，管理者的人力资本和物质资本具有共性正是在于同"不确定性和风险"的天然联系。无论这个"不确定性和风险"是来自外部市场还是企业内部员工对物质资本的机会主义行为。风险与机遇并存，为了获得那个诱人的"机遇"，无论是人力资本还是物质资本都愿意在合适的情况下放手一搏，这就是所谓的"企业创新"的源泉。

企业就是一个将物质资本、管理者人力资本和劳动者人力资本联合起来的一个复杂的不完全的长期契约。由于签订一个完备契约将使得交易成本非常之高从而不可能获得，因而契约必然表现为某种程度的不完全，一般来说，产品市场契约相对于要素市场契约要较为完全。从这个意义上说，认为企业是"要素市场的契约"倒也确实是一个非常准确的界定，生产要素正是通过企业这个不完全契约而组织在一起的。实际上，由于组成企业的契约是事前的行为，对于未来的"不确定性和风险"注定了这个契约具有高度的不完全。一旦生产要素通过契约脱离市场而进入企业，在企业内部这些生产要素将按照计划的安排运作起来。企业内部具有一个科层制的权威体系，企业的各个生产要素是在它的指挥和管理下，按照企业目标实施计划运作。

无论怎样，由于企业是一个团队生产的组织，组织内部的权威是确保组织达成目标的基本要求。现代企业的大规模团队生产模式使成员间相互达到有效"监督"的可能性几乎不存在，组织权威通过计划安排生产则是达成组织效率的必然要求。这样，通过企业权威对于组织成员实施"计量和监督",从而保证企业计划顺利达成。接下来的问题是,既然企业作为物质资本、人力资本的一个契约,企业内部权力体系是企业团队生产效率的必然要求,为什么在现实中,总是物质资本获得支配人力资本权力呢?

三 资本雇佣劳动的现实原因

任何一个人类组织中都存在权力体系,即谁拥有权力,谁指挥谁。组织的结成是为了达成一定的目标,而组织内部的成员又自然存在各自不同的个体目标,这些个体利益有可能是和组织的目标存在差异,权力体系的形成就是为了达到对于组织成员的控制,从而协调内部成员的目标差异,以使成员在组织内部的行动和组织目标相统一。人类社会中不同的组织内部权力体系的产生具有很大的差别,如家族组织中的权力来源于血统关系或习俗惯例、封建帝国皇帝的权力来源于世袭制度、军队中任何一级单位首长的权力来源于正式的军衔制度等情况。显然,对一个工人来说,他一旦通过劳动契约进入企业以后,就处于了企业内部的权力体系之中。需要指出的是,企业权威是一个有限性权威,这同军事组织的无限权威相区别的,军事组织可以要求成员对于命令的无条件执行,企业对员工更多的是采取激励以促使员工努力。因为无论怎样,企业只是一个契约而已。同时也应当看到,大多数情况下,除非发生了激起众怒的权力滥用,员工对企业的管理措施是配合和执行的。

问题关键在于,企业的权力体系是怎样生成的,它具有怎样的结构,是谁在使用权力指挥谁。由于长期的社会制度习俗造成的固定思维,似乎个人同企业签订契约成为企业雇员以后,接受企业科层制的控制和管理,被认为是天经地义的事情。作为经济学家的马克思指出,在资本主义生产关系产生的历史早期,通过资本的原始积累使得劳动者与生产资料分离,由此劳动力市场得以形成,这样资本支配劳动的"天经地义"就通过资本在市场中对于劳动力的购买而实现。马克思语带调侃地写道:"劳动力的买和卖是在流通领域或商品交换领域的界限以内进行的,这个领域确实是天赋人权的真正伊甸园。那里占统治地位的只是自由、平等、所有权和边沁。

……所有权！因为每一个人都只支配自己的东西。边沁！因为双方都只顾自己。使他们连在一起并发生关系的惟一力量，是他们的利己心，是他们的特殊利益，是他们的私人利益。"① 在当代西方主流经济学中却存在另一种观点，认为劳资关系是物质资本和人力资本通过平等交易的契约达成，不存在谁雇用谁的问题，阿尔钦安和德姆塞茨（1972）是其代表人物之一。他们认为，科斯所谈的雇主对于雇员的"权威"是一种幻觉，作为劳资双方交易而达成的雇佣关系，雇主和雇员之间的关系和市场交易中顾客和杂货店老板关系一样，即雇主解雇员工和顾客不在杂货店购买商品的行为是一样的，都是交易的中止。② 我们认为，这种解释是指市场交易中的谈判力而言，在企业内部存在上级对下级的管理和指挥的"权威"是不争的事实，这种权力的存在是企业作为生产组织的必然属性，是企业区别与市场的根本所在，因此在这一点上科斯是正确的。

物质资本对于人力资本的控制和支配从来不是一个陌生话题。前面对资本雇佣劳动命题证明的批判可以发现，西方主流经济学通过不同的角度、观点和逻辑阐述其合理性。费方域指出，现代产权理论认为，实际上物质资本在构造企业过程中起到了"黏合剂"的作用，其原因在于物质资本在产权特征上的可转让和买卖，而人力资本要同非人力资本结合，必须要获得非人力资本所有者的同意。③ 这再次说明物质资本权力来源于对劳动力的购买，但是对劳动力的购买从来就不是平等的交易。

对于这个问题最早的回答是恩格斯做出的。恩格斯认为：竞争最充分地反映了流行在现代市民社会中的一切人反对一切人的战争。这个战争，这个为了活命、为了生存、为了一切而进行的战争，因而必要时也是你死我活的战争，不仅在社会各个阶级之间进

---

① 《资本论》第一卷，人民出版社2004年版，第204—205页。
② Alchian, Armen and H. Demsetz, Harold, "Production, Information Costs and Economic Organization", *American Economic Review*, Vol. 62, 1972, pp. 777 – 795.
③ 费方域：《企业的产权分析》，格致出版社、上海三联书店、上海人民出版社2009年版，第129—130页。

行,而且在这些阶级的各个成员之间进行;一个人挡着另一个人的路,因而每一个人都为力图挤掉其余的人并占有他们的位置。① 他指出,这套伦理的必然逻辑结果是:社会战争,一切人反对一切人的战争已经在这里公开的宣告开始。正如好心肠的施蒂纳所说的,每一个人都把别人仅仅看作可以利用的东西;每一个人都在剥削别人,结果强者把弱者踏在脚下,一小撮强者及资本家掌握一切,而大批弱者及穷人却只能勉强活命。② 恩格斯的表述指出了劳资关系在市场竞争中的对立特点。面对同样的问题,萨缪·鲍尔斯(Samuel Bowles)认为,资本雇佣劳动的原因在于资本拥有"竞争性交易中的短边权力"。因为劳动力市场在均衡时并不出清,"在这些情形下,均衡时拥有权力的人都处于市场中愿意交易数量最少的一边,即所谓市场的短边"。③ 从这个逻辑出发,那些被企业雇佣的员工由于想拥有在职的"执行租金",而不得不屈从资本的权威。这个回答是对恩格斯回答的一个现代呼应。资本握有"短边权力"从而形成企业内的权威体系,可以用图3-1加以说明。

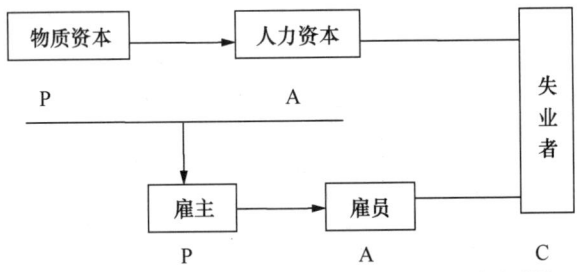

注:P类人群是A类人群的短边委托人(A类人群是P类人群的长边代理人),C类人群因市场均衡未出清而受到数量约束。

图3-1 企业权力体系模型④

---

① 恩格斯:《英国工人阶级状况》,《马克思恩格斯全集》第2卷,人民出版社1957年版,第359页。

② 同上。

③ 市场均衡未出清的状态,总会导致交易某一方受到数量约束,这时该交易方无法按照他们期望的数量买或卖。参见[美]萨缪·鲍尔斯《微观经济学:行为、制度和演化》,江艇、洪福梅、周业安译,中国人民大学出版社2006年版,第205、255页。

④ 此图参考,同上书,第264页,图10-2"阶级结构的不完全契约模型"作出。

企业内部的物质资本、管理者人力资本和劳动者人力资本这些既存在矛盾,又相互需要的主要生产要素通过契约达成的合作关系而连接为一体,在企业权力体系的计划、控制和管理下有序地开展生产活动。古典资本主义企业时代管理者人力资本和物质资本是二位一体关系,而现代企业的生产越来越体现出人力资本的重要作用,并且人力资本和物质资本的关系变得越来越复杂,在某些企业(如知识密集型的律师事务所、会计师事务所等服务性产业)物质资本显然是从属于人力资本的,但作为主流的状态,物质资本雇佣人力资本是绝大多数生产性企业的现实状况。[1] 如果说物质资本是企业生产的保障元素,那么劳动者人力资本则是生产的基础性元素。这些生产元素中任何一环出现问题或者元素间关系不和谐都可能导致企业生产的无效率,严重的情况将是企业经营的失败。

人力资本作为企业生产的基础性元素,虽然人力资本从来都处于"竞争性交易中的长边"的不利地位,但是,人力资本的载体(企业的员工)采取消极行为而实施"报复"是经常能发现的企业内部现象之一。阿尔钦安和德姆塞茨(1972)显然是观察到了这一问题,他们给出了一个答案:为解决团队生产中成员"搭便车"或偷懒的问题,需要一个监督者出现,让监督者拥有团队生产的剩余索取权,为了保证效率,让监督者获得剩余控制权[2]从而指挥和管理员工生产,这样就解决了团队生产的偷懒问题。他们对企业权力体系产生的原因给出了一个解释,但是,将企业仅仅看作一个"反偷懒"的设计,这与人类具有的协作精神相矛盾,只是由于在古典企业中资本家自己经营和管理企业,对于获得固定工资的劳动者一方"偷懒"也就成为博弈结果的最优反应而已。显然,监督毕竟是

---

[1] 周其仁认为:"企业不同资本的相对市价的变化,是由一切进入企业合约的要素的市场竞争来决定的。"但问题在于劳动这个生产的基础元素按照市场竞争的原则从来都处于市场竞争均衡未出清的"长边"。周其仁:《市场里的企业:一个人力资本与人力资本的特别合约》,《经济研究》1996年第6期。

[2] 上文的研究中已经指出,基于劳动契约的剩余控制权实际上是劳资双方共同所有的,这个剩余控制权是不能通过主观意识赋予任何一方单独所有的。

一个被动的策略，人力资本具有只可激励而不能压榨的天然本性，而严重的监督势必造成普遍的压榨，这样企业团队生产的效率何从谈起。

企业作为一个由契约关系将各生产元素结合在一起的生产组织，由于组织内各主要生产元素物质资本、管理层人力资本和劳动者人力资本目标不一致造成企业内部不和谐的矛盾运作情况。物质资本追求资产的保值增值要求企业目标定为利润最大化；管理者追求利润提成、在职消费和高福利待遇，这要求企业的长期存在；劳动者追求高工资和高福利待遇。显然物质资本和管理者的目标相近，而两者同劳动者的目标却存在分歧，一个简单的道理是，低工资是保证高利润的一个必要条件之一，虽然并不是充分条件。但更重要的一面在于，劳动者的人力资本是企业生产得以实现的基本要素，管理者的人力资本是重要要素，物质资本则是保障要素，这三个要素又必然相互需要而缺一不可。只有管理者和劳动者充分与物质资本相结合才能创造出企业的高效率，这又必然要求企业三个生产要素目标的趋同，显然公司治理的难题正是企业内部各方利益如何协调。

权威是任何一个组织运作的必然要求，失去权威的组织必然走向崩溃。如果组织中拥有权力的一方和组织中每一个成员利益完全一致，则完成组织目标就较少来自内部的障碍。现代企业中，正是由于企业拥有权力的一方（物质资本）和其他企业成员利益的不和谐，从而导致企业效率的缺失，由此不得不面对所谓的"公司治理"的困境。

第三节 社会主义企业治理模式的转变

坚持社会主义公有制的主体地位是我国经济体制改革的基本要求，因而国有企业在国民经济中的主体地位是一个不可动摇的根本原则。我国国有企业治理模式创新的原则就必然应当遵循社会主义基本经济制度内在要求的约束，即治理模式的创新是为了更好地发展公有制企业，更好地保证劳动者的合法权益，更好地实现国有资本的保值和增值，从而也获得全社会福利的更高质量的增加。本节主要包括三方面的内容：一是分析中国国有企业建立发展的具体原因、历史条件和政策体制制约因素等方面的情况，以及在计划经济体制下国有企业的治理措施，而这一治理措施内在的弊端体现出国有企业治理模式改革的必要；二是研究和分析在传统计划经济体制向社会主义市场经济体制的转轨之后国有企业所面临的不同的经营环境；三是论证在社会主义市场经济体制下国有企业治理模式创新的必然性。

一　中国国有企业的建立发展及计划经济体制时期的治理措施

不同于资本主义企业，大量社会主义企业是社会主义国家根据国家经济发展赶超战略建立起来的。私人投资者建立一个企业的目的，是为了通过销售企业生产的商品而获得利润，因而在盈利动机的指引之下，资本主义企业在产品和生产元素的均衡市场价格的制约下展开竞争，从而这种企业是一个原生于市场经济体制的生产组织。与市场原生的资本主义企业情况不同，社会主义企业是作为全民代表的国家投资建立起来的，而国家建立企业的决策则依托于国家经济发展战略的总体部署。

由于历史原因，建立社会主义制度的国家其经济发展水平大多相对比较落后，从而在国与国之间，尤其是在不同经济制度的国家之间发展经济的竞争机制作用下，社会主义国家几乎都采取了优先发展重工业的经济赶超战略。赶超战略并没有遵循西方经济学说中的国际经济学所倡导的比较成本优势发展理论，其最直接的目的是建立起自主的国家工业体系，以完成国家的工业化从而摆脱贫穷落后的状态，最终实现国家的繁荣富强。这种赶超战略由国家选定以后，面临着农业经济基础决定的资本相对稀缺的制约，因而在宏观政策上政府必然通过政策性的产品和资源价格的扭曲设置，用农业经济产生的剩余来支撑工业发展所需资金。这是集权的中央计划当局通过计划的方式达成资源的配置，而企业没有自主的微观经营决策机制，生产任务是通过中央计划当局统筹决定的，即在传统的社会主义计划经济体制下，企业没有经营自主权。整个社会主义国家的经济活动，如同一个巨大的工厂在运作。经济赶超战略、宏观环境中价格机制扭曲、计划手段和企业没有经营自主权的微观经济机制构成了三位一体的社会主义计划经济体制。① 中国的国有企业正是在这样一个计划经济体制下建立起来的。

　　社会主义的中国基于加快国家经济发展的意愿出发，为建设具有独立工业体系而制定的优先发展重工业的经济赶超战略，应该说是有充足理由和基于现实选择的必然之路。这表现为对苏联社会主义经济建设经验的借鉴、实现国家工业化的迫切要求、国家国防安全战略的需要、社会主义经济制度建设的需要等多个方面的原因。事实上，在第二次世界大战以后，即使是实行资本主义制度的不少发展中国家和地区也同样采取了类似的发展策略，以期达成工业化的富强之路。对于国家的宏观经济发展战略的选择问题，是选择赶超战略还是选择比较优势战略，不是本书研究的主题，但是，就社会主义企业治理模式创新角度而言，对中国国有企业得以建立的经济制度体制基础和社会历史条件有清楚的认识是有益的。② 中国的国有企业正是在国家制定的经济赶超战略方针指导下，在计划经济体制下建立起来的，因而中国的国有企业不是市场经济条件下原生的产物，而是国家实施的经济发展战略意志的产物。在中国这个传统的农业经济国家，其最显著的特点是，在国家计划控制下用农业的生产剩余建立企业，进一步用企业的生产剩余继续加大对社会再生产的投资，这往往形成对社会财富的高积累、低消费特征以加速扩大社会再生产的特点。

　　国有企业的终极所有者是全民，其最直接的所有者则是代表全民的政府，由于建立企业时的经济环境不是竞争市场，企业生产的

---

① 参见林毅夫、蔡昉、李周《中国的奇迹：发展战略与经济改革》，格致出版社、上海三联书店、上海人民出版社1999年版，第54—57页。

② 有关国家经济发展战略问题的研究，参见林毅夫、蔡昉、李周《中国的奇迹：发展战略与经济改革》，格致出版社、上海三联书店、上海人民出版社1999年版，第四章。

目标只能由中央计划部门确定，因此在计划经济体制下，国有企业的目标利益就体现为全民国家的经济利益。这表现为，政府为控制住企业的生产剩余不被企业管理者和工人侵蚀，因而对政府来说监督成本最小的办法就是剥脱企业生产经营自主权，这是计划经济体制下国有企业治理的基本措施。这种中央集权的治理措施，表现为计划当局以当期的经济发展目标为规划，在没有市场机制约束条件下，对企业生产所需的原料投入和资金直接划拨给企业，企业则按照计划当局规定的产品生产数量和种类组织生产，而产品则由政府统购统销，如果企业获得利润则需全部上缴，企业亏损则加以核销，因此企业财务上实行的是统一收支的办法，企业是一个完全的生产计划执行组织。[①] 这样，政府就完全控制了企业生产剩余，企业的目标利益统一于政府所代表的全民国家的利益。

从企业内部的微观层面来看，这种国家对企业剩余的完全控制势必对企业管理者和工人的行为产生影响，其原因在于中央计划当局要做到对企业经营信息完全掌握是很难做到的，而最节约的办法是根据企业前期的经营业绩以制订下一期的生产计划。但是，这一措施所面临的问题是管理者和工人的个人利益和企业目标利益（实际上是国家代表的全民利益）存在的分歧，导致对管理者和工人的激励不足，这是因为企业经营绩效和代理人的努力相关，如果代理人这一期努力使得企业绩效提升，而中央计划当局以此制订下一期的生产计划标准，代理人预见到标准会被提高，则他不会在当期采取努力策略，这就是通常所说的棘轮效应（Weitzman，1980）。[②] 下面对棘轮效应下代理人激励弱化机制做出说明。

企业生产绩效是代理人努力的函数，记为：
$$\pi_t = a_t + \theta + u_t, \quad t = 1, 2$$
其中，a_t 代理人当期的努力水平，u_t 是企业生产所面对的不确

[①] 参见林毅夫、蔡昉、李周《中国的奇迹：发展战略与经济改革》，格致出版社、上海三联书店、上海人民出版社1999年版，第215页。

[②] 下面对棘轮效应机制的数学演绎，参见张维迎《博弈论与信息经济学》，格致出版社、上海三联书店、上海人民出版社2004年版，第266—274页。

定性，θ 表示企业的内在生产能力（由于信息的不对称，代理人是清楚的而委托人不清楚），有 u_t 和 θ 服从独立正态分布，$Eu_t = 0$，方差为 σ_u^2，方差为 σ_θ^2，进一步认为，外生的随机变量 u_1 和 u_2 是相互独立的，即 $\text{cov}(u_1, u_2) = 0$。委托人只能在生产时期结束时观察到产出绩效 π_t，对于 θ 是观察不到的，但是，代理人对 θ 则完全清楚，这样，委托人只能通过能观察到的 π_t 以确定 θ。

委托人用观察到的 π_t 确定 θ 将通过理性预期获得。首先设定代理人在第一期的努力为 $\bar{a}_1$，由 $\pi_1 = \bar{a}_1 + \theta + u_1$，委托人只能够看到的结果是 $\theta + u_1 = \pi_1 + \bar{a}_1$，由于外生不确定性因素 u_1 的存在，委托人不能确切地知道企业内在生产能力 θ，因为委托人无法明确企业的生产绩效的获得是外生不确定性因素的作用还是代理人当期努力的作用，或者说谁的作用更大。这样，委托人只能通过下面的理性预期公司来判断 θ，即：

$$E(\theta | \pi_1) = (1 - \tau)E\theta + \tau(\pi_1 - \bar{a}_1)$$

其中，$\tau = \dfrac{\sigma_\theta^2}{\sigma_u^2 + \sigma_\theta^2}$。

上面公式表明，委托人在观察到产出绩效为 π_1 情况下，预期的企业生产能力 $E(\theta | \pi_1)$ 是企业内在生产能力（先验判定的）$E\theta = \bar{\theta} > 0$ 和观察值 $(\pi_1 - \bar{a}_1)$ 的有关于 τ 的加权平均值，其中，$\tau(0 < \tau < 1)$ 是外生随机变量 u_t 和企业内在生产能力 θ 的一个权衡。显然有，σ_u^2 越大，则 τ 越小，这表明外生的不确定随机变量对企业生产绩效冲击越大，通过观察 π_1 就越不容易了解企业的当期生产能力。极端的情况下，如果 $\sigma_u^2 \to 0$，则 $\tau \to 0$，这时委托人将完全根据 π_1 来确定企业生产能力，但是，这种情况极端的情况显然是不存在的，因此，一般来说，有 $\tau \neq 0$。对于风险中性的代理人来说，其效用函数具有如下的形式：

$$U = w_1 - c(a_1) + w_2 - c(a_2), \quad c' > 0, \quad c'' > 0$$

其中，w_t 是代理人的每期收入，这样一个最优的激励机制是风

险中性代理人承担全部风险①，委托人则在每期收取固定的上缴额 α_t，这样，代理人的每期收入 $w_t = \pi_t - \alpha_t$。企业所有权属于委托人，因此上缴额 α_t 将被规定为企业预期的企业生产能力 $E(\theta|\pi_1)$，通过上面的公式可得：

$$\alpha_1 = E\theta = \bar{\theta}, \quad \alpha_2 = E(\theta|\pi_1) = (1-\tau)\bar{\theta} + \tau(\pi_1 - \bar{a}_1)$$

将其代入代理人效用函数，经过整理以后得下式：

$$U = [(1-\tau)a_1 + (1-\tau)\bar{\theta} + (1-\tau)u_1 - c(a_1)] + [a_2 + \bar{\theta} + u_2 - c(a_2)] - (2-\tau)\bar{\theta} + \tau\bar{a}_1$$

最大化 U 的一阶条件为 $c'(a_1) = 1 - \tau < 1$ 和 $c'(a_2) = 1$，由 $c'' > 0$ 可知 $a_1 < a_2$，即代理人第一期努力水平小于第二期努力水平。代理人之所以有这样的行为决策，是因为其理性预期到，如果在第一期增加努力由此导致企业内在生产能力的提高，则委托人将据此相应地提高上缴额 α_t。具体分析如下：由于委托人获得固定的上缴额的收入，代理人是剩余索取者，代理人知道委托人的理性预期将基于其第一期的努力，即 $E(\theta|\pi_1) = (1-\tau)\bar{\theta} + \tau(a_1 + \theta + u_1 - \bar{a}_1)$，可见，如果代理人在第一期增加1单位的努力 a_1，则委托人对于企业内在生产能力的期望预期提高 τ 单位，也就是代理人的上缴额将提高 τ 单位；反过来，在第一期对代理人来说有利的选择是减少努力，这样其边际努力为 $1-\tau$。进一步分析可以发现，在这个棘轮效应中，θ 的不确定性越大（σ_θ^2 越大）将导致 τ 越大，从而对于代理人激励的损失也将越大。

在计划经济体制下，微观层面的企业只是执行中央计划当局制定的生产任务。然而，在信息不对称情况下，中央计划当局计划的编制就面临着巨大的信息成本问题，而实际上使得计划会很大程度上脱离国家经济的实际状况，以及很难满足社会中所有人的消费偏

---

① 由米勒斯—霍姆斯特姆条件，如果委托人是风险中性的，在信息不对称情况下，最优帕累托风险承担要求风险中性的代理人必须承担风险。参见张维迎《博弈论与信息经济学》，格致出版社、上海三联书店、上海人民出版社 2004 年版，第 248—254 页。

好。对计划经济体制持批评态度的西方学者指出了这一信息处理问题上所导致的难题,即中央计划当局几乎无法制定出对全社会来说帕累托最优的产出和价格。① 企业管理者在棘轮效用的作用下,如果隐藏企业实际的内在生产能力,这将进一步加大对信息的扭曲,因此在严重的情况下,这种信息的扭曲会进一步加大计划编制脱离实际的状况。

另外,社会主义政府法律规定使得职工享受国家供给的福利保障和稳定就业,同时工资率限定在基于工龄、职务以及职称的基本平均水平。这样,对企业职工来说,稳定的工资收入脱离了企业状态的好与坏,因而也就很大程度上会丧失努力的激励。政府或许可以通过政治思想教育、树立努力生产的工人楷模、引入基于产量的奖金计划等措施暂时加强对于员工的激励,但是,从长期来看,短期的激励并不能根本上改变制度约束下内生形成的激励不足问题。并且由于在企业内部长期推行平均主义的收入分配方案,在缺乏适当激励的条件制约下,工人之间很容易形成相互的"搭便车",这体现了阿尔钦安和德姆塞茨所谈到的团队生产中组织成员的偷懒问题。

在计划经济体制下建立起来的国有企业,其治理机制上面临的两个最大难题就是信息和激励问题。为解决这一问题,向市场经济体制的转轨成为一个现实的选择。因此,对社会主义国有企业来说,面临的最大课题就是如何适应这一转轨以后的变化,即如何在市场经济体制的建设和发展中不断地获得发展壮大,其本质是在坚持社会主义经济制度总的前提下,国有企业剩余权治理的创新问题。

二 市场经济体制下国有企业经营环境的转变

我国目前的国有企业是脱胎于计划经济时期的国营企业。大多数国有企业是国家为了迅速实现工业化的赶超战略,以国家的计划

---

① 参见[美]迈克尔·詹森《企业理论——治理、剩余索取权和组织形式》,童英译,上海财经大学出版社2008年版,第189页。

手段将资源集中投入而建立起来的。林毅夫（2001）认为，正是基于国家经济赶超战略，在"软预算约束"的计划经济体制下建立起来的国有企业，相对的缺乏在市场中的"自生能力"，在国家经济体制向市场经济转轨的过程中，国有企业需要一定程度地减少社会性政策负担和战略性政策负担，以此培育出国有企业在市场中的"自生能力"。周其仁（2000）认为，计划经济体制下建立起来的国有企业是一个非市场合约的组织，在计划经济体制下企业是通过国家租金激励机制来代替市场中的交易和利润激励机制。不同于计划经济体制时期，国有企业将面对市场竞争环境。这一环境的转变使得企业同政府的关系、企业之间的关系以及企业同职工的关系都发生了巨大的改变。

国有企业在计划经济体制下，没有独立的产权，因而其建立、发展乃至消亡都处于政府的计划控制和管理之下。我们知道在市场中的企业都是具有独立产权和经营意志的市场主体，自负盈亏、自足经营，对国有企业同样如此。市场经济体制的确立使国有企业有了完全的经营自主权。在这种情况下，作为企业所有者的政府（全民代表）其利益就表现为国有资本的保值和增值。

在计划体制下，企业与企业之间不存在市场竞争关系，而是政府指令性计划下的一种生产的相互协调关系，政府甚至可以通过一个扭曲的价格机制，扶持某一重点企业的发展。在市场环境中的企业，无论是国有企业还是民营企业，都将处于市场竞争的环境中，通过市场价格信号的指引以实现生产要素的配置。这就是从原来集中计划的资源配置手段，转变为分散配置资源的手段。市场竞争环境的最直接的结果是国有企业同样将面临经营的风险，当然，国有企业的职工也将同样不能避免。

国有企业与职工的关系也发生了巨大变化。在计划经济体制下，职工并不是通过市场契约关系进入企业，而是分配工作。因此一旦个人进入企业以后，其工作是稳定的，抛开当时存在的"隐性失业"问题不谈，个人一般不会面临失业问题的困扰。在市场环境下，个人职业生涯的选择是完全独立的意识支配行为，个人通过一个双向的选择机制可以同国有企业签订劳动契约，也同样可以同民营企业、外资企业以及合资企业签订劳动契约。前文的研究表明，在市场中的企业是人力资本和物质资本的一个不完全契约的产物，对于国有企业而言依然如此。

从计划经济体制向市场经济体制的转轨，使国有企业的经营环境发生了巨大的转变，因而其治理模式必然需要进行相应的改变。如果说传统计划经济模式下，社会主义企业治理模式存在信息和激励不足的问题，那么在市场经济环境下的国有企业治理模式创新，则要体现出社会主义价值观的继承，其核心即在于公平和效率的统一。这就要求，在一个创新的企业治理模式下，既要保证国有资本的利益，也要保证广大员工的利益；既要保证国家的长远利益，也要保证人民群众的当期利益。最终实现的是整个社会的和谐与效率的统一。

三 劳资共同治理是社会主义国有企业治理模式创新的必然要求

传统的计划经济体制对企业灵活经营机制和创新活力产生了严重制约，建立社会主义市场经济体制也正是为了解决传统计划经济体制的这种弊端。问题的重要方面在于，建立社会主义市场经济体制是一种社会宏观构造，因而对于微观层面的国有企业来说，其治理模式创新必然是对于社会宏观机制的一种适应性演化。这种治理模式的演化的正确方向应当是坚持社会主义的基本价值观，应当是更好地调动企业职工的生产积极性，应当是在充分体现公平的基础之上达到员工和企业的生产高效率，应当是社会主义基本经济制度在企业这一微观层面的坚持和自我改善。由此可见，劳资共同治理是我国社会主义国有企业治理模式创新的必然要求。下面从以下几个方面对这一必然性做一说明。

社会主义国有企业是社会主义国民经济得以存在和发展的微观经济基础。从社会主义制度的宏观角度来说，邓小平理论指出，社会主义的本质在于消除贫困、消除两极分化，最终实现共同富裕，这一社会制度构造所追求的宏观目标要得以实现，则必然要通过微观机制的设置来加以保障，明确一点说，这需要构造合理和和谐的企业微观治理机制来得以实现。资本主义企业的主流剩余权治理模式是资方单边治理，这种模式其实质是维护资本家的收益，企业内部劳资关系具有对立、对抗和冲突性质。需要指出的是，随着社会的进步和生产科技的进步，资本主义国家的立法以及资本主义企业对工人的管理，都做出了相应的有利于工人的局部调整，在很大程度上体现了现代文明的人文关怀精神，但是，这种调整并没有突破资本主义企业制度的固有框架，因为无论如何资本主义企业所有权属于资本家。社会主义企业的所有权属于全民是社会主义制度的必然属性，但是，就单个企业员工来说，固然他是全民的一分子，但是属于全民的他并不是企业的直接所有者。这种关系，是一种部分和全体类属关系，部分具有全体的普遍属性，但是部分不能代表全体。因而这种社会主义国有企业内的劳资关系，是部分和全体之间的关系，尽管部分属于全体，部分和全体之间也存在一定的对立，但是，这种对立不应当具有对抗的性质，只有在治理机制构建不恰当的情况下，才会造成劳资关系产生矛盾，进一步矛盾也可能加剧。前面已谈到在计划经济体制下，国家作为国有企业的完全剩余索取者所导致的"棘轮效应"对于企业员工生产劳动激励的弱化机制，这一效应正是劳资矛盾在一定程度上的表现。我们认为，之所以如此，其本质在于即使在社会主义计划体制下，国有企业的治理措施依然是国有资本的单边治理模式。既然实践已经证明，这种模式所存在的弊端，因此对国有企业治理模式的创新就成为应有的举措。

社会主义国有企业的资本属于全民，因此企业本身具有社会主义本质属性，在计划经济体制环境下，企业员工具有体制赋予其主人翁的自豪感和优越感，能够一定程度激发其工作热情和努力，尽管在当时国有企业的剩余权治理机制同样是资方单边治理模式。在市场化转轨之后，劳动市场的建立，其最直接的结果是强化了资本对于劳动的雇佣关系，尽管在国有企业雇用工人的是国有资本，然而这种"雇佣"关系的形成，毫无疑问，会在很大程度上削弱企业员工原本所具有的主人翁情感。这样看来，在计划经济体制下所面临的员工劳动激励问题，在市场化改革之后依然存在，并且这一问题反而变得更趋紧迫。另外，这里有一个惯性思维作用，既然改革的方向是建立社会主义市场经济体制，那么在市场经济环境下企业剩余权资方单边治理模式就是自然的选择，因为以英美为代表的发达市场经济国家的企业主流治理模式就是如此，这应当是一个认识上的误区。企业剩余权资方单边治理模式是在资本主义制度下自然演化的结果，是资本主义制度下资本家的必然要求，也就是资本主义制度环境所内生的制度特征和结果。这里，需要指出的是，在资本主义制度下，资方单边治理模式是资本家个人发家致富的保障；相反，在社会主义制度下，国有资本的单边治理模式最终是为了保障社会全民的整体利益。尽管都是单边治理模式，但在目标利益诉求上，这是存在原则性差别的。因此，对于社会主义国有企业的治理模式创新，就应当专注于如何更好地激励员工，如何在企业这个微观层面达到效率与公平的统一，这应当是社会主义的本质属性使然，是社会主义制度自我改善的应有的举措和改革方向。需要进一步指出的是，单边治理模式实际上在效率上是缺失的，即单边治理模式不能获得最优的企业生产效率。下面我们进行证明。

  这一问题可以用委托—代理模型做出说明，在企业剩余权单边治理模式下，作为雇主的资方是委托人，作为雇员（工人）的劳方则是代理人。委托人要获得利益需要通过代理人的行为努力得以实现，这样委托人同代理人达成的协议（契约）需满足代理人的参与约束（IR）和激励相容约束（IC），其中激励相容约束的存在隐含表明委托人和代理人的信息不对称，即委托人无法观测到代理人的行为，或者说委托人无法在任何时刻使得代理人都能够按照自己的意志行动。

  用 a 表示工人的努力，它是一个一维的连续努力变量，a 是不可直接观测的。工人获得的激励工资契约是关于产出 π 的一个函数 $s(\pi)$，产出收益 π 的取值范围为 $\pi \in [\pi_1, \pi_2]$，$c(a)$ 是工人努力的成本，$v[\pi-s(\pi)]$ 和 $u[s(\pi)]$ 分别是资方和工人的冯—诺依曼期望效用函数，这里，约定 $v'>0$，$v''\leq 0$，$u'>0$，$u''\leq 0$，$c'>0$，$c''\geq 0$。$F(\pi,a)$ 是关于努力 a 的收益分布函数，$f(\pi,a)$ 是相应的密度函数，要求分布函数满足 $F_a(\pi,a)=\partial F/\partial a<0$（一阶随机占优条件）。[①] 下面的模型是米勒斯（1974）和霍姆斯特姆（1979）提出的分布函数的参数化委托—代理模型。

工人首先选择最优的 a 满足自己最大化期望效用，即工人首先求解：

$$\max \int u[s(\pi)]f(\pi,a)\mathrm{d}\pi - c(a) \quad [②]$$

工人的激励相容约束表达为：

$$\int u[s(\pi)]f_a(\pi,a)\mathrm{d}\pi - c(a) = c'(a)$$

对于工人而言，接受 $s(\pi)$，则他会要求能够从参与契约中获得的收益不小于机会成本 u_0，这样，工人的参与约束表达为：

$$\int u[s(\pi)]f(\pi,a) - c(a) \geq u_0$$

这样，资方单边治理模式的最优激励归结为求解下面的规划问题：

$$\max_{s(\pi)} \int v[\pi - s(\pi)]f(\pi,a)\mathrm{d}\pi$$

$$\mathrm{s.t.} \ (IR) \int u[s(\pi)]f(\pi,a) - c(a) \geq u_0$$

$$(IC) \int u[s(\pi)]f_a(\pi,a)\mathrm{d}\pi - c(a) = c'a$$

设定 λ 和 μ 分别是参与约束 IR 和激励相容约束 IC 的拉格朗日乘数，则可以求解出一阶最优条件为：

$$\frac{v'[\pi-s(\pi)]}{u'[s(\pi)]} = \lambda + \mu \frac{f_a(\pi,a)}{f(\pi,a)}$$

[①] 随机变量 π 的概率分布函数为 $F(\pi)$，对于任意给定的 π'，则有 $p(\pi>\pi')=1-F(\pi)$，表达式 $p(\pi>\pi')$ 是发生事件 $\pi>\pi'$ 的概率值。这一约定条件的含义是收益 π 是关于努力 a 的增函数。π 是随机变量，这样工人越努力，即 a 越大，获得较高收益的概率越大。

[②] 这个积分是定积分，其积分限为 $[\pi_1,\pi_2]$，这里在表达式的书写上作了省略，以下各积分均为定积分。

显然，这和帕累托最优条件 $\dfrac{v'[\pi-s(\pi)]}{u'[s(\pi)]}=\lambda$ 相矛盾。进一步地，就单纯数理逻辑看，要达到帕累托最优，要求 $\mu\dfrac{f_a(\pi,a)}{f(\pi,a)}=0$，由 $\mu\neq 0$，则只有 $f_a(\pi,a)=0$，这要求密度函数 $f(\pi,a)$ 为常数，其含义表达为产出 π 不是关于 a 的随机变量函数，即产出和工人努力没有关系。这首先同模型的假设情况矛盾，联系企业的实际经济生产活动，这种状态只有在信息完全对称和充分的情况下才有可能，即工人的努力是可观测的，或者企业的工人都是同质的模范工人，都能够不用监督就付出自己完全的努力。然而，完全信息委托—代理关系的理想状态，在经济实践中是不可能存在的。这就表明，企业剩余权单边治理模式存在效率损失，西方主流经济学把出现这一状况的原因归结为劳资双方的信息不完全和不对称状态。

无论是在社会主义计划体制下，还是在发达的资本主义市场经济体制下，劳资双方信息不对称和不完全都是实践经验所证明确实存在的。要改善单边治理模式在企业生产效率上的缺失，只有通过治理模式的创新来获得。这种创新，并不是主观臆造的，它实际根植于具体的基本经济制度，社会主义基本经济制度为企业剩余权治理模式的创新提供了得以展开的环境和条件。企业员工主要基于谋生的动机，投入自己的劳动力、努力和工作热情，并为企业创造财富，因而工人满足自己的效用本身是无可争议的事实，只是在资本主义制度下，由于劳资关系对立和对抗的基本性质的制约，使得员工一方的卸责严重地影响企业绩效。更需要指出的是，上面的模型也同时表明在单边治理模式下的激励工资策略是无效的。

社会主义制度的建立是为了全民的福利，为了社会每一个人的幸福，但是落实到企业的层面，没有一个合理有效的治理模式，也很难实现企业的效率运营，显然没有企业的效率就不可能有社会整体的福利改善和提高。尽管我们有理由说，在社会主义制度下，企业和社会当前的高积累是为了将来更好更多地消费，可是如果没有当前的有充分质量保证的适度消费，以及广大员工的积极努力生产，过度的当前积累反而会造成劳动者劳动热情的消退，毕竟作为单个的个人来说，当前的适度合理的消费是当前能够饱满热情劳动的动力和保障。另外，建立社会主义和谐社会的具体任务，也必然要求消除当前种种不和谐因子，当前消费和未来消费这是一对矛盾，社会结构中个人之间的贫富差距的拉大也是矛盾，劳资双方之间的信息不对称和不完全是矛盾，劳资利益的对立和激化还是矛盾。从企业而言，这些矛盾的解决需要治理模式上的创新。这种创新是来自社会主义价值传统的延续，来自企业更高生产效率的要求，来自建设和谐社会消除社会矛盾的要求。劳资合作的企业剩余权治理模式完全可以在社会主义制度的经济环境下建立起来，毕竟在公有制为主体的社会中，资本本身具有的公有属性，决定了国有资本和劳动者之间的包容性关系，在其本质的精神内涵上，这是一种人人为我、我为人人的关系，是一种协调当前消费和未来建设的关系，是一种在社会主义制度下可以建成和实现的和谐关系。

第四章 基于劳动契约的企业剩余权研究

通常企业剩余控制权和企业剩余索取权两个概念，企业剩余控制权理论来源于对于契约认识的深化，即不完全契约理论的提出。不完全契约理论是经济学理论研究中的重大思想突破，正是这一理论的提出，才引导人们对于企业的认识获得重大突破。对劳动契约的科学认识是打开企业之谜的关键所在。本章循着不完全契约理论指引的逻辑思路，从结成企业的劳动契约入手，对剩余控制权和剩余索取权加以辨析，由此奠定本书继续研究的理论和逻辑基础。

第一节 劳动契约的不完全性分析

契约关系是市场经济体制中参与交易各方权利义务关系的约定，签约当事人享受契约约定条款权利并承担相应义务。在现代社会，任何一项经济活动的开展，都是在契约安排下进行的，这包括默认契约、口头契约以及正规的书面契约。在新古典经济学理论中，由于严格的完备性假设，没有契约不完全理论存在的空间。

完全契约的理论逻辑基础在于两个重要的假设。第一个假设是行为人完全理性，由于受完全理性的支配，行为人决策只是一个受资源禀赋约束下实现个人效用最大化的过程。第二个假设是完全竞争的市场外部环境，由于市场的完全竞争，不存在外部效应，信息也是完全的，当然也不存在交易费用。显然，完全契约理论属于阿罗—德布鲁范式下的一般均衡静态理论范畴之中。

不完全契约的认识开端于科斯（1937）的研究工作，其《企业的性质》一文中的交易费用思想,为后续研究者关于市场契约的认识打开了思路。一个自然的逻辑在于,如果签订一个完全契约的交易成本非常之高,则交易行为人只能签订一个对当前来说尽可能详尽的契约,而对于契约中没有约定的条款,只能留到事后解决,这样这个不完全契约自然就同风险联系起来了。

一　契约不完全的一般原因

在科斯（1937,1960）之后,西蒙（Simon,1951,1957）、克莱因（1978,1980,1985）、威廉姆森（1979,1980,1985,1988,1993）、格罗斯曼和哈特（1982,1980,1983,1986,1988,）、哈特和穆尔（1986,1987,1988,1989,1990,1994,1998,1999,2000）等人,对于契约不完全的性质和原因都做了相应的探讨,总结起来,导致契约不完全原因主要有几个方面。

第一,交易费用的存在。在新古典经济学的静态世界中,由于交易费用为零,这样就可以订立一个完全契约,即它的条款可以尽可能详尽而根本不存在事后讨价还价的空间。反之,如果我们承认交易费用不为零,则我们无论如何都不可能制定出一个完全的契约,因为随着条款的愈加详细,无论是交易双方因此需要付出的讨价还价的精力,还是获取信息的成本等可以笼统地称为交易费用的开支都将增加,以至于使交易本身变得无利可图。

第二,人类的有限理性。西蒙（1957）的研究发现,人可以在主观上追求完全理性,但是在客观上却只能做到有限的理性。[①] 由

[①] 西蒙对新古典经济学的批判指出："当行为在给定条件和约束所施加的限制内适于达成给定目标时,行为实质上理性"。他认为,现实中人的行为"是指它是适当的深思熟虑的结果,其过程的理性取决于产生它的过程"。引文摘自［美］西蒙《西蒙选集》,黄涛译,首都经济贸易大学出版社2002年版,第247页。进一步说,他认为,人类经济行为的有限理性是受制于人类大脑对于外界信息的收集、加工和处理的机理和能力,"人类大脑阐释和解决复杂问题的能力与问题的规模相比是非常小的,这些问题的解决需要现实中有客观上的理性行为",由此"简化选择过程的关键是以满意化目标取代最大化目标,即找到一条足够好的行动路线"。引文转摘自［美］奥利弗·E.威廉姆森《治理机制》,王健等译,中国社会科学出版社2001年版,第21页。威廉姆森认为："要不是因为有限理性,所有的组织问题都将瓦解,而有利于阿罗—德布鲁的完全缔约或者机制设计性质的完全缔约。"引文摘自［美］奥利弗·E.威廉姆森《治理机制》,王健等译,中国社会科学出版社2001年版,第21页。

于不可预期的偶然性因素，信息也不可能收集完全以及受到签订契约时双方资源禀赋的约束。签订契约时，人们不可能订立出尽善尽美的条款以应付所有可能在未来出现的情况。正是由于人类的有限理性使得完全契约无法实现，则契约必然是不完全的。实际上，西蒙的有限理性思想隐含地指出了契约本身的时间动态特性，除现货契约以外，大量的契约我们只能在订约时签订条款，条款的落实只能在契约约定的日期发生，而有限理性是无法完全把握未来的事件。

第三，信息不完全、不对称和机会主义行为。签订契约是双方或多方当事人共同关系行为，签约任何一方都不可能做到掌握对方所有的信息，即信息的不对称及不完全，而市场契约的签订对于当事人来说一般都会从自身福利满足考虑，因而很容易导致利己的机会主义行为在签订契约时和订约以后发生，因此契约难以做到完全。

第四，契约条款无法用语言描述的至善至美以及条款是否履行很难由第三方证实或者证实成本很高。契约作为文本，是签约当事人谈判的结果，由于语言本身对于事物的描述不可能做到完美无瑕，因而难免产生歧义和模糊之处。另外，契约本身是当事人行为的产物，第三方（如法院）也很难了解当事人谈判、签约以及履约的全过程，或者对上诉情况的调查非常困难以及调查成本太高。这些情况，也是造成难以达成一个完全契约的原因所在。

第五，契约履行的动态过程。同新古典经济学的假设状态不同，在市场中的人们，为达成一项交易，一般来说，有谈判、签约、履约和结束四个过程。除非是现货交易模式的一锤子买卖，一般的契约交易过程都是一个时间路径过程。因此，当事人在签订契约时，也总是达成一个不完全的契约。这也是我们经常在《合同书》当中所看到的条款：未尽事宜，双方协商解决。

从上面的分析，可以看出不完全契约理论相对于新古典经济学意义上的完全契约，它摆脱了脱离实际经济关系的假设，而回归于更加真实的现实世界。不完全契约理论这把钥匙，正是打开科斯所称的"企业黑箱"的关键性概念。

二 劳动契约概念的比较及不完全性特质

由于上述契约不完全存在,市场上的所有契约都是不完全的。由于契约种类如此之多,而且无论是个人、组织、企业还是政府在进行经济活动的时候,都需要签订和履行各种各样的契约。只需稍加思索,我们就可以发现,这些契约的不完全性程度存在很大的差异。

完全契约只是一种新古典理论意义上的契约,是一种完全理想的契约。实际上,对于一个契约而言,它所约定的交易事项的确定性程度越高,越容易执行,也越容易被第三方证实,则这个契约就越接近于完全契约。一份销售契约的完全性程度就比较高。例如,个人网络购物契约,这项契约是个人通过网络交易平台同网络销售商达成的,购物者通过进入网络销售商提供的网络销售平台,选择好自己喜欢的商品,向网络销售商下订单,在这份通过下订单达成的契约中,对于商品的质量标准、价格、什么时间到货、货款支付方式以及退货方式、违约责任都有比较清楚和易于执行的条款,并且第三方也很容易证实一旦违约的责任问题。这样一种短期的现货交易契约,显然,接近完全契约的理想状态。随着交易事项不确定性增加,以及契约执行时间增长,契约的不完全性程度也将增大。对企业的核心契约——劳动契约,这里从两个方面展开分析,首先明确劳动契约的概念,其次分析劳动契约的不完全特质。

那么,什么是劳动契约呢?上文已经谈到,马克思指出,企业对员工的权力来源于资本在市场中对劳动力的购买。从而在马克思经济学语境中,劳动契约是指企业购买劳动力的市场契约,企业可以通过付出工资在劳动力市场上购买劳动力;而在西方经济学的语境中劳动契约指企业购买工人劳动服务的契约,即雇主付出工资与工人提供劳动之间的一个关系交易契约。①

对比马克思经济学和西方主流经济学关于劳动契约定义可以发现，两种不同的经济学说在立场上存在鲜明的差别。马克思经济学从批判资本主义制度的立场指出了资本雇佣劳动的剥削本质；西方主流经济学则从维护资本主义制度的立场，将资本雇佣劳动描述为劳资之间的市场交易行为。马克思所谈的劳动力同西方主流经济学所谈的劳动存在本质差别，工资只是对于工人劳动力的价值补偿。尽管劳动力和劳动两个术语只有一字之差，但是，员工从工作实践中对劳动力和劳动两个术语的实质差别通过其实际经验能够获得了比较清楚的认知，同样企业也是清楚的。从这个意义上说，确定企业（雇主）和员工（雇员）雇佣关系的劳动契约一方面使资本与劳动结合起来，形成剩余价值生产前提；另一方面也由此确定了劳资之间的内生博弈关系。

企业的生产业务活动存在大量不确定性，在本质上说，企业购买的是员工的劳动能力，从而使用员工的劳动能力来完成企业的不确定性业务。由此看来，劳动契约天然就应当是不完全的，这是由生产的不确定性决定的，或许我们可以愿意不计成本地签订一个相对而言更完全的劳动契约，但是，这样做的结果必然造成企业"活"的生产能力的窒息。工人的劳动不同于机器的运动，机器的物理运动是确定的，它是在工人不确定的劳动控制之下的，而正是工人"活"的劳动

---

① 现代西方主流经济学有关劳动契约研究指出，雇佣合约或劳务合约的性质较为特殊。它涉及的是受指令的服务，也即这样一种关系：雇主一方有着权威或权利在所要完成工作的内容细节上控制和指挥雇员一方（Black, 1990）。反过来，雇主必须承诺支付商定好的工资。西蒙（Simon, 1951）将这种情形称作雇主和雇员之间"权威关系"。克雷普斯（Kreps, 1990）将同样的这种关系称作"科层交易"。指令的权利对于雇主而言是重要的，因为他有自由在一定的限度里调整雇员的工作方式，以与变化的情况（自然状态）保持一致。没有向雇员下指令的权利，就得对雇佣合约进行拟定以考虑到所有可以预见的自然状态。当然，在正交易费用的世界中，这种"完全合约"的成本太高，几乎无法拟定。引文摘自［美］埃里克·弗鲁博顿、［德］鲁道夫·芮切特《新制度经济学》，姜建强、罗长远译，上海三联书店、上海人民出版社2006年版，第176—177页。有关雇佣关系和不完全合同的理论模型研究，参见［美］帕特里克·博尔顿、［比］马赛厄斯·德瓦特里庞《合同理论》，费方域等译，格致出版社、上海三联书店、上海人民出版社2008年版，第343—349页。

使得机器"死"的物理运动进行有目的的产品生产。

进一步说，对购买一般商品和购买劳动做一个比较。对于物质商品的性能和质量，我们可以做到清楚的了解，因此，在制定契约条款时候可以做到较准确的细致描述。劳动服务则不然，虽然购买劳动服务的一方可以要求劳动服务提供者的一般性条件，如年龄、性别、身高、学历、专业技术乃至于相貌和气质修养都可以做到具体的规定，但是，劳动服务提供的质量和强度很大程度上是掌握在提供者手里，而不是购买者手里。就算在契约签订时，购买者对于劳动服务的质量提出了要求，但是劳动服务质量究竟是否满足了契约约定的要求，也很难获得第三方的证实，而且如果必须证实的话，所需的费用也会相当大，从而事实上根本无法做到。购买一般商品的契约则有很大不同，这个契约是即期发生的，如果我们需要就会购买一种商品，对于现货商品而言，购买行为是一个生产已经完成的事后概念，在我们决定购买之前，商品就已经生产出来。购买一项劳动服务，则是一个事前概念，劳动服务活动的进行是在契约签订以后开始的，因此不同于购买现货商品的即期契约，如果一个契约包含有劳动服务项目，契约条款中就必然会约定一个劳动服务开始和结束的时间，从而契约发生了时效性，成为相对于即期的长期契约。①

企业中的核心契约关系，是企业与企业职员签订的劳动契约，之所以称为劳动契约，是因为这个契约只包含劳动服务的内容。只有着眼于劳动契约，才能做到对企业内部的剩余权结构的了解。

第二节　基于劳动契约的剩余控制权解析

劳动者和物质资本所有者签订的劳动契约使企业得以建立，因此

---

① 威廉姆森在资本专用性投资的研究中，对于长期契约的治理机制有详细的研究。参见［美］奥利弗·E.威廉姆森《资本主义经济制度》，段毅才、王伟译，商务印书馆2002年版，相关内容。

对劳动契约的研究是打开企业剩余权结构之谜的中心枢纽，本节研究劳动契约的剩余控制权问题，包括五个部分的内容。第一部分首先对剩余控制权这一概念的提出、内涵以及术语使用方面的情况做一辨析。第二部分考虑劳动契约是人力资本所有者和物质资本所有者之间签订的，所以有必要对人力资本的产权特征做出分析。第三部分对劳动契约的剩余控制权的特征做出解析并得出结论。第四部分对管理者权力对剩余控制权的影响做出分析。第五部分明确劳动契约的剩余索取权概念基础之上，对剩余控制权和剩余索取权的对应结构状态这一企业内部根本制度安排加以分析和说明。

一 剩余控制权概念辨析

科斯在《企业的性质》一文中已经大略谈到劳动契约的剩余控制权问题，他写道："将来要提供的劳务只是以一般的条款规定一下，而具体细节则留待以后解决。契约中的所有陈述是要求供给者供给物品或劳务的范围，而要求供给者所做的细节在契约中没有阐述，是以后由购买者决定的。"[①] 在这个表述中，可以发现科斯对于劳动契约的认识已经涉及劳动契约的不完全性，而且他认为，劳动契约是由"购买"而达成的，在这一点认识上无疑和马克思的认识是一致的。对于劳动契约中的"剩余"部分，即劳务如何利用决定于购买者，显然，在科斯的概念中劳动契约的剩余控制权掌握在物质资本一方手里。实际上，科斯是用"权威"一词来指称劳动契约的剩余控制权，他并没有说明为什么这个"权威"由物质资本所有者所有。

剩余控制权概念首先由格罗斯曼、哈特、穆尔等人的 GHM 理论中得到阐述，他们将剩余控制权定义为企业所有权。可见，剩余控制权概念一开始就被用于企业治理理论研究，因此，剩余控制权概念应当是从属于企业治理理论研究的经济学术语。在 GHM 理论语境中，剩余控制权是相对于特定控制权的概念，其理论渊源同样在于对契约不完全的认识之上。他们对剩余控制权的定义为："决定资产除最初

---

① 科斯：《企业的性质》，载盛洪、陈郁编《企业、市场与法律》，格致出版社、上海三联书店、上海人民出版社 2009 年版，第 39—40 页。

契约所限定的特殊用途以外如何被使用的权利。"特定控制权就是契约所确定的特定用途的使用权利。从这一定义可以发现,一方面他们定义的剩余控制权来源于契约的不完全性,另一方面和物质资本是联系在一起的。紧接着定义以后,哈特和穆尔写道:"我们以为,对于甲方来说,在拥有一个企业(一体化)和与拥有该企业的乙方签约以获得某种服务(非一体化)的区别在于:一体化场合下,甲方如果不满意企业的工人(包括乙方)的表现,他可以有选择的解雇他们;而在非一体化场合,他只能'解雇'(即终止往来)整个企业——乙方及其工人和企业资产全体。"由此可见,在GHM理论所阐述的剩余控制权概念中,无论剩余控制权属于企业甲,还是企业乙,都属于物质资本所有者。这丝毫不足为怪,因为GHM理论对于企业是这样定义的,"企业是由其所拥有的资产(如机器、存货)所组成"。在GHM理论语境中,劳动是自然的从属于资本权利的,哈特和穆尔观点是:"我们假定,一资产所有者所拥有的唯一权利是其排斥他人使用资产的能力。……在这个意义上,对一物质资产的控制可以间接地导致对人力资产的控制。例如,假定一群工人需要使用某种资产才能发挥作用,那么资产所有者,比如说甲方,就有权排斥这些工人中的一些或全部(即他可以有选择地解雇他们)这会使工人们按甲方的利益而行事。"[①]

GHM理论中的企业是传统的古典资本主义企业类型,即所有者和管理者两者合一企业。这一理论从不完全契约理论出发,研究了企业间一体化对于效率的影响,更多地探讨了企业与市场的边界问题。在这以后,一系列的有关的企业产权理论,都贯穿着剩余控制权—控制权—所有权概念,实际上,对于这三个概念的使用,经济学界长期以来并没有严格加以区别,一直作为一个三位一体的同义概念而加以使用。正如哈特所言:"不区分合同规定的控制权与剩余控制权,而

[①] [美] 格罗斯曼、哈特:《所有权的成本和收益:纵向一体化和横向一体化理论》,[美] 哈特、穆尔:《产权与企业的性质》,载陈郁编《企业制度与市场组织——交易费用经济学文选》,上海三联书店、上海人民出版社2006年版,第258、301、302页。

且在事实上剩余控制权等同于完全控制权。"①

对于剩余控制权的理解,钱颖一(1994)以及青木昌彦(1994)认为,企业剩余控制权就是决策权。米尔格罗姆和罗伯特(Milgrom and Robert,1992)在其《经济学、组织与管理》(Economics Organization and Management)一书中,将剩余控制权称为剩余决定权,他们认为,剩余决定权就是在契约中没有明确说明以及法律没有特别规定的情况下,对于某项资产如何使用的决定权利。杨瑞龙和周业安(1997)进一步将剩余控制权定义为"重大决策权",他认为,"真正拥有剩余控制权的常常是董事、经理及雇员",对于众多的股东其控制权是受到限制的,并且许多结构性的重大的决策权都由《公司法》和公司章程早已确定,如对企业经理人员的招聘和解雇,并且这个"重大决策权"由于将会给企业带来直接的收益或损失,因此,对于企业而言是有风险的。② 阿吉翁等(1994)则提出了"实际控制权"概念。他们认为,掌握关键信息和知识的代理人会实际上成为契约"剩余"的控制者,"实际控制权"会由于法律和公司章程的规定而受制于股东拥有的"正式控制权"。

GHM 理论将企业看作是物质资产的组合,主要原因在于其关注的是企业于企业之间的关系,而并不是企业内部资本和劳动的关系。在这个理论中,物质资本对于人力资本的支配地位是不言而喻的,他们并没有深入到企业内部的劳资关系,其研究的重点是在于企业间的横向关系,即企业的边界问题。但是,对于单个企业的效率展开研究,则必须将研究深入到企业内部的劳资关系。一个完整的企业从来就是物质资本和人力资本的联合体,有企业组织以来,劳资关系的发展变化就和企业形式的发展紧密地联系起来的。对于企业得以建立的劳动契约以及有关于劳动契约的剩余控制权,产权理论并没有深入的研究。但是,劳动契约是如此的重要,因此要真正地了解企业内部的

---

① 参见 Hart, O. and J. Moore, "Foundations of Incomplete Contracts", *The Review of Economic Studies*, Vol. 66, 1999, pp. 115 – 138.

② 杨瑞龙、周业安:《一个关于企业所有权安排的规范分析框架及其理论含义》,《经济研究》1997 年第 1 期。

结构，则需要首先了解企业内部的中心契约—劳动契约。在我们看来，由于物质资本本身是没有生命的，因而物质资本必然需要代表其利益的代理人，通常我们所说的劳资关系，其本质是一个人与人之间的社会关系，是企业中劳方和代表物质资本利益的代理人一方的关系。从这个意义来看，劳动契约实在也只是人和人之间的契约关系。由此，对于劳动契约有关的剩余控制权概念的研究，首先需要了解人力资本。

二 人力资本产权特质

马克思将资本定义为能够产生剩余价值的价值。在这个语境中的资本是一个生产关系概念。新古典经济学家对于资本概念的认识则将其设定为"物质"概念范畴之中，约翰·穆勒就认为，财富不能等同于人力，财富是为了人而存在的。实际上，西方经济学理论在有关经济增长问题研究上，很长一段时间认为单纯的生产要素投入的增长是经济增长的唯一源泉。到20世纪50年代以后，经济学家，比如，西蒙·库兹涅茨（Simon Kuznets）、爱德华·富尔顿·丹尼森（Edward Fulton Denison）等通过统计数据分析研究美国的经济增长问题发现，除开资金和劳动等要素投入对于经济增长的贡献之外，还有一部分"剩余"的贡献来源无法解释。换句话说，产出的增长率大于要素投入的增长率。对于这个"剩余"来源的解释，使得人们引入了人力资本这一概念。西奥多·舒尔茨（Thodore Schults）从人力资本角度来解释剩余，他认为，这些"剩余"的增长来源于人力资本，是人力资本投入的创造性贡献。对于人力资本的定义，一般认为，人力资本天然属于个人所有，它是人能够创造经济价值的能力、技能和知识、经验等的总和。[①]

人力资本和人本身的不可分割，得到了经济学家的基本共识。物质资本的所有者可以是私人、集体乃至整个社会，而人力资本在现代

[①] 《新帕尔格雷夫经济学大辞典》对人力资本的定义是："作为现在和未来产出与收入流的源泉，资本是一个具有价值的存量。人力资本是体现在人身上的技能和生产知识的存量。"

社会的经济关系中，只能属于承载它的个人。人力资本天然只能属于个人的产权特性，是区别于物质资本的一个非常重要的关键点。在现代社会中，基于人格权利的平等原则，强制劳动和奴役劳动是一种非法的行为，因此在法律层面上人力资本只能通过确定劳动契约关系得以使用。实际上，人力资本从来就具有完全的"私有"属性，巴泽尔（Barzel，1977）有关奴隶制经济研究发现，即使是奴隶也可以掌握自己人力资本的使用，奴隶主虽然在法律关系上拥有奴隶，由于受到监督和管制成本的限制，因而在实际的生产活动中也不得不做出一定的让步或者激励措施，从而改善奴隶劳动力的使用效率。我国学者周其仁（1996）也指出："工人的劳动努力，像任何其他人力资本的利用一样，可'激励'而不可'压榨'。"①

在市场经济社会中，一个契约的达成是对某项财产具有明确产权的所有者之间交易的结果。在经济学定义中，产权是一种关系性概念，是确定某项财产的所有者所拥有的实施某种行为的权力，而且这种权利是受到限制的。产权在行使中受到限制，原因在于社会对于权利的规范，即产权的行使必须在社会允许的法律、道德及社会习俗等社会评价标准框架之内。

经济活动中的个人，在同他人的经济交往活动中，对于自己所有的财产总是希望得到对自己有益的处置和使用，但是对于自己财产的利用却受到利益相关联个人或组织的约束和限制。如一个拥有 CD 唱片音响设备的音乐迷，可以通过欣赏唱片获得享受，但是，如果他在寂静的深夜用超大音量播放摇滚乐，则这个行为必然会受到他邻居的干涉，因为他享受音乐的权利不能妨碍邻居在夜晚获得安静休息的权利。

我国《劳动法》总则第三条规定："劳动者享有平等就业和选择职业的权利、取得劳动报酬的权利、休息休假的权利、获得劳动安全卫生保护的权利、接受职业技能培训的权利、享受社会保险和福利的

---

① 周其仁：《市场里的企业：一个人力资本与人力资本的特别合约》，《经济研究》1996 年第 6 期。

权利、提请劳动争议处理的权利以及法律规定的其他劳动权利。劳动者应当完成劳动任务，提高职业技能，执行劳动安全卫生规程，遵守劳动纪律和职业道德。"上述条文一方面确定了劳动者的劳动权利；另一方面又规定了劳动者使用自己劳动力应该遵守的原则，即劳动产权使用也要受到限制。这就从法律角度肯定了劳动者对于自己劳务的产权，而且法律条文也表达出人力资本产权受限制的特征。

人力资本不同于非人力资本的另外方面是人力资本的创造性。物质资本作为没有生命的物体，受控于人的意识支配，如果没有人的劳动作用，物质资本本身不能创造财富。就如一台机器，如果没有人的劳动的操作利用，闲置在厂房，经过一段不长时间就可能变得一文不值。对于人力资本创造性的作用，马克思的劳动价值论做出了经典分析，由于劳动的二重性，一项劳动中包含有抽象劳动和具体劳动，从而抽象劳动创造商品价值，而具体劳动创造商品使用价值。马克思是用"劳动力"来指称人力资本这一概念的。[①] "我们把劳动力或劳动能力，理解为一个人的身体即活的人体中存在的、每当他生产某种使用价值时就运用的体力和智力的总和。"并且指出："它的使用价值本身具有成为价值源泉的独特属性，因此，它的实际使用本身就是劳动的对象化，从而是价值的创造。"[②] 马克思经济学认为，人力资本的创造是财富的最终唯一来源。这一点无论如何是正确的，西方主流经济学所言的"租金"，马克思主义经济学中所言的"剩余价值"归根结底都来源于人的劳动，是人力资本的创造。

人力资本不同于物质资本的另外一个重要方面是人力资本的可塑性，人力资本的形成本身也是个人的知识、能力以及体魄的成长过程。由于人本身的能动性特点，使得人力资本表现出很大的成长变化特征，这一点同物质资本的不可变性形成鲜明的对比。交易费用经济学对物质资本划分为专用性和通用性两个类别，强调对于契约的安排

---

① 本书是在劳动力意义上使用人力资本概念的，这与把劳动力看作资本的拜物教观念不同，应该是符合马克思原意的。

② 马克思：《资本论》第一卷，人民出版社2004年版，第195页。

要保护进行了专用性物质资本投资的一方,避免受到事后的"套牢"或"敲竹杠"的契约另一方的机会主义行为的损害,从而确保企业效率的实现。由此,学者们也将"专用性"和"通用性"的概念引入人力资本的研究,所谓的专用性人力资本是指对于特定的企业或特定工作才有价值的技能和知识,通用性人力资本则具有普遍的适用性,对劳动技能和知识没有特定的要求,一般的人员经过一段时间的熟悉以后都能胜任。① 从上面的定义可以发现,通用性人力资本是相较于专用性人力资本在劳动复杂程度上较小的一类,实际上具有通用性人力资本的人只能从事简单劳动,而具有专用性人力资本的人,往往是具有一定的专业技术并且从事复杂劳动的人员,如企业经理、软件开发工程师、飞行员、会计师等。

一般情况下,我们说某种物质资本是专用性资本是对一个契约关系而言的,即如果资产不在该契约范围内使用,则会导致其价值的损失。对于专用性人力资本而言,情况也是类似的,一旦投资于专用性人力资本则意味着其所有者和某项物质资本结合在一起,如果一旦脱离该项物质资本则会贬值。另外,由于人力资本和人身的不可分离性,个人禀赋也存在差异,人们常说"隔行如隔山",实际上,一旦个人进行了专用性人力资本投资,就往往会被某种物质资本"套牢",从而导致劳资谈判中处于不利地位。从这个意义上说,人力资本的投资,也可以看作是一种投入"抵押"。人力资本的投资实际上和物质资本的投资并没有本质的差别,都是在结成企业之前先期投入,同样承担企业经营的风险,因此,人力资本也可能被"套牢"或者受到"机会主义行为"的损害。并且由于时间的不可逆,人力资本的投资对于个人而言是一个意义非常重大的事情,一旦个人掌握了某种技术或才能,其从事的行业就很难改变,而为前期的人力资本投资花费巨大费用以后,企业一旦破产,个人将会陷入非常困难境地。但是,个人出于自身职业生涯和事业发展的考虑,必须进行专用性人力资本投

---

① 参见费方域《企业的产权分析》,格致出版社、上海三联出版社、上海人民出版社2009年版,第128页。

资。物质资本的投资以及人力资本的投资都是一个事前的概念，物质资本和人力资本构成企业是彼此需求的结合，任何一个企业招聘员工，都会详细地要求员工的学历、技术、经验等条件，这些对于员工的生产能力的要求，只有应聘者在事先进行投资才能够满足，即通过学习才能掌握。现代社会的分工日益细密，高新技术产业的发展，对于工作的技术含量和知识含量的要求也越来越高，对于人力资本的投资是社会中的每个人都必须进行的一件事情，而且要求也越来越高。其实，在这里使用"投资"一词是比较物质资本而言，更恰当的语言，应当是"学习"，显然，学习是需要成本的，而也只有人才具有学习能力，从而能够做到从通用性人力资本到专用性人力资本的改变。

人力资本还存在对于物质资本的依附性。人力资本的创造性需要借助物质资本的工具性或保障性作用才能得以实现。正如威廉·配第所言，土地是财富之母，劳动是财富之父，人类的创造性劳动只有借助于物质资本投入才得以实现，而且这是一种完全互补关系。问题的关键在于，这种互补的关系不是平等的合作状态，在现实的世界中，恰恰是表现为人力资本对于物质资本的依附，即人力资本从属于物质资本，因而在现代企业产权理论，几乎是没有丝毫犹豫地接受了这种现实。

人力资本能够参与企业生产需要进行投资，表现为员工所受到的教育和培训。在员工进入企业以前所受的教育（学历教育、技能教育）是一种自己对自己的投资，更多做出的是通用性人力资本投资；而当员工进入企业以后，由于企业所具有的特异性，企业对员工也要进行相应的教育、培训，这可以看作是企业对员工进行了专用性人力资本投资。另外，员工在企业中长期工作的积累，即所谓的"干中学"，是自己做出的专用性投资。对于员工而言获得培训（包括自我培训和企业对员工的培训）是一个人力资本的成长过程，在这个过程中，会进一步导致员工退出企业的困难增加，即员工获得的专用性投资进一步使员工的人力资本"套牢"在企业中。这样，员工更愿意进行通用性的人力资本投资，而企业则更乐意对人力资本进行专用性投资。由于人力资本天然的私有属性，企业对员工进行投资以后，投资的产权在理论上属于企业和事实上属于员工构成了矛盾关系。这表现为，企业对工人的培训增加了企业的费用，如果员工离职则无法收回投资的成本；对于员工来说，也担心自己做出的专用性投资只对企业有价值，一旦被企业解聘或企业破产，则投资的价值将得不到补偿或者受到损失。通过劳资之间的一个长期契约（劳动契约）就可以在很大程度上解决这一矛盾。签订一个长期契约对于物质资本和人力资本而言，都是一个充分的利益保障机制。这样就可在长期契约的黏合作用下，物质资本和人力资本结合起来构成企业。

关于人力资本对于物质资本的依附关系，更进一层的研究已涉及现代企业制度的关键性问题——企业剩余权配置问题，即通常说所的剩余权治理问题。前文已经谈到，企业形成的核心是物质资本和人力资本所签订的劳动契约而组成的。为此，对于劳动契约剩余控制权的认识，则成为必要的工作。

三 劳动契约的剩余控制权

剩余控制权概念的产生是源自不完全契约理论，劳动契约作为一个长期的不完全契约，是劳资关系建立的基础。因此，要真正清楚研究劳资关系，从劳资关系得以确立的劳动契约入手就显得尤为必要，进一步则需要分析研究劳动契约的剩余控制权。

在综述中我们已经谈到，对于劳动契约经济学家是有过关注的，其代表性理论就是由阿扎里迪斯（1975）、贝利（1974）和戈登（1974）等发展起来的暗示契约理论。这一理论将劳动契约视为企业和工人之间的一个复杂的长期契约，而不是在现货市场中以劳动交易货币的短期契约。通过这个长期契约安排，风险中性的企业（应当是资本家）就向风险规避的工人提供了较为稳定的工资，而避免其收入的波动。这里面的含义在于，工资和劳动的边际产品是分离的，从而说明了实际工资刚性的原因。在阿扎里迪斯—贝利—戈登模型的研究基础上，哈特（1983）考虑到不对称信息和不完全信息，依照委托—代理理论构造最优契约的思路，发展出劳动激励契约理论，研究比较了不同的工资契约（计件、计时、相对产出、计件计时混合）对工人的激励作用，其关注点是构造一个契约以使劳资利益相容。这些研究工作对于理解企业效率、就业与产出波动之间的相关性提供了思路，但是忽略了对劳动契约和企业所有权结构之间联系的研究。实际上，他们的理论逻辑基础是建立在"资本雇佣劳动"的企业权力结构的框架之内的。①

张衔和黄善明（2001）从企业"剩余"是人力资本所有者的价值创造活动的认识出发，认为人力资本所有者不仅事实上拥有剩余控制，并且还会通过各种方式进行剩余索取，他们认为："表面上看，企业员工在企业中的行为既会受到事先的约束，又会受到事中的监督，还有事后的奖惩，但是如果考虑到员工的人力资本，就会发现这其实就是'剩余控制'所在——员工的偷懒绝对不会被契约所认可，但在事实中却屡见不鲜，不就是员工对契约的剩余控制吗？"② 对于这一观点，我们是赞成的，并且将进一步从劳动契约的角度加以深化认识和研究。

劳动契约是参与企业的人力资本一方和物质资本一方签订的有关劳务在企业组织内使用的契约。作为社会经济生活的非常重要的方面，政府对于劳动契约都有相应立法规定，如我国的《劳动法》详细地规定了以下方面的主要内容：劳动合同和集体合同、劳动者的工作时间和休假、工资、劳动安全卫生、女职工和未成年工特殊保护、职业培训、社会保险和福利、劳动争议、监督检查、法律责任。尽管作为立法的制度性安排，劳动契约的内容已经规定得如此详细，但是，劳动契约依然是一个不完全契约，并且前文已经分析，作为完全涉及劳务使用的契约，劳动契约不完全性程度是最高的一类。任何一个劳动契约按照《劳动法》的要求，规定了工人的八小时工作时间、最低工资标准、加班工资标准、职工的福利待遇等内容，但是却无法规定工人在工作的时间具体应该怎么做、做哪些事情、应该怎样努力去做以及什么时间应该加班等有关于具体工

---

① 在阿扎里迪斯—贝利—戈登模型中，关于企业（资本家）的风险中性和工人风险规避的假设和奈特（1921）的企业理论有一脉相承的渊源关系。
② 张衔、黄善明：《员工效用函数、员工剩余控制权与企业治理结构创新》，《经济体制改革》2001年第3期。

作操作的规定。笼统地说，劳动契约对于生产性操作的具体细则是无法规定的，这应当是一个劳动契约不完全的"剩余"部分。劳动者通过契约进入企业以后，一切的劳动过程是在管理者的计划和安排之下进行的，正如科斯的洞察，在市场中达成的劳动契约将生产原料投入企业，企业内部就形成了一个小型的"命令"经济，即企业内部完全实行"计划经济体制"。劳动契约中明确界定好的部分是在劳动者进入企业这个市场边界以内之前就达成了，劳资双方都清楚的，而那个没有确定的"剩余部分"则是在劳动者进入企业以后才具体的执行。在现代企业，劳动契约的"剩余部分"是《劳动法》的具体法律规定以及公司章程具体条款之外的部分，局限在劳动者进入企业以后一些具体的工作安排以及如何工作等有关生产业务的内容，即相对于不完全的劳动契约文本的不可契约化的部分。这样来看，如果对劳动契约的剩余部分明确的加以界定的话，它应当是：除劳动契约中有关劳务雇佣总的法律规定原则和具体条款以外，不能够或则无法做到使用文本约定的部分。

值得进一步指出的是，从历史上工人运动历程看，劳动契约的条款实际上是劳资双方斗争的焦点所在，如八小时工作时间、童工制度的废除、退休金制度乃至休假制度等条款，都是劳资斗争、谈判最终妥协的产物。这个过程体现为《劳动法》对于劳动契约条款的法律规定越来越详细而具体，"剩余部分"则相对越来越少，对劳动契约剩余部分的控制从来就是劳资双方矛盾斗争的对象。

劳动契约是劳动者和物质资本双方在人力资本市场上达成的契约，是双方各自拥有的人力资本和物质资本的产权交易。通过劳动契约，将人力资本和物质资本结合在一起，这是现代社会组织生产的方式不同于人类历史上所有时期的一个显著标志。劳动契约在市场上达成，似乎给人们一种直觉，这种契约是平等交易。但是，事实上，劳动契约表面的"平等性"并不能掩盖和消弭其内在的不平等性和矛盾性。人必须通过劳动才能生存，因此，现代社会中的个人必须通过劳动契约的方式将自己的劳动能力"销售"出去。另外，由于人力资本和劳动者的天然不可分离的特性，以何种方式劳动、怎样劳动并不是劳动契约所能完全规定的，这样，对于劳动契约的剩余控制权就形成了内在的矛盾性。这种矛盾性根源于劳资双方的利益差异，其次在于劳务使用上天然所具有的"代理性"，再次在于劳务使用上的"事后性"。

物质资本和人力资本的分离是现代社会经济关系的现实状态，这是物质资本和人力资本利益差别的根源所在。随着生产技术提高和生产规模的扩大，由于个人的初始财富约束的限制以及生产技术上群体协作的要求，必然要求劳资双方结合在一起。那个生活在荒岛上的鲁滨逊·克鲁斯似的自我雇用生产模式，确实不会存在内在的矛盾，但这显然只是一种空想的假设状态。物质资本和人力资本因为彼此的需要而达成了劳动契约，但是，双方的利益是不一致的。物质资本的投资是为了本身保值和增值，对于劳动的使用就是为了达成这个目的。人力资本的所有者，其最基本要求则是通过自身劳务的使用达到谋生的目的。显然，双方虽然通过"自由"的市场交易达成了契约，但是，在根本的目的上是不一致的。物质资本一方希望，在法律约束的框架内，能够尽可能地有效使用人力资本，从而得以实现生产出更多的有效产品。在人力资本一方，通过劳动契约出卖了自己的劳动力以后，或许则更愿意"节约"的使用，因为毕竟工作本身需要付出辛苦和汗水，但是，为了谋生又不得不工作。劳动一方对于自己劳动力的"节约"使用，不能只是单纯的解读为工人容易偷懒。对工人来说，正是由于他和物质资本的目标利益不一致，才造成在生产活动中一定程度的消极性。另外，我们也应当看到，由于现代社会中的个人主要的谋生手段是通过劳动契约进入企业工作，因此个人职业生涯的成长，需要劳动者投入自己的才能和热情才能够获得自身价值的提高。我们很难想象，一个总是对工作抱以消极态度的员工，能够获得上司的提拔和信任。一般来说，工人对于上司（企业中物质资本的代理人）的鼓励和信任会报以热情的积极回馈。工人对劳动的"消极"，并不是工人天生就爱"偷懒"或者只做出完全自利的理性人选择，实际上，物质资本和劳动者一方在行动上都会采取策略性的互动反应，所谓"投桃报李"应当是人类社会交往中的基本策略之一。① 目标利益的不一致，造成劳动契约剩余控制权成为劳资双方博弈的关键枢纽之所在。

资方对劳动契约的"剩余部分"的控制通过委托—代理关系得以实现。对物质资本来说，它的利益的实现只能通过代理人而达到。通常我们所说的企业资方，并不是那些没有生命冰冷的机器、厂房等，而是指这些生产资料的所有者。现代大型企业需要规模巨大的物质资本，在西方社会这表现为企业物质资本出资人的股权分散化趋势，因而如此众多的股东利益，只能通过股东代表得以实现，从而股东代表组成的董事会成为物质资本的代理人。实际上，由于现代企业的所用权和经营权分离，企业的生产经营活动是由企业管理层决定的，从而又构成了股东和管理层的代理关系。对于国有资本而言，其中，委托—代理关系就显得尤其显著，国有资本的所有权属于全民，但是，全体公民毕竟是一个相对空泛的概念，因此国有资本在其实际意义上的所有者是代表全体公民的政府。就现阶段而言，我国国有资本的最直接掌管单位是国有资产管理委员会，实际的国有资本的经营者则是企业管理层。从委托—代理链条来看，我国国有资本形成了从全民到国资委，再到特定企业管理层的三级委托—代理关系。从对于劳动契约的剩余部分的定义出发，其隐含的意义在于，很大程度所谓的"剩余控制"就是企业如何经营、如何管理以及如何工作，而管理从来就是一个相互关系。因此，在进一步的关系看来，企业的管理者发布的任务，需要工人的配合完成，最终实际上形成了管理者和工人的代理关系。这样，在我国国有企业中，通过一条四级委托—代理链条，物质资本最终形成了与工人之间的代理关系，物质资本利益的实现也最终依靠工人的人力资本配合使用，劳动契约的"剩余部分"需要通过人力资本的使用才能完成。

劳动契约"剩余部分"的执行是一个事后概念，生产劳动的过

---

① 对于人在经济关系中的行为和情景依存偏好的分析，参见[美]萨缪·鲍尔斯《微观经济学：行为、制度和演化》，江艇、洪福梅、周业安译，中国人民大学出版社2006年版，第三章相关内容。

程是一个时间维度进程，管理工作和具体的劳动是围绕着产品的形成展开，在一定的生产周期内最终生产出市场需要的产品。具体的生产任务是在企业管理层制定以后，通过工人具体执行，这表明企业的生产决策总是在劳务利用之前进行。我们对于劳动契约的剩余部分定义为"具体的生产性工作如何安排及劳动服务如何使用的权利"，从时间维度来看，"工作如何安排"是企业管理层决定，而"劳动服务如何使用"则应当是一个管理层和劳动者之间互动的过程。工人从管理者那里接收具体任务后，完成这个任务总需要一段时间，而且由于劳动能力是储存在劳动者身上的，管理者无论如何没有办法做到，在任务下达以后时时刻刻地看到工人具体在做什么、做得好还是不好等细节。这就可能造成这样一种情况，在工作安排的时间范围之内，工人可以把任务中规中矩地完成，也可以超额地完成；工人可以把任务按一般的质量标准完成，也可以高质量地完成。或许科斯所言的企业"权威"属于管理层的特权，可是工作怎么干、如何干以及干好还是干坏，绝不是单单地通过一个权威的命令就能得以实现的。命令的发布者和执行者是分离的，命令从发布到执行再到完成，是命令的主体和命令的客体，即管理层和工人共同实施的一种行为，缺少任何一方的配合，任务完成的质量或数量都会大打折扣。人力资本储存在人身上，因此怎样使用、如何使用，决定于人本身的能动性。换句话说，工人可以尽量有效使用自身人力资本，也可能消极节约使用。对人力资本的使用来说，工作努力的程度和强度是工人内生的产物，同时也是工人对于制度机制的策略性反应。即使是在奴役劳动的极端情况下，劳动者的人力资本的使用实际上还是受控于本人，皮鞭与强制只能招来反抗，劳动者所能做到也就是，消极的"磨洋工"的抵制或者逃跑，甚至会以命相搏。① 奴役劳动的低效率是不争的事实。在现代社会的企业

---

① 即使在奴隶社会，作为奴隶主私有财产的奴隶也可以采取消极怠工方式报复奴隶主的压榨，导致奴隶主事实上不得不采取类似"激励"的相关策略组织奴隶生产。参见[美]巴泽尔《产权的经济分析》，费方域、段毅才译，格致出版社、上海三联书店、上海人民出版社2008年版，第六章。

中，劳动者的劳动态度和质量依然是受控于本人，对于契约的"剩余部分"的完成，最极端的情况则会出现集体伪装低效率，所谓上有政策、下有对策，其实也是劳动者对于既有制度的博弈选择而已。

综合上面的分析，劳资双方的利益差异，劳务使用的"代理性"，劳务使用的"事后性"等劳动契约剩余部分得以完成的限制因素的作用，在实际生产活动中，资方和劳方各自都能够对劳动契约剩余部分实施控制，从而形成分属于各自的、性质不同的剩余控制权。资方的剩余控制权通过劳动契约条款所赋予的管理者权力而达成，它是显性的。劳方对于对剩余的控制相对而言则是隐性的，虽然在劳动契约条款中明确要求劳动者接受管理者的指挥，但是劳动者通过控制自身劳务的使用而获得了对劳动契约剩余部分的控制，在这个意义上来说，劳方同样拥有劳动契约的剩余控制权。

这里所谓的剩余控制权基于劳动契约概念，在经济学的研究中，相当多的文献对于剩余控制权这一概念的认识是模糊不清的，并没有仔细辨析。由于格罗斯曼、哈特和穆尔提出的 GHM 理论，第一次提出剩余控制权概念的定义，而且认为，剩余控制权就是企业所有权。由于 GHM 理论的巨大影响，在后续的研究中，人们都往往直接借用他们所界定的剩余控制权的概念，从而造成了剩余控制权、企业所有权以及股权，乃至委托权等术语概念内涵的混用。前文已经指出，GHM 理论所研究的契约不是劳动契约，而仅仅是企业间的业务契约，GHM 理论也没有将研究深入到企业内部的劳资关系中。这里，对于剩余控制权的认识，是基于劳动契约的不完全，然后定义劳动契约的剩余部分；进而根据参与劳动契约的劳方人力资本特质得出的结论是：劳动契约的剩余部分资方和劳方都在实施不同控制，劳方对剩余的控制是隐性的，而资方则是显性的，劳方同样拥有剩余控制权。

劳动契约的剩余控制权并不是我们通常所言的企业"权威"、"决策权"或者一般意义的"资产处置权"，其根源在于劳动契约的剩余部分是关于人力资本的使用，由于人力资本不同于物质资本的特性从而造成了劳动契约剩余控制权所存在的复杂状态。正如米尔格罗姆和罗伯茨（1992）所指出的，在理论上根本不存在个人单独拥有的剩余控制权。事实上，劳动一方也同样拥有劳动契约的剩余控制权，这是不以人的意志为转移的客观存在。认识到劳方隐性的拥有劳动契约的剩余控制权这一逻辑结论，是我们创造和谐和有效率的公司治理制度的关键所在。进一步地，代表资方的管理者和劳方对于剩余控制的争夺及其状态是下一节研究和关注的内容。

四　企业管理者权力对劳动契约剩余控制权的影响

有关管理者权力是劳动契约中已经约定的条款，由此管理者权力对于所有企业成员来说是显性的，进一步在科层制企业管理体系中，管理者权力的大小同职位高低联系。企业管理者作为物质资本的代理人，其权力是资本对于工人的管理权力。当所有企业员工通过签署劳动契约进入企业时，对于管理者权力是有承诺的，即企业员工在主观意识上对管理者权力是认知和明确的，他们知道自己进入企业之后对自己劳务的使用将受到权力的管制。

在企业内部，资方拥有的剩余控制权表现为管理者权力，相对于契约中有明确规定显性的管理者权力，劳动者所有的剩余控制权则是隐性的。企业产品生产过程中，管理者运用权力进行计划、决策、指挥、监督、评价和临机处置等，来协调员工的工作并组织生产。其中监督、评价和临机处置这些措施是管理者权力对于劳动者一方剩余控制权的规制，其目的是尽量使得工人一方按照管理者的意图付出自己的劳务。[①] 从另一个角度来看，管理者权力的使用是力图削弱或限制劳动者的剩余控制权。

显性的管理者权力对资方的劳动契约剩余控制权则具有加强的

---

① 科斯比较主人和仆人、雇主和雇员的法律关系的异同，他认为雇主和雇员的关系是一个指挥的法律关系，"缔约人或执行人不是在雇主的控制下做工作和提供劳务，而是他必须计划和设法完成他的工作，以便实现他答应提供的结果。"分析这段话可以发现，在所谓的"自由劳动"制度下，雇主不能完全控制雇员劳务的使用，因而科斯从交易的角度来看待劳务的利用。参见科斯《企业的性质》，载盛洪、陈郁编《企业、市场与法律》，格致出版社、上海三联书店、上海人民出版社2009年版，第51页。

作用，这种加强作用通过权力拥有者所掌握的奖惩机制实现。权力是一个关系范畴概念，我们说某人可以施加某项权力于另一人，是因为权力赋予的奖惩机制对这个人是可置信的，即如果他违反了某项权力标的规则，则必将获得一种惩罚，从而招致个人的损失。对被惩罚的人而言，他将对惩罚带来的负效用和违反规则所带来的正效用加以权衡，如果正效用在数值上大于负效用，则显然惩罚机制是不起作用的。因此，企业设定的对员工的奖惩机制，必定在惩罚时对员工来说负效用大于正效用，奖励时正效用大于负效用。这样，管理者通过对员工劳务使用的评价以决定奖惩，至于评价的标准，一般来说，企业会制定得尽可能的客观，以显示奖惩机制的"公平性"，而管理者为获得评价结果，普遍做法是加强对于员工劳动状态的监督。① 但是，对于企业而言加强监督是有成本的，而且只要存在劳资之间对于劳务状态信息上的不完全和不对称，企业要做到对员工整个工作过程的完全监督是无法达到的。进一步看，由于员工处在生产的第一线，在很多情况下员工对劳动契约"剩余部分"非常了解。他们了解并且掌握劳动质量和劳动进程状态，并且能够不断发现"剩余"，这也是企业对员工施以监督和激励的原因所在。另外，在企业的每一个生产组织中，对"活"的劳动的需要也无处不在，对于业务过程的灵活机断的处置的需要也必然带给员工在劳务使用上的"自由支配"空间。

　　企业对员工的最极端权力是解聘权，但是，解聘的实施会受法律规制，因为在施行解聘权时企业需要支付法律规定的成本②，进一步即使抛开法律的规制，企业能够实施"自主"的解聘也会招致较大的成本。产品的生产离不开员工的劳务，并且员工要获得一定的业务技能和熟练程度，需要企业和员工双方的精力投入和长期训

---

① 有关科层制企业中行政权威对于工人的管理、控制和监督等问题，米勒有较详细的研究。参见［美］盖瑞·J. 米勒《管理困境——科层的政治经济学》，王勇等译，上海三联书店、上海人民出版社2002年版，第81—103页。

② 《劳动法》对于企业解聘员工有比较详细的条款规定，企业将付出一定的工资补偿。

练才能得以达成。这样看来，员工的离职对企业来说是一种损失，企业为了维持经营的继续，不得不招募新的劳务加以补充，而这又会引致招募和培训新员工的成本。当然，从员工一方的角度来看，被解聘所承担的失业成本是相当巨大的，因而在一般情况下，尽管员工会有机会主义的"卸责"行为，但是，这一定会是"适度"的而不至于招致严重的被解聘结果。对于一个企业来说，尽力维持企业基本员工稳定是一种常态，很难想象一个员工队伍不稳定的企业是一个经营业绩优异的企业。进一步看，即使在企业经营面临危机时，员工的同舟共济也是摆脱危机的重要条件，员工队伍的动摇或瓦解只能招致企业经营危机的进一步加剧。在这个意义来看，企业对于员工的解聘权显然不能够彻底剥脱员工一方的剩余控制权。

尽管管理者权力能够一定程度地加强资方的剩余控制权，另一方面削弱和限制员工一方对于"剩余"的控制力。但是，从上文已经指出的劳资双方的对劳务状态的信息不对称和不完全来看，管理者权力无法从根本上消除员工一方的剩余控制权。员工对于自己劳务能力和状态的信息是清楚的，对于管理者来说则无法完全掌握。并且对于权力本身而言，从来就没有不受限制的绝对权力，权力的使用需要组织成员的配合和奖惩机制的可置信，才能够发挥作用。对于在市场边界以内的企业计划组织而言，劳资关系的对抗并不绝对地导致劳资关系的完全破裂，因为实践和经验已经表明，破裂对于双方来说都是损失，而只有合作才能提供获得共赢的机会。

五 剩余控制权与剩余索取权的对应结构状态辨析

现代企业契约理论认为，企业所有权包括剩余控制权和剩余索取权，一个完整的企业所有权是剩余控制权和剩余索取权的统一。对于剩余索取权的定义，经济学家的认识是一致的，迈克尔·詹森的经典定义为："剩余索取权是用所有现金流入减去其他各种承诺支付后所剩现金流的索取权。"[①] 从这个定义可以发现，剩余索取权

---

① [美] 迈克尔·詹森：《企业理论——治理、剩余索取权和组织形式》，童英译，上海财经大学出版社 2008 年版，第 136 页。

是一个有关企业财务的概念,所谓"各种承诺支付",包括职工工资、生产原料成本、贷款本金和利息等企业经营中发生的固定需要支付的费用,因此对拥有剩余索取权一方来说,只有支付了这些固定费用之后,才能获得剩余收入。从现代企业契约理论角度看,并没有明确规定剩余索取权是归人力资本所有者还是物质资本所有者。

剩余索取权的拥有者实际上会成为风险的承担者,剩余收入是扣除一切固定费用之后的余额,谁也不能确定这个余额是正数还是负数。剩余索取权的内涵在于必须有一个企业财务盈亏的承担者,因而剩余索取权的拥有者会承担企业风险。风险承担者应当是企业剩余索取者的思想一直以来被企业理论的研究者所承袭着。现代企业理论从不完全契约角度,有一个获得经济学家公认的命题:企业效率最大化要求剩余索取权和剩余控制权的对应。同样的这个命题,从风险角度而言,则是风险承担者和风险制造者的对应。张维迎(1996)认为:"如果拥有控制权的人没有剩余索取权,或无法承担风险,他就不可能有积极性做出好的决策。""你可以让一个一无所有的人索取剩余并拥有对企业的控制权,从而实现形式上的对应,但因为这个人不可能真正承担风险(只能负盈不能负亏从而不可能是真正意义上的剩余索取者),不可能有正确的积极性实施控制权,这样的安排不可能是最优的。"① 上述引文表述的中心思想是,物质资本能够承担风险所以天然的应当是剩余索取者,从而按照企业效率最大化的要求,也应当是剩余控制权的拥有者。可是,问题的关键在于,如果基于劳动契约来认识剩余控制权,剩余控制权并不是我们主观的可以将其授予劳资双方任何一方的。

上文的研究已经指出:对于劳动契约的剩余控制权而言,事实上劳动一方也同样对剩余施加控制。这种控制状态是不以人的意志为转移的客观存在。循着这个结论进一步展开,我们完全有理由认为:人力资本拥有事实上的剩余控制权而没有剩余索取权,他就不

---

① 张维迎:《所有制、治理结构及委托—代理关系》,《经济研究》1996 年第 9 期。

可能做出高质量的劳动贡献，从而造成企业效率损失。换句话说，正是由于劳方对于剩余的控制，则必然招致对剩余的索取，劳方对工作的卸责或者"偷懒"直接造成效率损失，而这种效率的损失反过来则体现为劳方对于剩余的索取。具体来说，如果一个工人高效率的工作可以生产20个有效产品，低效率的劳动则只能生产15个有效产品，则损失的5个有效产品就表现为劳动者拥有的剩余控制而实施的对剩余的索取。另外，上文的研究指出人力资本的专用性投资也承担着企业经营的风险。这不是能不能承担风险的问题，而是对个人来说，一旦进入某一企业，他的个人经济状况就和企业命运联系在一起，从而必然要承担企业经营风险，这是不以其个人意志为转移的市场经济环境所决定的。

从劳动契约的角度出发，由于劳资双方都拥有剩余控制权，因此企业制度的安排关键是在于剩余索取权的分配问题。企业剩余索取权的安排理论上有三种方式：剩余索取权归物质资本所有（物质资本没有生命，它的利益需要企业管理层作为代理人而实现）；剩余索取权归人力资本所有；剩余索取权归物质资本和人力资本共同所有。上面三类剩余索取权分配方式代表了三种企业剩余权治理模式，即资方单边治理模式、人力资本单边治理模式、劳资共同治理模式。

既往研究由于没有从劳动契约的不完全出发研究剩余控制权，而没有发现剩余控制权是一个关系性质的权利，它并不是在意识上将其给予劳资双方任何一方，就可以在实际上真正地做到给予单独的一方。企业结构的全部秘密其实就在于结成企业的这个劳动契约之中，其最基本的特征是在于，物质资本和人力资本在产权意义上的完全"私有"同将两者结合起来的劳动契约剩余控制权的"双边拥有"之间的矛盾关系。剩余索取权和剩余控制权的对应这一形式逻辑结论毫无疑问是正确的，但要做到真正的完全对应，剩余索取权的安排就不能单独安排给劳资双方中任何单独的一方。资本单边治理模式和人力资本单边治理模式都无法实现同劳动契约剩余控制权的完全对应，这就像平衡的天平两边失去了一边的重量，那自然另外一边就会翘起来了,这样的结构显然是不稳定而且没有效率的。单边治理模式所造成的剩余索取权和剩余控制权的不能完全对应,是造成企业运营的效率损失和内部不和谐的根本源泉。资方单边治理理论虽然在形式上能做到在逻辑上的严密一致,可是没有认识到企业结构中的这一个根本性的矛盾,从而其理论基础存在缺陷。

剩余索取权实际上是对于企业期望剩余的要求权,对于未来的不确定性,是物质资本和人力资本都无法回避的现实。剩余索取权的安排也是对于企业未来期望剩余的争夺,通常我们所说的资本雇佣劳动还是劳动雇佣资本,其实际的意义就在于是物质资本一方拥有剩余索取权还是人力资本一方拥有剩余索取权。现实中,除开少数知识密集型的企业,如律师、IT 及医疗服务等行业,绝大多数的企业的剩余索取权在物质资本一方手里,而这种剩余索取权对剩余控制权的不完全对应,是效率损失的原因之所在。

认识剩余控制权掌握者的双边性是下文研究的逻辑起点。委托—代理理论所言的激励措施,实际上解决不了问题,事实上,无论怎样加强对企业管理层的激励(如加大 CEO 的持股比例),甚至让所有企业都恢复到古典资本主义形态(管理者也是资本家)都会面对劳方对于剩余的控制这一现实状态的制约。一个有效率的企业制度安排,正是要把这个矛盾化解从而达到企业效益的最大化和内部和谐的最佳状态。剩余索取权和剩余控制权的完全对应最恰当方式是劳资共同治理的企业剩余权治理模式。

第五章　企业剩余权劳资共同治理模式效率证明

在市场经济中，要达到价格均衡同时市场出清，只是西方新古典经济学在严格假设之上的静态均衡分析的观念产物。实际上，在一个动态过程中，在价格信号指引下，市场中的供需双方的谈判地位是基于时间的一个波动的不稳定变化状态。劳资双方谈判地位的变化，贯穿于整个资本主义市场经济的发展历史，当经济高涨、市场繁荣时，对劳动需求量增加，劳方谈判地位提高，从而反映为工资率的增加；当经济萧条时，对劳动的需求量减少，劳方的谈判地位减小，从而工资率减少。从辩证唯物主义的哲学观出发，存在决定社会意识，我们认为，从存在本身来论证存在的合理性，得出的结论也只是表面的现象总结。物质资本是过去劳动的积累，是社会再生产能够进行的物质基础，物质资本对人力资本的束缚和控制，是制度的产物，表现为劳方处于劳资交易中的"市场长边"。由于在劳动市场中劳动者处于市场中愿意交易的多数一方，而雇佣劳动的物质资本则处于愿意交易少数一方，这就形成劳动市场在均衡时并没有出清，物质资本一方拥有了萨缪·鲍尔斯所言的"短边权力"。在工人和物质资本谈判中，工人一方谈判力小于资本一方，因而物质资本雇佣劳动成为现实中的主流类型的企业剩余权治理制度。

"股东至上主义"的资方单边治理理论是对现实中资本雇佣劳动的企业剩余权配置制度的解释，力图证明这种制度安排是企业有效率生产的必然要求。作为资方单边治理理论的对立面，既存的共同治理理论则提出了人力资本参与企业剩余权治理的各种依据，认为人力资本参与企业剩余权治理是必然要求。我们认为，既有的共同治理理论虽然提出了不少人力资本参与企业剩余权治理依据，更为重要的是，从剩余控制权和剩余索取权对应这一企业效率最优逻辑出发，人力资本和物质资本达成的劳动契约所隐含的剩余控制权实际上由劳资双边拥有这一事实，成为人力资本和物质资本共同参与企业剩余权治理必然的效率要求。一个扭曲的剩余权配置安排，其最为直接的后果就是造成"激励"机制的扭曲，从而成为实现企业效率的障碍，并且造成企业内部劳资关系的不和谐的紧张状态。

在本章中，我们提出劳资共同治理的企业剩余权治理模式，我们将证明这种模式优于单边治理模式（资方和劳方）的企业所有权制度安排。进一步，我们将论证公平与效率的统一要求在理论上能够确保这一模式的实现。

第一节　劳资共同治理模式效率最优证明

大航海中行驶的帆船，水手和拥有帆船的船长（船长也可能是船主的代理人）通过共同努力协作使得帆船到达目的地，从而实现水手和船长各自的参与目标。船长不努力或者指挥错误，会导致帆船失去方向，水手不努力则会导致帆船的运行减速，极端的情况，如果都不努力，帆船也只能是原地打转，甚至沉没海中。这种情况就如同在市场中经营的企业一样，人力资本和物质资本是在一条船上的生命共同体，物质资本和人力资本对于剩余控制权的双边拥有，也就是对于企业"生命"的共同拥有。

一　引子

在我们的论证开始之前，有必要首先对劳方对于剩余控制的相关状态做一分析。在现实的经济生活中，物质资本和人力资本对于剩余控制权的拥有的状态是有差别的。这种差别主要表现为两种不同状态的情况，第一种我们称为劳资对称式拥有剩余控制权，第二种可以称为非对称式拥有剩余控制权。下面分别对这两种情况加以说明。

劳资非对称式拥有剩余控制权的状态，在现代经济生活中不是最普遍的形式，其非对称主要表现为人力资本一方对于剩余控制权的实施拥有更多的影响。在这种状态下，物质资本更多的是承担保障性的作用，一种极端的情况则是人力资本几乎可以成为生产活动得以开展的唯一要素。这种情况，常见于人力资本具有关键性生产力的产业部门，一般来说，集中在知识密集、高新科技、专门性技能以及学术研究机构等部门，如律师行业、体育娱乐行业、研究机构等。这些行业中，由于生产主要依赖人力资本的使用，物质资本多数充当保障因素，如办公室、办公设备以及活动场地等。并且由于行业的特殊性，这一类企业或组织对员工也多是采用自我管理的横向机制，在组织体系上不采用一般企业的科层制度。这种状态产生的原因主要是，人力资本所有者所拥有的智力、知识以及特殊才艺技能等因素成为生产活动得以开展的关键。由于其不具有普遍性，这里只做简单介绍。

劳资对称式拥有剩余控制权的状态应当是最常见情况，是大多数的生产性企业所具有的。劳资对称式拥有剩余控制权的状态，表现为剩余控制权在劳资双方之间是对称分布的，即人力资本所有者和物质资本所有者在剩余控制权的实施过程中具有对等的影响。企业内工人的生产活动需要有机器设备和厂房设施才能进行，这些机器设备和厂房设施如何使用是有着其技术上的内在规定性的，物质资本的代理人会按照一定的技术标准和技术手段去安排生产，工人要完成生产业务就一定要受到这些技术方面因素的规章制度的约束。同时，工人进入企业以后也必须按照工厂的具体章程进行工作，并且管理者也会对工人的日常工作加以安排、指挥以及监督。这些都代表物质资本（通过其代理人）对于剩余控制权掌握的程度。尽管如此，工厂方面虽然尽可能制订出详细的生产计划以及具体的激励措施和规章条例，但是，生产的具体活动最终还是要依靠工人本身人力资本的控制才能得以完成。这里面的顺序是，物质资本通过其代理人控制工人，工人的人力资本则直接控制生产，这种从物质资本到最终产品的"代理过程",就体现了劳动契约剩余控制权的实施机制。

在这个机制里,物质资本和人力资本对于剩余控制权的影响表现为两个对等方面。第一个方面是时间上的对等,是作为物质资本代理人的管理者首先实施剩余控制权,工人则是接到管理者指令之后实施剩余控制权。第二个方面是对于形成最终产品上的对等,管理者行使的剩余控制权主要集中在计划、统筹、组织、指挥和安排等管理层面的行动,工人行使的剩余控制权则表现为一种对物本身的控制,即对于生产的具体细节、生产技能的发挥、体力和精力的付出等。这种劳资对称式拥有剩余控制权模式,是任何一个生产性企业都必须面对的问题。

剩余索取权和剩余控制权的对应是经济学家对于企业效率得以达成的基本共识。对于剩余控制权的劳资对称式拥有这一状态在一般性生产企业中实际存在的充分认定,其必然的逻辑归宿就是,企业效率和内部和谐的实现,则必然要求劳资双方应该对等地拥有剩余索取权。资方单边治理模式是将剩余索取权给了物质资本单独的一方,这样就导致了和劳资双方对称式拥有剩余控制权状态的矛盾。在丧失了剩余索取权的情况下,人力资本一方可以通过自己掌握的那部分剩余控制权进行"报复"或"攫取",这包括卸责、偷懒、减少专用性人力资本的投资、"虐待"机器、集体伪装低效率、风险规避等,极端的情况则是通过集体性的罢工对物质资本"敲竹杠"。这些资方单边治理的所有权模式的弊端,并不能通过委托—代理理论的最优契约设计加以解决,前面的研究已经指出这种最优的激励契约在适用性上仅仅只能做到深入到管理者层面的"点",却无法达到广大企业员工的"面"上。这就必然需要在企业剩余权治理制度上的创新,其必然的选择就是劳资共同治理模式。

物质资本是组成企业以前就已经积累的财富,是一个对于企业契约的事前概念,而劳动创造财富则是一个事后概念。工人由于初始财富的约束,而丧失了劳动契约的剩余索取权,而剩余控制权是同制造风险相对应的概念。我们认为,企业经营风险包括外部风险和内部风险两个方面。内部风险包括来自"经营人员"和"生产人员"两个方面的道德风险,即经营人员追求自身利益最大化的内部人控制问题和工人由于丧失了剩余索取权而没有积极性付出完全的努力。外部风险则是企业面对激烈市场竞争所必然承受的。应对外部风险上,物质资本和人力资本是一致的,因为一旦企业破产资方会亏损而工人会失业。因此,外部风险要求资本和工人双方的合作。而内部风险问题则是企业的根本性矛盾之所在,内部风险是资方单边治理模式的必然结果。资本单边治理模式必然逻辑选择是委托—代理理论所提供的激励方案。

对于任何一个组织中的个人,其行为都是在制度环境的背景下,基于各自效用函数而展开的策略性互动的行为。企业员工的效用函数中一般包括以下变量:货币收入、晋升机会、公平感、自我实现、社会交往以及闲暇,其中货币收入是最主要的变量因素(张衔和黄善明,2001)。对于企业中的物质资本来说,其效用则主要在于资本的保值和增值。企业是由劳资双方缔结的不完全契约而组成的生产性组织。组成企业的目的是生产社会所需要的商品,从而通过商品在市场交易中的价值补偿,最终满足企业中资方和劳方各自的利益要求。我们将企业简化地看作一个二元结构的组织,管理者(包括企业家以及经理人员)作为物质资本的代理人和物质资本的利益是一致的,另外,我们将企业内众多的工人看作一个整体,即总体工人。在企业的所有权结构的框架之内,企业内部劳资双方各自展开基于情景依存的策略性行为。

下面通过一个数理模型证明企业剩余权劳资共同治理模式在效率上优于资方单边治理模式或劳方单边治理模式。这里的企业效率是指企业所有成员的福利最大化,即企业期望剩余总值的最大化,而能够获得期望剩余总值最大化的企业所有权制度安排则是一个最优效率的企业剩余权治理模式。

二 模型证明

由于团队生产模式的必然要求,企业由资方和劳方缔结一个不完全契约产生,将资产记为 A,企业管理人员全体记为 m,工人全

体记为 l，这样企业的生产团队为 $S(m, l)$，企业的资产 A 由第三方提供（如国家），管理人员和工人则共同对该资产负责。管理者的工作努力记为 x_m，工人的工作努力记为 x_l，其中，$x_i \in (0, \overline{X}]$，$i = m, l$，显然，$\overline{X}$ 表示能够做出的最大努力，企业的结构写为 $E(S, A|X)$。有两个日期，签订劳动契约形成企业为日期0，在日期1是企业的一个结算时间，在日期0和日期1之间的时间，管理者和工人各自履行自己的职责，付出相应的努力 x_i，从而到日期1整个企业 $E(S, A|X)$ 获得一个期望收益 $V(S, A|X)$。进一步地，在日期1对于这个期望收益的分配，劳资双方在公开透明情况下，通过谈判决定。如果劳动市场出清，即工人充分就业；资本完全投资（社会上没有投机资本），则代表资本管理者和工人的谈判地位是对等的，从而劳资双方以合作的方式处理收益，按照夏普利值分配，即按照贡献大小分配。

定义：对于一个确定的组织结构 $(S, A|X)$，当事人 i 的期望收益 $V(S, A|X)$ 的份额为夏普利值：

$$B_i(S|X) = \sum p(s)[V(A|S) - V(A|S/i)]$$

其中，$p(s) = \dfrac{(s-1)!\,(I-s)!}{I!}$，$s$ 是 S 中参与者人数，I 是所有可能参与者人数。为进一步分析，我们提出下面四个基本假设。

假设1 管理者和工人都是风险中性的，$x_i \in (0, \overline{X}]$，$i = m, l$，$x_m$ 表示管理者的努力，x_l 表示工人的努力，$C_i(x_i)$ 是努力的成本，$C'_i > 0$，$C''_i > 0$，$C_m = C_l$。

假设2 $V(S, A|X)$，$S(m, l)$，$\dfrac{\partial V}{\partial x_i} > 0$，$\dfrac{\partial^2 V}{\partial x_i^2} < 0$，$\dfrac{\partial^2 V}{\partial x_m \partial x_l} > 0$。

假设3 $V(S, A|X) > C_m + C_l$，且 $\dfrac{\partial V}{\partial x_i} \geq C'_i$，对于任意的 $x_i \in (0, \overline{X}]$。

假设4 劳动市场完全出清，即工人充分就业。

在企业结构 $E[S(m, l), A|X]$ 中，有 $I = s$，$p(s) = p(m, l) = p(l, m) = \dfrac{1}{2}$，由于 $\dfrac{\partial^2 V}{\partial x_m \partial x_l} > 0$，说明代表资本的管理和工人的劳动

是互补的，即资本和劳动都不可或缺，必然有 $V(A\mid S/i)=0$，则 $B_m = \frac{1}{2}V(S, A\mid X)$，$B_l = \frac{1}{2}V(S, A\mid X)$，在这个结构中，$S$ 和 A 是固定的，期望收益简记为 $V(x_m, x_l)$。由此得到管理者获得的福利为 $\pi_m = \frac{1}{2}V - C_m$，工人的福利为 $\pi_l = \frac{1}{2}V - C_l$。

假设 1 中约定 $C_m = C_l$ 是为了研究方便，并且不失一般性。假设 2 中有 $\frac{\partial^2 V}{\partial x_m \partial x_l} > 0$，假设 3 要求 $\frac{\partial V}{\partial x_i} > C'_i$ 是一个比较强的假定，它的意义是增加单位努力导致的期望收益的增加大于努力成本的增加，在整个可实现的努力范围 $x_i \in (0, \overline{X})$ 中。假设 4 要求劳动市场出清，是在日期 1 劳资双方按照夏普利值①分配期望收益的基础。这些假设中包含一个隐含的条件，只有当 $x_i = \overline{X}$，$i = m, l$ 时，$\frac{\partial V}{\partial x_i} = C'_i$，下面我们通过引理 1 加以证明。

引理 1 设期望总福利 $W = V(x_m, x_l) - C_m(x) - C_l(x)$ 最大化时的均衡解为 (x_m^*, x_l^*)，则有 $x_m^* = x_l^* = \overline{X}$。

证明： 由 $\frac{\partial W}{\partial x_m} = \frac{\partial V}{\partial x_m} - C'_m = 0$ 及 $\frac{\partial W}{\partial x_l} = \frac{\partial V}{\partial x_l} - C'_l = 0$，得 $\frac{\partial V}{\partial x_m} = C'_m$，$\frac{\partial V}{\partial x_l} = C'_l$。由 $\frac{\partial^2 V}{\partial x_i^2} < 0$，可知 $x_i \in (0, \overline{X}]$，$\frac{\partial V}{\partial x_i}$ 单调递减；$C''_i > 0$，可知 $x_i \in (0, \overline{X}]$，$C'_i$ 单调递减，且有 $\frac{\partial V}{\partial x_i} \geq C'_i$，对于任意的 $x_i \in (0, \overline{X}]$，则必然有 $x_m^* = x_l^* = \overline{X}$。

引理 2 对于 $V(x) > C(x)$，$V' > 0$ 且 $V'' < 0$，$C' > 0$ 且 $C'' > 0$，又有 $V' > C'$，其中，$x \in (0, \overline{X})$，如果 $x_1 < x_2$，则 $V(x_2) - V(x_1) > C(x_2) - C(x_1)$。

证明： 构造函数 $F(x) = V(x) - C(x)$，由 $V(x) > C(x)$，则 $F(x) > 0$。对 $F(x)$ 求导，得 $F' = V' - C'$，由 $V' > C'$，则 $F' > 0$。如

---

① 这是资本和劳动按照各自对期望剩余的贡献分配。

果有 $x_1 < x_2$，则 $F(x_1) < F(x_2)$，将 x_1 和 x_2 代入 $F(x)$，可得 $V(x_1) - C(x_1) < V(x_2) - C(x_2)$。

对上式移项后即得，$V(x_2) - V(x_1) > C(x_2) - C(x_1)$。

在日期 0，对于管理者和工人各自有两个纯策略努力大和努力小，记为（管理者努力程度，工人努力程度）。双方的努力程度由企业在日期 0 所具有的剩余权治理结构决定。具体为如果企业实行劳资共同治理模式，则管理者和工人的行动为（努力大，努力大）；实行资方单边治理模式，则各自行动为（努力大，努力小）；实行劳方单边治理模式，则各自行动为（努力小，努力大）；各自都放任自流，则行动为（努力小，努力小）。① x_{ih} 表示较大的努力，x_{il} 较小的努力，显然，有 $x_{ih} > x_{il}$，由于 $\frac{\partial V}{\partial x_i} > 0$，有下面的不等式：

$V(x_{mh}, x_{lh}) > V(x_{mh}, x_{ll}) > V(x_{ml}, x_{ll})$

$V(x_{mh}, x_{lh}) > V(x_{ml}, x_{lh}) > V(x_{ml}, x_{ll})$

为不影响研究的深入，假设有 $V(x_{mh}, x_{ll}) = V(x_{ml}, x_{lh})$。为书写和研究方便，令：

$V(x_{mh}, x_{lh}) = V_0$

$V(x_{mh}, x_{ll}) = V(x_{ml}, x_{lh}) = V_1$

$V(x_{ml}, x_{ll}) = V_2 = C_{ml} + C_{ll} = 2C_{il}$，$i = m, l$

列参与人为工人，行参与人为管理者，则在日期 0，劳资双方根据剩余权治理模式的不同而采取不同的行动，在日期 1 各自所获得的福利支付，我们用博弈矩阵表示（见表 5-1）。

表 5-1　　　　　　　　　支付矩阵

	努力大	努力小
努力大	$\left(\frac{1}{2}V_0 - C_{mh}, \frac{1}{2}V_0 - C_{lh}\right)$	$\left(\frac{1}{2}V_1 - C_{mh}, \frac{1}{2}V_1 - C_{ll}\right)$
努力小	$\left(\frac{1}{2}V_1 - C_{ml}, \frac{1}{2}V_1 - C_{lh}\right)$	$(0, 0)$

---

① 这可以理解为企业剩余权治理措施不到位的情况。

已知共同治理模式的期望总福利 $W_0 = V_0 - (C_{mh} + C_{lh})$，资方单边治理模式的期望总福利 $W_1 = V_1 - (C_{mh} + C_{ll})$，劳方单边治理模式的总福利 $W_2 = V_1 - (C_{ml} + C_{lh})$。下面通过对三个命题的严格数理证明，以了解在企业内部二元结构框架约束下，企业成员在不同的企业剩余权治理模式做出的策略性行为选择，即努力或不努力，对社会（对资方和劳方总体而言）总福利的影响。从社会角度来说，总福利越大的治理模式将是更有效率的；从企业内部成员来说，其能够做出策略性行为选择，原因在于劳资双方对于劳动契约剩余控制权的双边掌握。

命题 1 共同治理模式期望总福利 W_0 大于单边治理模式下的期望总福利 W_1 和 W_2。

证明：$W_0 - W_1 = (V_0 - V_1) - (C_{lh} - C_{ll})$，$W_0 - W_2 = (V_0 - V_1) - (C_{mh} - C_{ml})$。据假设有 $C'_i > 0$，$C''_i > 0$，$\frac{\partial V}{\partial x_i} > 0$，$\frac{\partial^2 V}{\partial x_i^2} < 0$，又由 $\frac{\partial V}{\partial x_i} > C'_i$，据引理 2 有 $(V_0 - V_1) > (C_{lh} - C_{ll})$，$(V_0 - V_1) > (C_{mh} - C_{ml})$。所以，$W_0 - W_1 > 0$，即 $W_0 > W_1$；$W_0 - W_2 > 0$，即 $W_0 > W_2$。

命题 2 若劳方的努力关于管理者努力有线性函数形式 $x_l = kx_m$，$k \in (0, 1)$，则资方单边治理模式的期望总福利 W_1 小于劳方单边治理下的期望总福利 W_2。

证明：$W_1 - W_2 = (C_{lh} - C_{ll}) - (C_{mh} - C_{ml})$
$= [C(x_{lh}) - C(x_{ll})] - [C(x_{mh}) - C(x_{ml})]$

据管理者和劳方努力的线性函数关系 $x_l = kx_m$，$k \in (0, 1)$，将其代入努力成本函数有：$W_1 - W = [C(kx_{mh}) - C(kx_{ml})] - [C(x_{mh}) - C(x_{ml})]$。

据假设 $C'_i > 0$，$C''_i > 0$，由 $|kx_{mh} - kx_{ml}| = k|x_{mh} - x_{ml}| < |x_{mh} - x_{ml}|$，有 $C(kx_{mh}) - C(kx_{ml}) < C(x_{mh}) - C(x_{ml})$，可得 $W_1 < W_2$。

命题 3 期望总福利 $W = V(x_m, x_l) - C_m(x) - C_l(x)$ 最大化时均衡解 (x_m^*, x_l^*)，即劳资共同治理模式解 (x_{mh}, x_{lh})。

证明：由引理 1 可知，$x_m^* = x_l^* = \overline{X}$。所以，对资本单边治理模式解 (x_{ml}, x_{lh}) 和劳方单边治理模式 (x_{mh}, x_{ll})，显然，$x_{mh} \neq x_{ll}$，

$x_{mh} \neq x_{ll}$，由 $C_m = C_l$，则必然有 $x_{mh} = x_{lh}$，即劳资共同治理模式解满足均衡解要求。

如果在日期 0，并没有一个早已设定的剩余权治理模式，劳资双方实行一个对等的协商，则双方将根据表 5-1 所给出的博弈矩阵，进行策略选择，从而确定企业的剩余权治理模式。考察表 5-1，如果有 $\frac{1}{2}(V_0 - V_1) > C_{ih} - C_{il}$，$i = m, l$，唯一的纳什均衡为（努力大，努力大），企业将采取劳资共同治理模式。据命题 1 的证明，有 $(V_0 - V_1) > C_{ih} - C_{il}$，$i = m, l$，显然，要实现劳资共同治理模式，有一个更强的要求，即共同治理的期望收益与单边治理的期望收益之差要大于对应努力成本之差的两倍值。这个要求虽然变强了，但是，获取这个结果，是劳资双方都愿意看到的。

另外，如果有 $\frac{1}{2}(V_0 - V_1) < C_{ih} - C_{il}$，$i = m, l$，即共同治理的期望收益与单边治理的期望收益之差要小于对应努力成本之差的两倍值。这是可能的，由于未来事件的不确定性，即使双方共同的努力，也可能获得一个较差的结果。这时将有两个纳什均衡：代表资方单边治理模式的（努力大，努力小）和代表劳方单边治理模式的（努力小，努力大）。怎样选择呢？根据前面命题 2 的证明，我们发现资本单边治理模式的期望总福利小于劳方单边治理的总福利。命题 2 的结论，揭示出劳方单边治理模式相对于资方单边治理起到了节约监督的作用。

三 模型检讨

本章研究在一定的假设基础之上得出的结论是，劳资共同治理模式优于单边治理模式，模型本身并没有涉及道德偏向问题，而是逻辑的结果。企业资产的来源是一个重要的问题，现实世界中投资者关注点在于资产的保值和增值，而劳方在劳动市场中所处的"短边"地位，决定了资方单边治理在剩余权治理模式上取得主流地位。这表现为如下的情况，在劳动市场上存在部分工人的失业，另外在资本市场上同时又存在大量的投机游资，这是市场机制的不和谐表现。

随着新自由主义思潮兴起，导致在企业所有权安排上资方单边治理模式得到极大鼓吹和强化，在企业所有权和经营权分离的现代企业制度框架内，其直接后果是加大了对企业管理层的激励，而劳方地位明显下降。我们认为，资本本身的保值、增值要求无可厚非，无论是国有资本还是私人资本，没有资本的增值就没有整个国家宏观经济的增长。更为重要的方面，社会宏观经济的增长要求社会本身的和谐发展，所谓包容性增长就深刻地表述了对于社会公平的追求。研究表明，劳资共同治理的企业剩余权治理模式具有最优的生产效率。

这里对命题2得出的劳方单边治理模式相较于资方单边治理模式会获得对于社会来说更多的期望总产出，即剩余劳方单边治理模式优于资方单边治理模式的结论作一补充说明。能够获得这个结论，是由于设定劳方的努力关于管理者努力有线性函数形式 $x_l = kx_m$，$k \in (0, 1)$ 这一条件，这里隐含指出了这样一个原因：在劳方单边治理模式下节约了监督费用，如果从另外一个层面理解则是这种模式较大地激发了劳动者努力生产的积极性，企业员工是更加自觉的使用自己的人力资本创造效益。这里我们引用萨缪·鲍尔斯在其所著《微观经济学：行为、制度和演化》一书中的叙述来加以佐证，他写道："在3/4个世纪里，合作社和传统企业并存，生产相同的产品，使用事实上相同的技术，这为比较制度分析提供了一个非常好的机会。在这个时期，合作社和传统企业都能够吸引劳动和资本，却在许多方面存在巨大的差异。合作社的全要素生产率要高得多——对此最好的估计来自克雷格和潘卡维尔（Craig and Pencavel，1995）的分析，根据估计方法的不同，一般高出6—45个百分点。合作社在面临产品需求不足时的调整也很特别：他们不是解雇成员，而是降低所有工人的工资，从而使得所有成员共同承担这一负面冲击的影响。在这个特定的情形下，与萨缪尔森的说法相反,'谁雇用谁'就是至关重要的了。"①

同样认为,企业剩余权治理结构中所体现的"谁雇用谁"的问题是至关重要的问题。一个合理的剩余权治理结构将能够充分地发挥物质资本和人力资本两方面的努力积极性,从而获得对于社会和企业成员来说更多的福利收益。人是社会的人,同时人也是社会制度和习俗的创造者,制度本身的发展和创新也是基于社会反馈所决定的人的总体收益而进行着一个演化的历程。从以往局限于物质资本利益最大化的"股东至上"主义,到如今人力资本对于企业效率的创造性贡献得到肯定性的认识,企业剩余权治理结构也必然随之而发生适应性的改变。

第二节 社会公平要求与劳资共同治理模式

通过研究发现,从社会总福利最大化来看,劳资共同治理模式优于单边治理模式。需要指出的是,对于企业剩余收入的分配,即剩余索取权的安排问题,是劳资之间利益争夺的中心环节。这里面蕴含这一个社会理性和个体理性的冲突问题。我们能够看到的是,从社会总福利最大化来看,劳资共同治理结构是有效率的企业所有权安排形式,但是,劳资双方对于企业剩余索取权的争夺却构成了这种制度安排形式得以建立的障碍,即剩余索取权的任何一方的单边拥有,都会造成事实上的单边治理结构。这就造成一种"公地悲剧"式的劳资关系,资方和劳方基于自身利益最大化行为造成可能的社会意义上对劳资双方都有利的帕累托最优解无法达到,而只能获得对于劳资双方都不利的帕累托劣解。

这一节将视角深入劳资之间对于剩余索取权争夺的利益博弈层面。在这个层面上,对于公平的要求,不仅是社会良知的呼喊,而

---

① [美]萨缪·鲍尔斯:《微观经济学:行为、制度和演化》,江艇、洪福梅、周业安译,中国人民大学出版社 2006 年版,第 245 页。

且如果劳资双方能够将公平纳入自己的效用之中，则通过劳资之间的合作协调就能够获得社会意义上帕累托最优的企业剩余权治理结构，并且这对劳资双方都是有利的。对此，我们将使用博弈论的研究手段予以证明。

一 引子

首先通过博弈描述"公地悲剧"这种协调问题的困境。从理性人假设出发，在市场机制作用下，参与当事人在追逐个人利益的主观动机下，获得对社会和个人而言都是帕累托最优的理想结果，这就是"看不见的手"博弈。这种情况描述如表5-2所示，不失一般性，博弈由两个理性当事人组成。

表5-2 "看不见的手"博弈

	合作	背叛
合作	(c, d)	(a, b)
背叛	(b, a)	(d, c)

注：$a>b>c>d>0$。

从以上的博弈结构看到，完全理性当事人的自利行为获得了帕累托最优的市场自然协调结果，但是，参与人最终的分配公平问题则没有涉及。下面通过另外一个博弈，对"公地悲剧"加以描述。"公地悲剧"其逻辑基础在于完全理性人假设，在自利动机的驱动之下理性个体违背了本可以基于社会理性获得的最优配置，从而使得当事者获得帕累托劣解。这里用以下的博弈结构描述"公地悲剧"。

上面的博弈有两个纳什均衡解，即帕累托最优解 (a, a) 构成双方当事人均采取合作策略的社会最优解，而帕累托劣解 (c, c) 构成双方当事人均采取背叛策略的个人最优解。为观察行参与人的期望支付，将其采取合作策略和背叛策略的期望支付分别记为 π_C 和 π_D，设列参与人采取合作的概率为 p，则有：

$$\pi_C = pa + (1-p)d \quad \pi_D = pb + (1-p)c$$

表 5-3　　　　　　　　"公地悲剧"博弈

	合作	背叛
合作	(a, a)	(d, b)
背叛	(b, d)	(c, c)

注：$a>b>c>d>0$，$a+d<b+c$，$2c<b+d$。[①]

假设行参与人判断列参与人以相同可能性实施合作或背叛策略。在这种情况下，$p=\frac{1}{2}$，则行参与人实施合作策略的期望支付，$\pi_C = \frac{1}{2}(a+d)$，实施背叛策略的期望支付为：$\pi_D = \frac{1}{2}(b+c)$，由 $a+d<b+c$，显然，有 $\pi_C < \pi_D$，这样，一个完全理性自利的行参与人将必然采取背叛策略，这就会造成双方当事人均采取背叛策论，从而获得帕累托劣解纳什均衡。

一般来说，在均衡处有 $\pi_C = \pi_D$，可得 $p^* = \frac{c-d}{a-b+c-d}$

因为 $a+d<b+c$ 则 $a-b<c-d$，即 $p^* > \frac{1}{2}$。

定义：在双人博弈中，均衡处的 p^* 为采取合作策略的风险因子，则 $1-p^*$ 为采取背叛策略的风险因子。风险因子含义为，在双人博弈中的两个策略 k 和 k′中，一个参与人认为另一个人采取 k 策略的高于一个最小的概率 p^*，那么策略 k 就是参与人的严格最优反应。[②]

上述博弈中合作策略的风险因子 $p^* > \frac{1}{2}$，背叛策略的风险因子

[①] 这是信任博弈，存在一个帕累托劣解纳什均衡和一个帕累托最优纳什均衡。一般论述 "公地悲剧" 的博弈通常引用的是只存在帕累托劣解的囚徒困境博弈。这里不妨考虑在这个信任博弈中帕累托劣解是个人最优纳什均衡，帕累托最优解是社会最优纳什均衡。有关囚徒困境，信任博弈等的叙述可参见［美］萨缪・鲍尔斯《微观经济学：行为、制度和演化》第一章相关内容，江艇、洪福梅、周业安译，中国人民大学出版社 2006 年版。约定 $a>b>c>d>0$，$a+d<b+c$，$2c<b+d$ 等条件是为描述 "公地悲剧" 而设定。

[②] 风险因子的定义可参见［美］萨缪・鲍尔斯《微观经济学：行为、制度和演化》，第一章相关内容，江艇、洪福梅、周业安译，中国人民大学出版社 2006 年版。

$1-p^* < \frac{1}{2}$。显然，合作策略的风险因子大于背叛策略的风险因子，因此对于完全自利的理性人而言，采取风险因子较小的背叛策略是严格最优反应，因此，虽然在该博弈中社会最优的合作均衡和个人最优背叛均衡解均存在，处于博弈中的个体最终会采取背叛策略，从而获得帕累托劣解。以上博弈结构准确描述了之所以产生"公地悲剧"，其逻辑基础在于西方主流经济学的理性人假设。对于完全理性的自利个体来说，当面对社会最优的帕累托最优解和个人最优的帕累托劣解时，他会在自利动机驱使之下采取背叛策略，其原因是对他而言背叛策略风险占优于合作策略。由此对"公地悲剧"这一协调问题的治理，基于个体自利的理性人假定，西方主流经济学认为，采取外部治理的办法加以解决，即要获得对社会最优的帕累托最优解，需要采取规制措施以使得当事人改变策略。

不难发现，对于社会效率最优劳资两利的劳资共同治理模式而言，也同样具有这种"公地悲剧"式的结构。共同治理本身要求劳方和资方合作，然而，如果双方都完全从自身利益最大化的角度出发，只能获得双方都采取"背叛"策略的冲突模式，从而导致共同治理的最优治理结构无法获得。当然，可以通过一个外部的办法，如社会强制的规定企业的剩余权治理结构都必须采取劳资合作的共同治理模式。但是，从企业内部劳资之间相互关系所具有的内生性质来看，外部的强制措施很难从根本上解决这种劳资内生关系所存在的结构性问题。从追求公平的社会理想出发，如果将公平偏好纳入劳资双方各自的效用函数，则问题将获得根本性的解决。

二 公平要求与效率统一的证明

本节将证明，如果劳资双方都本着公平的考虑，将"公平"偏好纳入自身的效用函数，则通过一种良性的相互利益的协调，劳资合作的最优共同治理模式就能够在企业内部自生的形成。在研究过程中，将劳资双方，即物质资本和人力资本，作为交往的两个当事的个体，一般设定，不妨将物质资本的代理人作为博弈中的行参与人，人力资本所有者作为列参与人，在行文中将保持这种称呼上的一致性，直至整个研究过程的结束。

西方主流经济学秉持完全理性人假设，认为在市场这个看不见手的指引下自利行动的理性个体能获得出于当事人意料之外的社会最优结果。而"公地悲剧"博弈则清楚地指出，正是当事人的自利行为，使得当事人获得帕累托劣解。在现实的经济活动中，"公地悲剧"大量存在，但是不难发现，例外的情况也依然存在，我们能发现在面对"公地悲剧"这种协调问题时，交往当事人也可以通过协调互动（包括谈判、协商、监督等）使参与人获得帕累托最优的纳什均衡。

对于个体偏好的大量实验经济学研究表明，个体完全自利的理性人假设存在许多与现实情况矛盾之处。个体偏好在大量情况下是处于情景依存的，同时也是基于历史的路径依赖的。实验经济学通过大量的博弈实验，发现在个体相互交往的过程中自利偏好不是个体的唯一偏好，个体行为表现出相当程度的复杂状态。这种复杂的状态表现为个体偏好种类，包括"公平"、"不平等厌恶"、"愧疚"、"互惠"、"嫉妒"、"对违反规范的惩罚"、"怨恨"等显然可能存在的不同偏好。由此实验经济学针对这种复杂状态，基于上述可能具有的不同偏好给出了不同的个体效用函数，这些函数的形式则相应于对不同偏好的侧重而不同。①

这里从本章研究的主题出发，主要基于个体"公平"和"自利"两个主要的偏好来考量，其观点是个体不是在任何情况下都是完全自利的理性人；相反，个体的偏好也是情景依存的，个体在很大程度上是基于路径依赖而行动的。针对一个人 i 和另一个人 j 进行

---

① 基于不同偏好的个体效用函数可参阅下列文献：
(1) 魏光兴：《公平偏好的博弈实验及理论模型研究综述》，《数量经济技术经济研究》2006 年第 8 期。(2) 阮青松、黄向晖：《西方公平理论研究偏好综述》，《外国经济与管理》2005 年第 6 期。(3) 唐忠阳、钟美瑞、黄健柏：《公平偏好模型发展及解释力分析》，《财经理论与实践》2009 年第 6 期。(4) [美] 萨缪·鲍尔斯：《微观经济学：行为、制度和演化》，中国人民大学出版社 2006 年版，第三章相关内容。(5) Bolton, Gary, Ockenfels, "A Theory of Equity Reciprocity and Competition", *American Economic Review*, Vol. 90, No. 1, 1999, pp. 166 – 194.

交往，提出下面的效用函数。

$$U_i = \pi_i + \delta(\pi_i - \pi_j) \ \forall i \neq j, \ -\frac{1}{2} \leq \delta \leq 0 ①$$

上面个体效用函数表明，一个不是完全自利的个体会在一个 δ 因子制约下考虑自身收益和别人收益的差距。也就是说，他会以适当的方式考虑自己的行为对交往关系人收益的影响。当 $\delta = 0$ 时，$U_i = \pi_i$，这样的个体退化为自利的理性人；当 $\delta = -\frac{1}{2}$ 时，$U_i = \pi_i - \frac{1}{2}(\pi_i - \pi_j)$，这样的个体则崇尚双方获得完全平均的收益结果，他对这样的事实漠不关心，即自己或者他人可以通过自有禀赋或者积极努力从而获得超过别人的较多收益。另外，如果他获得的收益少于对方参与人的收益，他也会毫不犹豫并且不问原因地要求对方给自己一个补偿以消除双方收益差距。可见，这是一个典型的极端绝对平均主义者，他只是要求人人都获得相等的收益。

由上面给出的效用函数，得到行参与人的支付如表 5-4 所示。

表 5-4　　　　　　　　　　行参与人的支付

	合作	背叛
合作	a	$d + \delta(d-b)$
背叛	$b + \delta(b-d)$	c

注：$a > b > c > d > 0$，$a + d < b + c$，$2c < b + d$。

同样，设对方采取合作的概率为 p，则行参与人采取合作策略和背叛策略的期望支付分别为 π^C 和 π^D。

$$\pi^C = pa + (1-p)[d + \delta(d-b)] \tag{5-1}$$

---

① 放宽完全自利的理性人假设，考虑个体的效用是基于历史的路径依赖和情景依存，个体效用函数依据具体的研究及关注的不同，可以写出多种不同的类型。这里，考虑个体不是完全自私的；相反，对于自己所获支付和别人所获支付之间的差异是关注的，由于 $-\frac{1}{2} \leq \delta \leq 0$，个体会关注公平问题，显然，上面所给出的个体效用函数包含了道德的考量。

$$\pi_D = p[b+\delta(b-d)] + (1-p)c \tag{5-2}$$

在均衡处有 $\pi_C = \pi_D$，即：

$$pa + (1-p)[d+\delta(d-b)] = p[b+\delta(b-d)] + (1-p)c$$

得 $p^* = \dfrac{c-d+\delta(b-d)}{a-b+c-d}$ \hfill (5-3)

由式（5-3）确立了一个以 δ 为自变量的风险因子函数 $p^*(\delta)$。

$\dfrac{dp^*}{d\delta} = \dfrac{b-d}{a-b+c-d} > 0$，可知风险因子 $p^*(\delta)$ 是关于 δ 的增函数。

显然，有 $0 \leq p^* \leq 1$，可得：

$$-\frac{c-d}{b-d} \leq \delta \leq \frac{a-b}{b-d} \tag{5-4}$$

由于有 $2c < b+d$，$-\dfrac{c-d}{b-d} - \left(-\dfrac{1}{2}\right) = \dfrac{b+d-2c}{2(b-d)} > 0$

得到 $-\dfrac{1}{2} < -\dfrac{c-d}{b-d} \leq \delta \leq 0 < \dfrac{a-b}{b-d}$ \hfill (5-5)

$\dfrac{a-b}{b-d} > 0$ 保证了上面所描述的博弈存在一个帕累托劣解纳什均衡和一个帕累托最优的纳什均衡。

要使合作成为风险占优均衡，则合作风险因子 $p^* < \dfrac{1}{2}$。

将式（5-3）代入可得：

$\delta < \dfrac{a-b-c+d}{2(b-d)}$，由于 $a+d < b+c$，所以，$\dfrac{a-b-c+d}{2(b-d)} < 0$。

这样的 δ 是存在的，记为 δ^0。

有 $-\dfrac{1}{2} < -\dfrac{c-d}{b-d} \leq \delta^0 \leq \dfrac{a-b-c+d}{2(b-d)} < 0 < \dfrac{a-b}{b-d}$ \hfill (5-6)

从上面分析看出，要使得当事人双方实施合作策略从而获得帕累托最优解，则必然要求通过设定某一个 δ^0 效用影响因子来达成。不妨假设，这个 δ^0 可以经过两个参与人之间的协商加以确定，若行参与人是先行动者，行参与人经过一定考量之后确定出一个 δ^0，接着提出一个"要么接受要么拉倒"的协议，对于列参与人来说，他知道这个 δ^0 是对两人都有利的提议，这样列参与人将会接受。这样,参与的当事人会达成一个实施合作策略的默契,从而获得帕累托最优解。需要注意的是,因为有 $\delta^0 > -\frac{1}{2}$,显然,对任意一个先行动者来说,都不愿意提出一个绝对平等的提议,这种绝对平等的方案是不可行的。如果我们将 δ^0 看成一个实施方案,从上面 δ^0 的限制条件不难发现,如果一个参与人具有上面的效用函数,他绝不是一个完全自利的理性人;相反,他会以适当的程度考虑公平问题。另一方面他也不是对自己的利益漠不关心,因为绝对的平均是不可实施的方案,他所提出的方案必然会因考虑个体禀赋和努力程度而形成差异,这样的方案,他会认为是"公平"的。显然,具有这种效用函数的参与人是一个具有"公平"偏好道德考量的参与人,因此不妨称为"有道德的理性人"。

三 剩余索取权的公平拥有

上一节证明了一个公平的分配方案可以实现"公地悲剧"的博弈结构中帕累托最优解的获得。类比于企业内部结构,则表现为一个劳资双方都能接受的公平的剩余索取权安排,在理论上说,能够保证劳资共同治理的最优剩余索取权治理模式得以获得。在实际操作层面,这一般体现为劳资共同治理模式下,人力资本所有者的剩余索取权要求如何实现的问题。

传统的资本单边治理模式对于员工的剩余索取权是否定的,在员工已经获得契约规定的固定工资以后,企业的剩余收入归于物质资本一方。张衔和黄善明(2001)指出,由于员工事实上拥有对自己人力资本使用的剩余控制,如果在企业所有权安排上没有员工的经济地位,则员工会采取相应手段攫取剩余。对于一个创新的劳资共同治理模式的企业所有权安排来说,在做到了剩余控制权和剩余索取权相统一的效率要求之后,重要的问题就在于如何构建一个劳资双方都能接受的合理员工剩余索取权安排,即员工人力资本对于生产投入的量化问题。

前文已经谈到,在西方学者提出的有关利益相关者共同治理以及分享经济制度设计等有关人力资本参与企业剩余的分配问题中,比较一致的意见是所谓的员工持股计划，即员工通过使用自己拥有的货币购买企业的股份，这其中的代表人物包括布莱尔（1995）和威茨曼（1986）等。员工持股计划对于人力资本价值的肯定是值得赞赏的，但是，这一计划和理论的支持者的所有努力都是归属于物质雇佣劳动的资本单边治理理论的逻辑框架之中的。基于这一认识，在一个创新的劳资共同治理框架之内，张衔（2000）提出，人力资本拥有者以其人力资本价值"认购"企业股份，可行办法是以员工为获取人力资本的投资费用贴现值作为人力资本的定价依据。[①]对于人力资本的定价，学者们提出了多种不同的计量方案，下面对这些已有的方案总结如下[②]：

最基本的一种方法是重置成本计量法。这种方法是将形成员工人力资本的所有费用进行加总计算然后通过贴现得到。简单来说，这种方法就是将一个人的人力资本得以形成的所有费用资本化，形成人力资本的费用主要包括人力的养成费用、教育、培训等。

还有一种计量人力资本的方法称为原始成本法。人力资本的原始成本是员工通过组织和培训获得其职责并得以胜任这一过程中发生的支出和利益损失。这种方法的好处在于较容易做出会计处理，在会计期间将人力资本的投资分为收益性投资和原始资本投资，在会计结算时将原始资本投资做出加总就得到人力资本的价值。

布鲁克和施瓦茨（Bruch and Schwartz）在1971年给出的一个 y 岁职工人力资本计量公式如下：

$$E(V_{(y)}) = \sum_{t=y}^{t} P_{(y)}^{(t+1)} \sum_{t=y}^{t} \frac{I_{(t)}}{(1+r)^{(t-y)}}$$

其中，t 为退休年纪，$P_{(y)}^{(t)}$ 代表员工离职概率，$I_{(t)}$ 为员工在 i 时期的预期收入，r 为对应于该员工的适用贴现率。这种计量方法基

[①] 参见张衔、朱方明《人才资本论》（四川大学出版社2000年版）相关内容。
[②] 这些计量模型来自以下三个文献：(1) 杜兴强：《人力资源会计的确认、计量与报告》，《会计研究》1997年第12期。(2) 黄善明：《企业劳动契约剩余研究》，博士学位论文，四川大学，2005年。(3) Flamholtz, Eric G., *Human Resource Accounting: Advance in Concepts, Methods and Applications*, Berlin: Springer, 1999。

于员工的未来工资收入,而未来工资显然是不确定的,而且工资显然不能代表员工人力资本对于企业剩余的价值创造。

赫曼森(Hermanson)教授在1964年提出了基于未来工资贴现的人力资本价值计量方法,其公式如下:

$$V = \sum_{i=1}^{5} \frac{S_{(t)}}{(1+r)_{(t)}} \times \frac{5rf_0/re_0 + 4rf_1/re_1 + 3rf_2/re_2 + 2rf_3/re_3 + rf_4/re_4}{15}$$

其中,V代表人力资源的价值,$\sum_{i=1}^{5} \frac{S_{(t)}}{(1+r)_{(t)}}$代表未来5年所应支付的工资的贴现值,$rf_i$为前$i$年的企业投资的实际报酬率,$re_i$代表前$i$年企业所在行业的平均报酬率,$i$以5年期为界。这一公式以5年期为界,考虑了企业所在行业报酬率和员工人力资本的关联关系,但是,它依然是以未来的工资作为人力资本对企业的价值,同样是低估了人力资本的实际价值。

赫曼森教授在1969年提出非购入商誉法。这种方法是将企业在其同行业中所实现的超额利润作为人力资本价值。对人力资本价值的计量过程如下:

第一步,确定一定时期中企业所在行业的投资报酬率,其方法是用该时期行业净利润总额除以全部非人力资本价值投入总额。

第二步,得出企业在该时期的正常净利润,其方法是用企业投入的非人力资本总额乘以行业的投资报酬率。

第三步,计算企业在该时期的额外收益(非购入商誉),其方法是用企业的实际净利润减去正常净利润,所得差额就是额外收益。这个额外收益被看作是人力资本的贡献。

第四步,用额外收益除以行业投资报酬率,所得数值即为人力资本价值。这种方法虽然便于会计计算,但是,其最大的一个问题在于,如果该企业的实际收益等于或小于行业正常收益(企业亏损)情况发生,则该企业的人力资本价值会等于零或者是负数。

1985年,美国学者弗兰姆霍尔茨提出了一个人力资本随机报酬价值计量模型。他认为,人力资本的价值体现在提供未来可能的用途和服务,而这种以随机过程提供的人力资本服务是对企业的报偿。这样人力资本的价值计量就是，根据可能的服务状态、服务年限的价值和其发生概率而得的预期值。我们认为，这个计量模型是一个估测值。服务状态发生的概率可以通过统计数据的平均值获得，但是对服务状态、服务年限的价值怎么认定？是用工资，还是用人力资本投资收益。这可能造成在实际的计量中，忽略了其他方面的投资对企业收益的贡献，从而高估了人力资本的价值。

劳兰珺、汪朝汉和张新辉（2003）则从高新技术公司对员工实行的股票期权计划启发下，提出了人力资本价值公式，可以表述如下[①]：

人力资本的价值＝工资折现值＋期权价值

这一人力资本价值的定价方法的局限性在于其行业的限制，同时期权计划本身也是从属于股权的概念。

从企业性质角度看，提出一个供商榷的人力资本计量方法。企业在建立的时候其资本形式包括人力资本和物质资本两种类型，这两种资本结合成企业后，企业就必然要面对经营风险。这个风险对于物质资本和人力资本是对等的，任何一方如果获得确定性收入都是对于风险在制度安排上的规避。前文研究已经说明，员工获得的工资在表面上看是确定的，但是，从企业经营的长远周期来看，所谓的确定是根本不存在的，企业一旦经营不善或者倒闭，员工就得不到这个确定的工资了。在物质资本方面来说，也不是从来就是获得风险收入的，物质资本也是有确定性收入的，如金融资本（物质资本的货币化）获得的确定性利息。我们认为，投入企业的专用性物质资本和专用性人力资本都是有风险的，一种公平的资本投入计量应当包含这两种资本投入量。物质资本的计量可以通过购买时的市场价格加总得到，但如果要计量人力资本的价值，从工资和预期投资收益加总是有偏差的。[②] 如果我们从企业建立的那一刻来看，

[①] 参见劳兰珺、汪朝汉、张新辉《高新技术企业人力资源价值的期权计量方法》，《研究与发展管理》2003年第4期。

[②] 从马克思主义经济学角度看，工人获得的工资是劳动力的市场价格，而不是工人全部劳动价值创造，包括社会必要劳动价值和剩余价值。

人力资本进入企业以后就和物质资本风雨同舟共渡风险,最恰当的方法是将计量人力资本的获得成本总和作为人力资本的价值。这样,在一个创新的企业剩余权劳资共同治理的制度框架下,我们认为重置资本计量法是可取的,虽然这个方法无法纳入企业现有的会计模式,但是,会计模式是企业建立以后发生的,我们的起点却是在企业建立的那个时刻。

这里还有一个方面的问题需要探讨。在企业建立之后,一个必然的现象是新员工人力资本的投入,这就隐含了一个新老员工之间,以及新员工和企业之间利益的协调问题。新员工加入企业的时候,企业的发展已经导致了很多的资本积累,这是建立企业时物质资本和人力资本的积累。因此,就会导致这样一种情况发生,企业的历史越长其积累的资本越多,而后来加入企业的员工的人力资本价值在企业总资本中所占的份额会越来越小。解决这一问题比较现实的一个办法即可以引入员工"年功"制度,这里的"年功"不是企业员工工龄工资的简单类比,应当考虑工人在职年限的基础上,同时考虑员工在职期间工作绩效对企业的贡献额。这样所有者投入企业的人力资本应该是,初始人力资本价值加上"年功"积累的人力资本价值。

黄善明(2005)在参考了黄颖华(2002)的研究基础之上,经过修缮之后提出了一个人力资本计量模型,比较符合我们设想的人力资本计量方案,其计量模型,表述如下[①]:

$CV = C + P$

其中,$C = \sum_{t=1}^{s} \frac{C_t}{(1+i)^t}$,$P = \theta, \sum_{t=1}^{s} \frac{EAIT_t}{(1+i)^t}$,$\theta = \alpha \times \hat{\theta}$。

在这个公式中,人力资本价值 CV 等于人力资本投资成本 C 和创造价值 P 之和。从时期 1 到时期 s 的会计期间内,i 是贴现率,投资成本 C 等于各期成本的贴现值加总;人力资本在会计期间内创造的价值等于企业税后期望收益的现值加总与人力资本贡献率乘积以

---

① 参见黄善明《企业劳动契约剩余研究》,博士学位论文,四川大学,2005年。

后所得的数值,其中,θ 为人力资本贡献率,$EAIT_t$ 为当期的人力资本投资的期望收益;人力资本贡献率 θ 等于人力资本的综合素质 α 和人力资本对社会的平均贡献率 $\hat{\theta}$ 乘积。这些参数中,会计期间各年的人力资本投资值 C_t 和贴现率 i 都可以通过年度会计报告的统计数据获得,人力资本对社会的平均贡献率 $\hat{\theta}$ 值则可以通过国内外的经验数据做出估测。需要确定的是,人力资本的综合素质 α 和当期人力资本投资的期望收益 $EAIT$。

简单地说,α 值的确定可以通过层次分析法(AHP)获得,其步骤如下:

第一步:建立人力资本基本素质的层级评价体系;

第二步:估算在指标评价体系下各个影响因子的权重;

第三步:运用模糊数学方法进行权重乘积加总,最终获得 α 值。

对人力资本投资的期望收益 $EAIT$,借用 CAPM(资本资产定价模型)[①] 的计算方法,提出人力资本期望收益计算模型。CAPM 如下式所示:

$$E(R) = Rf + \beta(Rm - Rf)$$

其中,$E(R)$ 是投资期望收益率,Rf 为无风险收益率(设定为常量),Rm 为行业平均收益率,β 是行业平均收益率(风险收益率)与无风险收益率的相关程度,它反映了投资收益随市场变动的风状况,β 越大则投资风险越大,进而期望收益率更高。用一句话总结:投资回报等于无风险收益加上风险溢价。在这个计量模型基础之上,考虑人力资本的特性,提出了下面的人力资本投资期望收益率计量模型:

$$E(R) = \Phi + Rf + \beta(Rm - Rf) + \varphi$$

其中,$E(R)$ 是人力资本投资期望收益率,Rf 为人力资本无风险收益率(设定为常量),Rm 为行业平均收益率,φ 是一个服从正态分布的数学期望值为 0 的误差项,且与 Rm 无关。Φ 和 β 是待定

---

① CAPM 模型由 1990 年的诺贝尔经济学奖得主威廉·夏普(William Sharpe)提出,用于计算风险资产的期望收益。

参数，其中，$\Phi>0$ 表示该项人力资本市场价格高于市场均衡价格，$\Phi<0$ 表示该项人力资本市场价格低于市场均衡价格，Φ 可以经过统计数据回归做出估计；β 表示该项人力资本内在的实际风险与市场平均风险相关度，这个参数的获得建立在人力资本对企业的贡献额以及以科技发展为代表的人力资本增长额基础之上。当人力资本风险溢价在一定时期以速度 g 稳定增长时，考虑折现，得到 β 近似计算公式：

$$\beta=\sum_{t=1}^{n}\frac{(1+g)^{t}}{(1+r)^{t}},\ r>g,\ \text{则}\ \beta=\lim_{n\to\infty}\sum_{t=1}^{n}\frac{(1+g)^{t}}{(1+r)^{t}}=\frac{1+g}{r-g}$$

其中，r 是人力资本折现率，在计算中可以用企业资产内部收益率来近似替代；g 是人力资本投资回报增长率。

这个人力资本计量公式最简单表述如下：$CV=C+P$，即人力资本的价值评估包括两个方面：

第一，人力资本的投资成本；

第二，人力资本的投资收益。

黄善明修缮的主要方面在于，借鉴 CAPM 提出人力资本预期投资收益的计量方法。

第六章 公司治理模式的国别比较和中国国有企业治理模式创新

企业剩余权治理模式在微观层面是指企业内部剩余控制权和剩余索取权的制度安排问题。在经济学研究中,对于剩余控制权和剩余索取权的制度安排问题一般又可称为公司治理问题。[1] 下文将使用"公司治理"这一术语,指称本书所研究的企业剩余控制权和剩余索取权的制度安排问题。

公司治理的国别差异是一个既存事实,这种差异源自各国历史发展和国情的路径依赖,同时也受制于经济学思潮的制约。一般来说,主流的公司治理模式有两类:一类是所谓的股东至上主义的英美模式;另一类是员工和银行等利益相关者参与治理的德日模式。已有研究已经指出,这两类所谓的主流治理模式在发展过程中存在

---

[1] 对于公司治理概念的定义,虽然学者们从不同的研究视角和出发点有不同的定义,但我们认为,其本质上是企业所有权制度安排以及如何实现效率的问题。陈初昇和衣长军(2010)明确指出:"公司治理本质上是关于企业所有权安排的合约,其核心问题是通过恰当的契约安排来实现剩余索取权和剩余控制权的有效配置,从而确保公司的决策效率。"参见陈初昇和衣长军《基于人力资本视角的治理模式与企业所有权配置》,《宏观经济研究》2010年第7期。詹森和梅克林(1976)从所有权和经营权分离的角度所产生的代理费用问题出发,研究企业所有权结构问题,被西方主流经济认为是公司治理研究的发端。詹森在其所著的《企业理论——治理、剩余索取权和组织形式》一书第一章开篇谈道,"公司治理是公司普通股持有者非常关心的问题,因为他们的财富与公司战略制定者的目标息息相关。到底谁是老板?谁的利益摆在首位?"可见,在他的观念中,公司治理是一个关于企业所有权如何实现的概念。钱颖一认为:"在经济学家看来,公司治理结构是一套制度安排,用以支配若干在公司中有重大利害关系的团体——投资者(股东和贷款人)、经理人员、职工之间的关系,并从这种联盟中实现经济利益。"参见钱颖一《企业的治理结构改革和融资结构改革》,《经济研究》1995年第1期。

治理结构逐渐趋同的现象。如果从历史上在各个国家中存在过的主要企业剩余权治理模式来看，在这两类主流模式之外，还存在过计划经济体制下苏联企业的治理模式，南斯拉夫工人自治的治理模式，以及合作社类型企业的治理模式。如果从剩余索取权占有方式的不同出发，又可以划分出不同的企业治理模式。美国学者迈克尔·詹森提出了一个按剩余索取权控制状态差异分别出的不同治理模式，按照他的说法，"从苏联模式的企业到私有企业，按照剩余索取权被资本化和能交易的程度，大致有以下六种：苏联模式的企业、南斯拉夫型企业、全租企业、合作企业、专业合伙企业、私有企业"。① 这个逻辑清楚显示，剩余索取权控制状态的差别所隐含的企业从全民所有到私人所有的变化过程。

本章将结合国别差异和剩余索取权控制状态差异两个维度的综合展开比较制度研究。第二次世界大战以后，各国根据自己国情，发展出形式多样的公司治理模式，苏联和东欧在经济转轨之后，目前最具影响力并且获得广泛认同的是：以英美为代表的外部控制型公司治理模式和以德日为代表的内部控制型公司治理模式。② 这一章将重点对这两种主流的公司治理模式加以评析，从历史角度比较两种模式的优势和存在的问题，进而希望能对我国社会主义市场经济条件下公司治理模式创新提供参考。最后一节在比较国外企业治理模式的基础之上，对我国国有企业治理模式的改革过程做出分析并提出公司治理模式创新建言，以期对建设有中国特色的社会主义企业治理模式有所裨益。

---

① ［美］迈克尔·詹森：《企业理论——治理、剩余索取权和组织形式》，童英译，上海财经大学出版社 2008 年版，第 183 页。

② 苏联和东欧计划经济体制下的公司治理模式所存在的问题，以及南斯拉夫工人自治企业的公司治理模式经济学家已有较深入的研究，这两类公司治理模式由于国家政权的更替以及经济制度的转轨已不复存在。学者指出的转轨国家公司中所存在的"内部人控制问题"，对我国国有企业在社会主义市场经济条件下公司治理模式的发展和创新是一个值得注意的问题。

第一节　英美模式

这种公司治理模式也被称为"盎格鲁—撒克逊模式",这一词汇准确表达了这种模式的文化纽带关系,这一模式的诞生地——英国正是现代经济学之父亚当·斯密的故乡。总的来说,这一模式是以市场竞争为基础,强调和遵循个人主义和自由主义社会思潮,以法律制度为框架,以证券市场为核心,建立起来的可以称之为正统的资本主义企业剩余权治理模式。这一模式在"冷战"结束之后,在英国的"撒切尔主义"和美国总统里根提出的"里根经济学"倡导下,在新自由主义经济浪潮的鼓动下更加稳固。这一模式可以用以下一些词汇加以概括:股东利益至上、私有化、自由市场竞争、政府放松管制与减税。这一模式在实践中也不是一成不变的,随着一系列公司治理弊案的发生,其治理模式的内在缺陷也暴露出来,通过法律和社会道义力量的调整,在没有改变其根本特征的情况下,依然是主流的企业剩余权治理模式之一。

一　英美模式的特征及评述

英美公司治理模式主要在普通法系国家盛行,如英国、美国、加拿大和澳大利亚。它是标准意义的新古典经济学治理模式,即公司经营目标是实现股东利益的最大化,目标主要通过外部市场控制机制作用于内部治理结构得以实现。这种模式的内部治理结构包括股东大会、董事会、外部的财务审计机构,外部市场控制机制包括公司控制权市场(证券市场)、资本市场、经理市场和劳动力市场、产品市场。

在此首先对这种模式的内部治理结构做出说明。股东主权意味着股东大会是公司的最终权力来源,但是,在当前英美国家股权的高度分散的情况下,股东只能以持股额为限制的原则组成股东代表大会行使股东主权。这种股权的高度分散现象有其历史和法律制度的背景,以美国为例,其企业类型从业主制和合伙制向股份公司的

第六章　公司治理模式的国别比较和中国国有企业治理模式创新　141

转变过程中，由于国家和民众崇尚公平的市场竞争原则，为此颁布了一系列法律加以保障，如反垄断法、证券法及银行法等①，这样就限制了个人股权的集中、银行较集中持股以及公司之间相互大量持股的可能。这种情况表现为在美国个人拥有的公司股票高度分散，虽然总体上机构投资者持有公司股票的份额较大，但其所持股票却大量分散在不同的公司中。② 与限制经济集中的法律相比较，美国的证券市场发育很早而且相当成熟③，证券市场成为美国公司最主要的融资渠道和个人投资场所，这一方面使得个人持股总额虽然仍占有相当的比例，另一方面单个的持股人只拥有公司很小的股份额度，并且主要追求短期的股票套利。在股权高度分散的基础上，董事会由股东大会选举产生并对股东的利益负责。

英美模式的董事会一般都设立内部董事和外部董事。所谓内部董事是公司内部的在职人员兼任董事，一般公司的首席执行官担任董事会主席。外部董事又被称为独立董事，主要由企业的投资人（股东）的代表担任，这些投资人代表一般是通过证券市场购买股票的大股东。引入独立董事制度的原因在于，内部董事可能做出从自身利益出发而有损于广大股东利益的行为，让外部投资人代表以独立董事的身份进入董事会可以起到监控内部董事的作用。④ 独立

---

① 针对19世纪末期垄断组织"托拉斯"对市场竞争的压抑以及由此造成的经济过度集中引发的群众利益受损和市场缺乏活力，美国的反垄断法得以出台。这些法案主要包括1890年颁布的《谢尔曼法》和作为其补充的1914年颁布的《克莱顿法》以及《联邦贸易委员会法》。美国的国家银行法案规定银行只能在州的范围经营，同时又将商业银行和投资银行区分开来，并且法律对金融机构持股份额有严格的限制，对银行的经营业务也主要限定在短期贷款范围（不允许7年以上的长期贷款）。《证券法》也反对投资者集中持有一家公司的股票。

② 这些机构投资者包括互助基金、养老基金、保险公司以及信托公司。企业通过机构投资者融资时要受到法律的限制，以及机构投资者为规避风险而做出的分散投资组合，这都使得机构投资者不能成为公司的大股东。

③ 纽约证券交易所成立于1792年。

④ 1977年美国证监会批准了一个新条例，"在不迟于1978年6月30日以前，设立并维持一个全部由独立董事组成的审计委员会，这些独立董事不得与管理层有任何会影响他们作为委员会成员独立判断的关系"，这一条例的批准，被认为是进一步加强外部独立董事的地位。条例内容转引自陈继勇、肖光恩《美国公司治理结构改革的最新发展及其启示》，《经济评论》2004年第5期。

董事自 20 世纪 80 年代以后在董事会成员中的比例不断提高（一般占董事会成员总数的 3/4），引入独立董事制度，是为了更好地确立董事会和管理层之间的委托—代理关系，独立董事一般被认为具有客观公正的立场，从而能够起到监督管理层工作从而确保企业众多分散股东的利益。董事会下设的机构有报酬委员会、审计委员会、任免委员会以及执行委员会等，如报酬委员会完全由独立董事组成，他们根据企业经营业绩来评定管理层的报酬水平，审计委员会也由独立董事组成，主要负责公司财务的监察工作。执行委员会则是董事会的常设机构，具体负责董事会决策的执行。

公司董事长一般兼任公司经营决策执行机构的总负责人（总经理），这就是所谓的首席执行官（CEO）。从所有权和经营权两权分离的角度来看，这种流行的董事长兼任总经理的 CEO 制度，表面上体现了所有权和经营权再次趋于集中。但是，这种集中只是理论上的集中，由于公司股权的分散状态，那种业主制企业的所有权和经营权合一的状态实际上是无法复原的。在首席执行官之下，有公司总裁（首席执行官可兼任）、首席营运官和首席财务官的设置，以辅助首席行政官处理公司中相应的业务活动板块。在公司管理高层之下，绝大多数情况下是一个科层制的管理结构，以确保公司经营的政策和方针的传达和落实执行。

公司股票的市场交易需要公司经营业绩的财务状况向公众真实披露，这个工作由公司外部的专门审计部门来做，这些审计部门包括由独立会计师开办的审计事务所和政府的审计机构。公司聘请审计事务所对公司的经营状况做出审计报告，并且由审计事务所主管审计师签发，借以向股市证明公司财务报告的真实和公正。政府的审计机构除不定期或定期地对公司经营状况做出审计以外，还要对独立会计师主持的审计事务所的工作做出监督以确定其具备审计资格。

英美公司的治理机制被称为外部控制型公司治理模式，其原因在于它是通过一个发达的外部市场控制机制作用于内部控制体系，同时这些成熟的外部市场控制机制又由一个比较完善的法律制度加以监督和完善。下面对这些外部市场控制机制加以介绍。

控制权市场（证券市场）的运作是英美模式最重要的一个外部市场控制机制，即通过股票在证券市场上的交易而实现股权转移，让股东通过所谓"用脚投票"的办法对公司实施控制。这表现为，当公司经营不佳业绩下滑，股东首先通过公司财务报告了解这一状况，纷纷抛售手里的公司股票，这样直接的后果将导致在证券市场上公司股票价格的下滑，这就为下一个战略投资者提供了并购和接管公司的机会，而公司一旦被其他投资者并购和接管，则会导致董事会成员的变动从而实现公司管理层的改组。管理层为避免这种公司被并购和接管的威胁，则会努力的工作以确保和维护作为公司委托人的股东利益。

经理市场也是一个重要的外部市场控制机制。这是通过管理者的"声誉机制"实现公司管理层的流动，从而促使有经营才能及创新能力的管理者能够获得公司的经营管理权，以此最终实现公司股东收益的最大化。公司管理者如果经营绩效良好，则能获得绩效奖励以及在职带来的很多效用；如果公司经营管理不善导致业绩下滑或者管理层在公司财务报告上弄虚作假的"败德行为"被董事会查明，在这种情况下管理者将被董事会辞退。管理者一旦被董事会解聘，损失的不单单是职业和薪水，还会失去自己未来价值所带来的预期收入，更重要的是，他会失去他之所以成为"经理"的声誉，一旦失去良好的声誉，管理者也就丧失职业生涯的前景。这种"声誉机制"通过经理市场而得到强化，最终促使在职的公司管理者必须认真努力地履行责任从而实现良好的公司经营绩效。

产品市场是另一个重要的外部市场控制机制。公司产品只有通过销售给消费者才能最终为公司赢得效益，公司产品在市场上的竞争力最能够体现公司经营的成效，这样，就能达到对公司管理者经营绩效的考核和检查。应当说产品市场对于所有的公司都是一视同仁的，公司只有生产出有价格竞争力的优质产品才能在与同行的商业竞争中生存和发展，这样就面临着一个消费者"用脚投票"的监督机制的考验，即消费者用消费行为来评断公司的产品。这就促使公司管理者必须集中精力于公司的生产业务以拿出让市场满意的产品，从而通过产品市场的监督和考核机制进一步确立经理人市场的"声誉机制"，管理者只有让消费者满意才能最终让股东满意，从而确保自己职业生涯的发展。

上文已经谈到在英国、美国等国家由于法律对于银行放贷业务的限制，银行一般只能为公司提供短期贷款，即公司通过资本市场的融资能力是有限的，这就反过来促使公司只能通过证券市场上的直接投资获得公司经营业务所需的资金。这样，资本市场有限的融资能力进一步加强了控制权市场的作用。劳动力市场则受到相关法律的监督和规范，以确保劳动者的基本权益和有关的福利待遇，法律承认工人组织工会的权力，劳动者则通过工会与企业之间的集体谈判方式来协调劳资关系。① 事实上，以美国为例，有关于企业和劳动者之间的权利义务关系是通过法律制度加以协调的，在很大程度上，劳工权益是以和公司利益最大化（股东利益最大化）相对立的一面出现的。这也使得在现实的法律制度框架之内，劳动者为实现企业剩余的分享权利，也只能采用员工持股计划来实现。

英美国家具有优良的法制传统及社会舆论监督机制，还有作为确保基础控制机制的证券市场的法律规范，这都是这一公司治理机制得以运行的保障。美国早在 1933 年就颁布了《证券法》，1934 年颁布了《证券交易法》，以及作为《证券交易法》修正案的 1968 年《威廉姆斯法案》，这些法案对于证券市场的规范运作都起到了法律监督的作用。由上述法案得以建立的证券交易委员会负责制定和执

---

① 美国有两大全国性的工会组织：美国劳工联合会和产业工会联合会。从 20 世纪 80 年代以来，伴随着美国工会成员数量占全体非农业劳动力的比例呈下降的趋势，其影响力及同资方的谈判地位也趋于相对的下降过程。有关这方面问题和原因的阐述，参见[美] 塞缪尔·鲍尔斯、理查德·爱德华兹、弗兰克·罗斯福《理解资本主义：竞争、统治与变革》，孟捷等译，中国人民大学出版社 2010 年版，第 289—290 页。美国工会活动和工人运动有光荣的传统并促使一系列保障劳工权益法案的出台，重要的劳动法案包括：1932 年《反禁令法案》、1935 年《国家劳动关系法案》和《联邦失业税收法案》、1938 年《公平劳动标准法案》、1970 年在《劳动者赔偿法》基础之上的《职业安全和健康法案》、1985 年修缮《劳工退休收入安全法案》基础之上的《统一综合预算调整法案》。另外，为加强对工会的控制以及维护社会稳定需要，又颁布了 1947 年《劳资关系法案》、1959 年《劳资报告与披露法案》。

行证券交易规则，并在国会授权下监督证券市场的交易状况。如美国证监会就要求公司做到经营信息的充分披露，这包括公司财务状况的披露、上市公司经营管理者收入状况的披露以及要求公司股权的大额收购者公布其收购动机。这些信息的充分披露，通过披露的具体数据可以让外界更加清楚地了解公司经营状况和管理者工作业务状态。这样，一方面让证券市场的投资者做出合理的决策，另一方面也方便了经济学家和金融学家通过对公司经营状态的研究而提出合理有效的公司治理措施和方案的建议，为公司股东和董事会的决策行为提供理论和现实政策的依据。社会舆论方面对于公平和正义的要求，也能够部分对管理者行为进行监控，实际上，在英美国家中发生的一系列公司弊案的揭露正是在社会舆论监督下得以实现的，从而为公司治理模式的调整和改进提供契机。

英美模式是一个以外部市场控制为主导的公司治理模式，这种模式以主流经济学所倡导的市场竞争原则为其理论基础，它推崇的是私有产权和个人主义的价值观。这一模式将市场哲学运用于公司内部的管理激励，能够在很大程度上调动管理者和生产者的积极性，激发其创造性。尤其对管理者而言，他事实上在股东的一定授权时期内获得了相对自由的生产经营权，因而有利于发挥其经营能力和创新才华，经理市场则为选择出这样一个合适的公司管理者提供了可能和保证。企业家创新精神是产业升级和公司跳跃式发展的必备要素，英美模式中管理者权力的集中，就为这种企业家主导下的经营创新提供了可能。这种管理者集权特点，通过一个外部市场控制机制，让业主制企业时期业主的创业精神和创业动力这些元素，能够流传到现代公司管理者的血液中。

发达的证券市场为公司经营发展所需的资金投入提供来源，表现为证券市场中股票的高度流动性使得资金流向在市场信号机制指引下能够做到有效的资金资源配置。证券市场在这个治理模式中的中心地位，使得公司的主要融资渠道来源于股东的投资，而众多分散的股东又可以利用证券市场中的高流动性交易规避风险逐利而动，这就将社会上大量的闲散资金汇集起来成为企业的投资资金，随着机构投资者的加入，使得资金的汇集规模变得更加庞大。另外，流动的股金向正在盈利和盈利前景巨大的公司汇拢，就能够催生高新技术产业的发展以及已有产业在技术和管理上的更新升级，这一流动又是在公司股票价格信号的指引下发生的，进一步又对公司管理者施加了技术和管理创新的压力。① 这就由公司治理模式推动市场竞争，从而带来企业创新活力的增强。

这种模式也表现出相当灵活性，从而围绕着股东利益最大化这一目标能够适时变化公司的经营策略和管理体制。

首先，公司股权的流动性可以使得公司管理层的改组变得较为容易，从而及时地使不称职的管理者让位于更加努力负责的管理者，而变更管理者的灵活性也使公司经营方向乃至产业发展重点都可以获得及时的改变。

其次，劳动力市场也具有高度流动性，这样可以使公司所需要的劳动力资源较快进入公司生产系统。

最后，产品市场随着消费者的消费状况而变化，通过产品市场信息的反馈从而做到公司生产业务的及时跟进。

英美模式有一个非常重要的保障机制，即公司信息的及时公正披露，这种对于公司经营信息的披露能够创造出一个比较公平的竞争环境。英美国家对于自由市场制度的崇尚，表现在国家层面上，中央行政机构并不对企业经营进行干涉，而更多的是为自由竞争创造条件。公司经营信息的充分披露就为市场中的各个经济主体的竞争提供了一个公平的舞台，对于个人来说同样如此，股东能够做出一个基于理性预期的投资决策，公司管理者可以做出合理的经营决策，从业人员也可以做出一个较佳的就业抉择。竞争机制是创新得以实现的源泉，对于竞争机制在经济制度中的实现，英美模式的公司治理制度在理想上把握得相当好。② 信息的披露是和一个完善的

---

① 英美模式代表的美国在计算机、网络工程、生命技术产业等高新技术产业的优势有目共睹。

② 实际上，正是信息披露上的问题造成了公司弊案的产生，因此，英美模式对于信息披露的理想并没有掩盖住在公司治理问题上亟待解决的一些重大问题。

法律及公司治理制度相联系的,理想的市场竞争环境需要信息完全和对称的分布于竞争主体之间,任何一方面信息的缺失都将导致不公平竞争的产生,而对于不公平竞争现象的消除是英美模式所追求的理想状态。

二 英美模式的缺陷和调整趋势

英美治理模式具有主流经济学的原教旨主义特色,在经济全球化浪潮鼓动下,尤其是这种模式的国家所取得经济成效鼓舞下[①],其主流地位变得更为强化,但并不代表英美模式本身完美无缺,实际上这种模式有它根深蒂固的内在弊端,这也是学界的共识。

一般认为,英美治理模式的弊端主要是首先来自其股权分散状态导致的种种问题。其直接的结果是管理者往往在股东利益最大化的约束下追求短期利益。广大的中小股东以及机构投资者都在追求自己所有的股票价格升高,使得公司的股市价格成为经营成效的主要判断标准,这就迫使公司管理者追求短期的经营成效以求得股票价格的高起。这种对于短期效益的追逐必然导致管理者没有时间或精力做出一个企业长期发展的全盘打算,这就进一步会促使管理者主观上也追求自己的收益在短期内的提升。其次,高度分散的股权不利于股东对管理者的监控,这表现为一般股东为了避免成为大股东的牺牲品而只是"搭便车",没有直接监督公司管理者的积极性,其兴趣主要集中在股票市场上股票价格的升降,热衷于短期的炒股套利行为。另外,虽然独立董事由股东选举进入董事会,但是,由于外部股东对公司的具体经营业务并不熟悉,因而很难将监控执行到位。首席执行官(CEO)制度的建立造成董事会事实上由公司内部经营人员掌控的局面,并且加强对公司高管激励,直接造成公司高管的收入畸高。更为严重的情况是,CEO权力的过分高度集中,为权力的滥用和"道德风险"问题的出现提供了便利,监控的缺失

---

① 以美国来说,1980—2005年其GDP平均增长率为2.98%高于德国的1.93%,2005年美国的失业率为5.1%低于德国的9.4%。数据来源:OECD Factbook,2006,Economic,Enviroment and Social Statistics. OECD Main Economic Indicators. 转引自丁纯《盎格鲁—撒克逊模式和莱茵模式的比较》,《世界经济与政治论坛》2007年第4期。

是公司弊案不断发生的根本原因所在。最后，股东倾向于股市投机套利的行为，以及由此引发的"恶意收购"行为造成公司的资本结构变化剧烈而动荡，一方面使得管理者行为更趋短期化，另一方面使得投机者暴富而使社会蒙受巨大损失。

英美治理模式的最大问题是在于其对于劳动者权益的忽视，这个模式的公司治理理念中股东利益最大化是如此的牢固，这就足以使得某些具有社会公正感的经济学家也只能提出"员工持股计划"这样的方案来使公司广大员工的利益得到确保。当然，其目的在于激发员工的工作积极性和责任感。实际上，员工持股也改变不了"股权分散"为特征的当代资本主义公司的内在治理机制缺陷。实践中，在西方不单有经济学家的倡言，一些企业家从激发员工生产积极性出发，也主动施行过员工持股计划或股票期权计划，但是，由于股票市场上短期投机行为普遍，其效果往往被打折扣。有一个具体实例能够很好地说明这种情况，1955 年，小托马斯·沃森（Thomas Watson Jr.）成功地说服他的父亲 IBM 公司总裁托马斯·沃森（Thomas Watson）将公司股票优先让职工认购，但是在 32 年后的 1987 年 8 月 31 日，已经接任 IBM 公司总裁的小托马斯·沃森在《财富》杂志发表文章对他曾经积极施行的员工持股计划的效果发出了质疑。他认为，由于在股市上的短期逐利行为，职工一般在股票价格上涨时就抛售，而股价下跌时就抱怨，员工们被投机行为所吸引，造成公司内部士气低落。① 下面通过英美国家发生的一些重大公司治理案例，结合理论并按照历史的顺序逐一分析。

20 世纪 80 年代在美国发生的"恶意收购"事件，使公司治理问题成为社会和研究人士关注焦点之一。这一时期，美国接连发生公司控制权转移，是和同期经济学理论新自由主义思潮的泛滥紧密联系的事情。这一时期在外部经济环境方面，美国公司面临着来自日本和欧洲企业日益增强的竞争力的威胁，经济理论中的代理理论

---

① 资料来自梅新育《论美国企业股票期权计划的新发展》，《世界经济》1999 年第 5 期。

兴起直接激发了对股东价值最大化核心观点的认同和强化，同一时期美国政府也相应放松了金融管制。① 在这些综合因素的作用下，公司控制权市场的"恶意收购"随之发生，有学者也称为"杠杆收购"。这种控制权转移过程大致如下，收购者出高价购买公司股份，当所收购的公司被接管以后，公司管理层被改组，同时解雇大量的员工。这个过程中公司股东因为股票的溢价而发了大财，而公司员工的利益却受到损失，其最终的结果也只是使得改组之后的公司管理层为公司新股东的利益服务。由于在公司股权的转移过程中，直接受到损失的是公司的广大员工，因此遭到工人的抵制，并且由于改组之后的管理层为股东利益最大化服务（或许是为股票升值服务），使得公司目标更趋于短期化而忽视公司长期发展，这就进一步使公司的债权人和公司的其他利益相关者的利益受到侵害。经过一段时间以后，认识到了公司被"恶意收购"造成的负面影响，使司法的介入成为必要，由此引发了在80年代末从宾夕法尼亚州修改《公司法》开始到席卷美国大多数州对《公司法》的修改。新的《公司法》对"杠杆收购"加以明确限制，对工人权利进行了相应的维护，并且提出了公司管理者需要为"利益相关者服务"的条款。应当指出的是，提出公司管理者为"利益相关者"服务以及在公司接管过程中有关保护工人权利的条款，并没有否定公司为股东所有并且为实现股东利益最大化服务原则。美国《公司法》的这些修订并不是对私有制逻辑的突破，只是对"恶意收购"所造成的负面影响加以限制。

伴随20世纪80年代以后美国宏观经济的持续增长，这一度掩盖了美国公司治理中的结构性问题。并且对所谓"杠杆收购"持支持态度的学者认为这种股权的重大转移，使美国企业变得更具活力和竞争力，从而能够推动美国企业的经营效率的提升。② 但也有学

---

① 美国《1987年银行公平竞争法案》使得商业银行可以涉足证券市场，1986年英国伦敦证券交易所开始允许商业银行参与证券业务。

② 詹森就认为，公司控制权的交易，一方面为股东创造了收益，另一方面这个收益体现了企业生产率的提高。参见［美］迈克尔·詹森《企业理论——治理、剩余索取权和组织形式》，童英译，上海财经大学出版社2008年版，第三章相关内容。

者指出，这种股东收益的增加（利润的提升）是公司利益相关者付出了更大代价而得到的，公司的总福利实际上是减少了，梯诺尔（Tirole，2001）就持这种看法。① 哈佛大学的经济学者史莱弗和沙默斯（Andrei Shleifer and Lawrence Summers，1988）通过对美国环球航空公司（TWA）被"恶意收购"的案例研究，发现 TWA 股东在股权转让中的收益增加是由工人工资的减少而实现的，并且工人工资减少额度是股东获利额度的 1.5 倍。② 实际上，"恶意收购"是 20 世纪 80 年代以来的私有化浪潮的直接表现方式，同一时期主流经济学公司治理理论则进一步在学理上宣扬股东核心价值至上思想，为此推波助澜。但是，在实际操作上，无论怎么向股东核心价值回归，由于股权的高度分散所决定的所有者和经营者的分离这一事实无论如何回避不了。依托于代理理论的兴起和委托—代理理论所倡导的最优契约设计，其自然的逻辑归依就是加大对公司管理者的激励，即管理者持股、股票期权计划等具体方案，导致的直接结果就是公司管理者权力的进一步集中，这就是 CEO 制度的兴起。但是，权力的集中，又引发了公司高管的"道德风险"问题，这就使得公司治理走进了另一个泥淖。

尽管西方公司高管的收入已经是天文数字，但是，权力的过度集中导致的贪腐现象震惊了社会各界，其标志性事件就是"世通事件"和"安然事件"中反映出来的财务造假丑闻。这些公司的财务作弊事件，使公司的股东的收益受到损害，尤其是机构投资者（包括雇员的养老基金）损失巨大。应对这些公司丑闻，为保护股东的利益，在 2002 年 3 月当时的美国总统小布什做出了"增进公司责任和保护美国股东的十点计划"的报告，同年 4 月纽约证券交易所提出了公司治理结构改革的建议措施，6 月纳斯达克交易所也提出了相似的建议措施，2002 年 7 月小布什总统签署了《萨班斯—奥克

---

① 参见 Tirole, J., "Corporate Governance", *Econometrica*, Vol. 69, 2001, pp. 1 – 35。
② 转引自崔之元《美国二十九个州公司法变革的理论背景》，《经济研究》1996 年第 4 期。

斯利法案》，法案的内容主要包括以下几个方面：公司财务信息的准确和可获得保证、公司管理者的责任问题、独立的审计原则①，其主要内容如表6-1所示。

表6-1　　　　　　《萨班斯—奥克斯利法案》主要内容

原则 内容	主要内容
信息的准确性和可获得性原则	1. 财务报告的会计标准必须与一般会计原则（GAAP）相一致，会计报表外的交易必须在公司财务报告中披露 2. 文件归档的最后期限应提前
管理责任原则	1. CEO和首席财务官（CFO）必须担保公司财务报告的公平和准确，对故意违反这一要求的个人处以20年监禁 2. 如果虚报收益表，要没收执行官的红利、激励奖金以及上一年股票交易的获利 3. SEC（美国证券交易委员会）可以禁止违规个人再担任管理者和董事 4. 管理者和主要股东在第二个交易日结束时，必须报告交易情况
审计独立原则	1. 审计委员会聘请和监督会计公司，上市公司必须披露审计委员会中是否有一个成员是财务专家，审计员必须向审计委员会披露所有基本的会计标准 2. 任何一个审计员不得向审计客户提供至少8种特殊服务中的任何一种；向客户提供这种服务必须得到审计委员会的批准 3. 上市公司会计监督委员会（由该法案成立的全国性独立的对上市公司进行再审计的机构，PCAOB）的费用是通过向公司征收会计鉴定费而筹集的

---

① 上文谈到，在英美公司治理模式中，公司财务的审计由外部的审计事务所负责，而审计事务所和公司是依靠雇佣关系建立起联系的，这就为公司管理者财务造假提高了可能的渠道，因此，《萨班斯—奥克斯利法案》加强了对审计独立性的要求。

续表

内容 原则	主要内容
审计独立原则	4. SEC 任命五名专职人员为联邦储备委员会主席和财政部长提供咨询 5. 只有两名成员可以担任执业会计师（CPAs），但委员会主席在此之前 5 年内应没有做过执业会计师 6. 上市公司会计监督委员会在某些条件下有权强制注册会计公司和客户提供所需信息 7. 上市公司会计监督委员会应把一般可接受的会计原则（GAAP）包括在其审计标准中 8. 在对审计委员会的报告中审计员必须把其偏好的审计处理方法与公司的审计规则进行比较

资料来源：*Economic Report of the President* 2003，p. 101. 转摘自陈继勇、肖光恩《美国公司治理结构改革的最新发展及其启示》，《经济评论》2004 年第 5 期。

  从这个法案的主要内容及其关注点可以发现，颁发法案的主要目的是为了加强对公司管理者的财务监督，避免其"道德风险"可能给股东带来的损失。公司财务丑闻是英美公司治理模式中，对于公司管理者过度激励和外部证券市场控制机制下的产物。在英美公司中对高管的激励主要采取所谓股票期权计划，这种激励方法从 20 世纪 80 年代以来一直在不断强化过程中，如美国前 100 名大企业高管的薪酬中，在 20 世纪 80 年代中期股票期权计划带来的收入仅占薪酬总额的 2%，到 1994 年为 26%，到 1998 年则高达 53.3%。[①]由于将公司股票的升值作为考核公司高管的唯一标准，在高管极度集权体制下，公司高管和外部监督者在扭曲的金钱激励作用下的共谋，必然导致某些道德缺失的管理者铤而走险，最终使股东和社会承受巨大损失。另外，虽然独立董事制度的引入要求公司股东不仅"用脚投票"而且要进入董事会做到"用手投票"的实际监督，但

---

① 资料来自杨胜刚、安青松《全球关注：公司治理结构的国际比较》，《国际问题研究》2003 年第 1 期。

是由于股权的分散状态和公司内部的 CEO 集权制度，使得独立董事作用相当有限。毕竟在证券市场上短期投机盈利的巨大诱惑的作用下，造成公司的整个控制机制都围绕着股票价格的涨落而转动，由于市场机制的"滞后性"，这会造成公司的生产状态和公司的市值之间的差异，并且在股市疯狂的投机活动的带动下，这种差距会进一步加大。事实上，迄今为止也没有找到一个很好的办法改变这种现状，公司 CEO 收入的天文数字依然逐年的加高，直到 2008 年美国次贷危机所引发的全球金融危机，直接引起了美国社会对公司高管畸高收入的巨大愤怒。颇具讽刺意味的是，2002 年的《萨班斯—奥克斯利法案》意图加强对公司财务状况的金融监管，可是，作为监管者的金融监管体系自身却出了问题。所谓的金融创新、金融衍生品交易成为投机者牟取暴利的工具。

2008 年的金融危机从表面上看是美国的金融监管体系出了问题，但是，如果从公司治理的微观角度审查，这是英美模式所依赖的证券市场外部控制同股权分散这一矛盾的直接产物。公司所有权和经营权的分离成为困惑美国股东的巨大难题，这意味着对于短期股市投机收益的追求和公司长期经营管理绩效增加的天然脱钩。在这种情况下，两权分离所隐含的代理问题并不会因为对公司高管的过度激励而稀释，这也很难制止公司管理者和监管者沆瀣一气对公司剩余的攫取。① 尽管这一切掩盖在一轮一轮经济周期影子下面，当股市牛气冲天的一路高起，投机者在觥筹交错间庆祝一个个冒险英雄的成功，不经意间一个轻巧的扳机却让所有的股市泡沫荡然无存。凡事总是物极必反，对股东利益维护，似乎意味着需要对公司管理者更大的激励，但是可怕的是，管理者却利用集中的权力来谋取和监管者的合谋，由此造成股东利益损失，以及社会的更大损失。

应当承认的是，在英美公司治理模式大行其道的近 20 年以来，

---

① 有人说，国有资本所有人不能到位，但是，在股权分散公司中，公司的所有权又如何做到真正的到位呢？西方国家公司管理者对私人公司利益的攫取，同国有企业被攫取没有差异，甚至比较而言私人公司中的攫取现象会更加严重，毕竟分散的股东监督等于很少有监督，国有资本却能做到政府的直接监督。

也是英美模式类型代表的美国经济发展表现出势头猛进的时期，这也在一定程度上掩盖了这种模式的内在弊端。在很长一段时间里，英美公司治理模式被看作一种最具效率的公司治理模式，并且从20世纪80年代以来，这种模式在全球范围的市场化浪潮中得到广泛的推崇，有学者将这种现象称为公司治理模式的趋同化，但是，在英美公司治理模式中所决定的内在矛盾性，使得其治理模式的弊端通过不断出现的公司丑闻乃至金融危机得以暴露出来。

需要进一步指出的是，员工持股计划不可能实现真正的劳动者参与公司治理，而且也无法实现利益相关者共同治理理论提倡者所希望得到的员工对公司剩余的分享。实际上，企业员工手里的一小部分股票在股市投机浪潮中往往成为金融大鳄们股票投机豪赌中的牺牲品，这不是"人民的资本主义"只是"投机者的资本主义"，在股市萧条或者暴跌崩盘的瞬间，员工手里的股票价值也瞬间化为乌有。实际上，从20世纪80年代以来的新自由主义浪潮鼓吹的资方单边治理模式强化作用下，只是让一小部分公司高管获得天文数字的巨额财富，而众多员工却陷入了更加相对贫穷的境地。资料显示，20世纪最后30年，1967年美国20%富裕家庭收入占国民总收入的43.8%，最贫穷的20%的家庭收入占国民总收入的4%，到2001年，20%富裕家庭的收入占国民总收入比例增长到50%，而最贫穷的20%的家庭收入比例则下降到3.5%，在富裕家庭和贫穷家庭之间的60%家庭的收入占国家总收入的比例则从1967年52.3%下降到2001年的46.3%。① 这些数据从一个侧面表明，在资方单边治理模式强化的过程中，美国的两极分化加剧了。而资方单边治理强化也造成劳资冲突加剧，使工人的地位降低而生产积极性降低。如在2008年8月，美国费尔斯通（Firestone）公司召回了1440万个轮胎，原因在于它生产的轮胎涉及271起死亡事故和800多起受伤事故。调查发现，这家公司生产出劣质轮胎的原因在于，1994年

---

① 资料来自［美］塞缪尔·鲍尔斯、理查德·爱德华兹、弗兰克·罗斯福《理解资本主义：竞争、统治与变革》，孟捷等译，中国人民大学出版社2010年版，第307页。

爆发的有关加班和减薪引发的劳资冲突，虽然公司以解聘相威胁占了上风，工人们表面屈服，但是，随后工人却以劣质劳动施加报复，在这种情况下，费尔斯通公司出产的轮胎质量可想而知。一百多年以前，一个美国劳工组织"世界工人国际"为实现他们希望的"公平的劳动，公平的工资"的诉求，在和资方谈判时给出了一个谈判的最后筹码，"要么优厚的报酬，要么低劣的劳动！"百年以后同样的事情再次发生，只是这一次工人们是用沉默的行动在施展报复，但是由此却给费尔斯通公司造成了巨大的经济损失，更为悲伤的是有不少人为此付出了生命代价。①

英美公司治理模式是一种典型的资方单边治理模式，它能够取得主流公司治理模式的地位，虽然有其存在的依据，表现在近几十年展开的全球市场化过程中英美等国家所取得的经济繁荣以及高新技术产业带动的澎湃发展，但是也必须看到，这个模式所引发的种种问题。我们认为，它绝不是一个理想的模式，一个创新的公司治理模式必须要实现劳动者的真正参与，只有如此才能实现社会公平及生产效率的提高，进而也能避免资方单边治理模式所依赖的外部市场控制机制中股票投机所带来的经济周期性动荡。

第二节　德日模式

德日公司治理模式表现为银行控制及员工参与的特点，这种特点是有其国家经济发展的社会、历史、文化传统渊源。在资本主义经济发展的历史上，德国和日本都是后起的资本主义国家，因此表现出强烈的国家推动经济发展倾向，这种国家主导经济发展的行为必然对公司治理模式产生影响。在社会经济哲学上，德国提倡社

---

①　这个事件的有关材料来源于［美］塞缪尔·鲍尔斯、理查德·爱德华兹、弗兰克·罗斯福《理解资本主义：竞争、统治与变革》，孟捷等译，中国人民大学出版社2010年版，第285—286页。

市场经济原则，即在总的市场竞争原则之下国家必须对经济发展做出规划并且协调社会各方面成员的利益。日本作为一个传统的东方国家，则具有较强的团体观念和上级对下级负责而下级对上级尽忠的组织观念，这种集体主义观念影响了企业所有成员的行为倾向，职工进入企业以后从行为到精神都完全依存于企业，这就使得企业成为所有参与成员的经济生命共同体。德国和日本政治史上的长期集权统治，使得其人民习惯集权式管理方式，因此相较于英美模式倚重股权分散的外部控制体系，德日公司模式倚重内部控制的集权模式。

一 德日模式特征及评述[①]

在历史上德国和日本的经济发展主要依靠集权的国家推动，表现为国家有计划扶持重点产业经济发展模式，造成经济发展所需的资本主要通过银行金融借贷而来，由此进一步造成银行资本渗透到经济的各个层面。第二次世界大战以前，德国的企业是在银行的金融扶持下建立起来的，日本的军部政权更是不遗余力地推动了财阀制度的建立。德国和日本作为第二次世界大战的战败国，在战争结束以后的重建过程中，资金非常缺乏，在没有办法获得证券市场直接投资的情况下，企业发展所需的资金也只能依靠银行贷款解决。一个自然的进化过程表现为，企业发展所需大笔资金只能向银行借贷，银行作为债权人出于对贷款的风险考虑需要参与公司治理，而当公司出现经营困难的状态，通过债券转股权使得银行成为公司的主要股东。德国银行更是以全能银行著称于世，法律只是规定银行所持股票总金额不能超过银行自有资本的15%，对于银行在公司中的持股份额没有限制。第二次世界大战以后的日本，在美国占领当局管制之下，1947年颁布了一个比照美国《格拉斯—斯蒂格尔法》的《证券交易法》以及《终止财阀家族控制法》使日本财阀制度被强行废除，虽然使得日本企业的股票暂时分散流入个人，但是由于

---

① 本节所谈的德日模式特征主要是指20世纪90年代以前的情况。随着日本"泡沫经济"之后的经济衰退和德国经济增长减缓，进入21世纪以后德国和日本的公司治理模式在维持基本特征不变的基础上做了调整。

战后日本经济的严峻形势,这些分散的个人股票很快在持股人短期利益驱动下收回到银行等金融机构手中。日本政府1953年修改的《商法》规定金融机构的持股限额为10%,这就使得股票再次集中得到了法律的保障。并且战后日本的重建需要大笔的资金,企业发展资金短缺因而迫切需要通过银行融资,银行持股机制得以建立。虽然后来日本政府对银行持股限额有所调整,但是总的来看并没有严格限制,如日本1987年的反垄断法规定商业银行可以持有公司股份最高限额从以前的10%降至5%(设定了10年延缓期),保险公司持股限额为10%,至于养老基金和共同基金则没有分散化的具体要求。

相较于对金融机构管制的宽松,德国和日本政府对证券市场则有比较严格的限制,导致德国和日本没有出现如同英美国家一样的发达证券市场。以德国为例,德国企业只有在联邦经济部限定的负债水平之内才可以向社会发行长期债券和商业股票,而且还必须得到企业主要融资银行的批准,国家还要向企业征收1%的股票发行税。在日本,企业发行股票和长期债券也有严格限制,实际上日本的债券市场往往对国家重点扶持的产业类型企业开放,如生产电子产品的企业。证券市场的外部控制机制从来也不是德日公司治理模式的主要方式,数据显示,直到1995年,德国共有802家上市公司,这些上市公司的股票市值加总仅占GDP的24%,而同时期美国有9566家上市公司,其股票市值加总占GDP的105%。[1] 这样,在证券市场不发达情况下,德国和日本发展出了一种以内部控制为特点的公司治理模式。

德日公司内部控制治理模式的一个显著特征是银行参与公司治理。德国银行作为全能银行参与公司治理,而日本则是主银行制,所谓主银行是对某企业贷款额占第一位的银行,银行作为公司债权人在债转股的过程中逐渐成为公司大股东。在日本,1956—1960年,公司资金来源的73%是银行贷款,1971—1975年则达到

---

[1] 资料来自王发清《公司治理模式的国际比较》,《经济与管理研究》2007年第8期。

89.5%，20世纪80年代以后，比例有所下降，但主银行特征依然明显，主银行既是公司债权人也是公司大股东，如1989年日本上市公司的银行持股比例为22.1%。[1] 在德国，除银行直接持有公司股票以外，德国的个人股东习惯将自己所持股票委托银行保管，并且个人股东通过与银行的协议将股票投票权委托给银行代理，协议内容有个人股东和银行的利益分配方案，这样，德国银行就获得了对公司的间接持股。1988年，德国银行的个人股东储存的股票价值达4115亿马克，这个价值是当时股市总值的40%，再加上银行直接持有的公司股票价值占股市总值约9%，德国银行直接持股和间接持股达到德国股市价值的50%左右。[2] 另外，数据显示，1986年，德国德意志银行、德累斯顿银行和商业银行三大银行共同持有大公司股票份额为：西门子32.5%、拜耳54.5%、巴斯夫51.6%、奔驰61.5%、赫斯特63.5%、大众7.9%。[3] 银行作为德国公司最大股东显然是不争的事实。在20世纪80年代以后，由于英美公司治理模式主流地位的影响以及经济全球化的趋势，在德国和日本个人股东持股都呈上升趋势，如日本企业直接融资总额（证券市场融资）占融资总额的比重从1975—1985年的14.6%上升到1986—1990年的30.4%，德国的情况则是从1975—1985年的12.5%上升到1986—1990年的18.2%[4]，另一方面，公司的负债率则呈现下降趋势，显示德国和日本都出现了不同程度的银行持股额的下降，但是，这种下降并没有改变银行作为公司大股东的地位。德国银行与公司关系测度如表6-2所示。

另一个特征则是法人相互持股。德日两国的反垄断法对公司相互持股都没有严格限制，因而法人相互持股成为普遍现象。这种法人相互持股是企业法人之间交叉的相互拥有对方股份，公司与公司

---

[1] 资料来自李维安等《公司治理》，南开大学出版社2001年版，第186—187页。
[2] 同上书，第187—188页。
[3] 资料来自杨胜刚、安青松《全球关注：公司治理结构的国际比较》，《国际问题研究》2003年第1期。
[4] 资料来自李维安等《公司治理》，南开大学出版社2001年版，第230页。

表 6-2　　　　　　　　德国银行影响力测度（2004 年）

	平均	=0%	≥25%	≥50%	样本数
公司融资的银行债务比例	17.10%	—	25.00%	—	144
银行代表出席监事会的比例	70.10%	29.90%	—	—	144
银行直接持有股票的企业比例	24.30%	75.70%	8.30%	2.10%	144
银行在股东大会上代理投票权	29.50%	—	41.50%	20.00%	65
银行在股东大会上总投票权	37.90%1	—	49.20%	35.40%	65

资料来源：Elsas 和 Krahnen（2004）。转引自王学新《公司治理的德国模式》，《德国研究》2005 年第 3 期。

之间和公司与银行之间都相互持有对方股份，从而形成一个庞大的企业集团。在相互持股的基础之上，公司根据相互持股比例向关联企业（供货商、用户企业、分公司等）互派董事等高级管理人员，这就在企业集团内建立了信息渠道，使得成员公司的经营状况在集团内部做到相互之间充分了解，从而构造出一个相互合作的保障机制，直到 1997 年日本六大企业之间互派管理人员仍然高达 6000 多人。① 另外，由于银行股东和企业股东之间的相互持股，减小了公司被外部投资者恶意收购的可能性，并且银行和法人股东所持有的普通股很少交易，使得公司的股权结构能够长期保持稳定。② 事实上，日本法人之间相互持股，最早就是为了防止恶意接管以及外国公司的并购。1962—1987 年，日本经济高速增长时期日本六大企业集团相互持股情况如表 6-3 所示。

德日企业中股权高度集中。直到 1998 年，在日本上市公司的股东构成上，金融机构占 40%，公司法人占 35%，事业法人占 25%，个人股东占 24%，外国投资者占 10%。③ 再看德国公司，德国公司

---

① 资料来自封文丽《日本公司治理中的股东监控机制》，《现代日本经济》2005 年第 2 期。
② 恶意收购发生很少，并不能认为在德国和日本就没有公司控制权的市场交易，这种交易一旦发生都将是大宗股票交易。参见 Franks, J., C. Mayer, "Ownership and Control of German Corporations", *Review of Financial Studies*, Vol. 14, 2001, pp. 943-977。
③ 资料来自侯惠英、张长胜《日本经营者主权现象与企业治理结构的改革》，《现代日本经济》2005 年第 4 期。

的股权同样是高度集中的，统计数字显示，1985—1997 年，有 85% 的上市公司有持股超过 25% 的大股东，有 47% 的公司有持股超过 50% 的大股东（Franks and Mayer, 2001）。① 从另一些数据来看，1949—1984 年，日本个人股东持股率由 69.1% 降至 26.3%，法人持股率则由 15.5% 升至 67%，到 1989 年，个人股东持股率进一步下降到 22.6%，而法人股东持股率则上升至 72%，这其中非金融公司占 24%，金融机构占 44%，这表明日本企业股权是非常集中的。② 并且公司普通股的主要持有者为公司法人和金融机构及银行，而个人持股比率则较小。表 6-4 是 1990 年德国和日本不同投资者持有普通股比例。

表 6-3　　　　　日本六大企业集团的相互持股比例　　　　　单位：%

年份	三井	三菱	住友	芙蓉	第一劝业	三和
1962	8.8	17.3	20.13	10.49	10.14	7.58
1966	10.52	16.81	18.43	11.17	10.85	9.07
1970	14.14	20.71	21.83	15.26	17.19	11.18
1974	17.37	26.57	24.71	19.1	16.9	13.01
1987	18.03	25.34	24.51	18.22	14.59	10.9
1962—1974 年增长率	5.83	3.64	1.72	5.12	4.53	4.61
1974—1987 年增长率	0.3	-0.38	-0.07	-0.38	-1.17	-1.41

资料来源：公平贸易委员会：《企业集团》，1992 年。转引自［英］乔纳森·查卡姆《公司常青：英美法日德公司治理的比较》，郑江淮等译，中国人民大学出版社 2006 年版，第 71 页。

表 6-4　　　　1990 年德日不同投资者持有普通股比例　　　　单位：%

股东	德国	日本
所有公司	64	72.9
金融机构	22	48

---

① 资料来自王学新《公司治理的德国模式》，《德国研究》2005 年第 3 期。
② 资料来自封文丽《日本公司治理中的股东监控机制》，《现代日本经济》2005 年第 2 期。

续表

股东	德国	日本
银行	10	18.9
保险公司	12	9.5
非金融机构公司	42	24.9
个人	17	22.4
外国人	14	4
政府	5	0.7

资料来源：德意志联邦银行月度报告、日本资金流量报告。转摘自李维安等《公司治理》，南开大学出版社2001年版，第188页。

这种主银行制和法人交叉持股特征形成了企业股权的高度集中，高度集中导致控股股东的出现，这些控股股东能够很容易直接对公司实施控制与监督，如德国公司存在的控股股东，包括国家股东、公司法人、富有家族和银行、保险公司等金融机构。由于公司控股股东的股份额度巨大，使公司实际控制权的转移必然是大笔交易的结果，并且德日公司中的控股股东注重企业的长期经营发展，股票一般不会随市值波动在市场上交易，这就造成了企业股权结构的长期稳定。如在日本公司中，银行股东和法人股东是稳定股东，而个人股东、机构股东以及国外投资股东一方面拥有公司股票份额较小，另一方面它们为了自己所持股票股息和资本增值收益，一般会根据股票市值的涨落而交易，这部分公司的小股东则成为流动股东，不同于英模模式的众多分散的股东只有通过股票市场的"用脚投票"间接对公司管理者实施监督，在德国和日本企业中大股东可以直接或者间接地通过值得信赖的代理人（通常是银行代表或相互持股公司的代表）实行"用手投票"方式对管理者加以监督，即如果管理者的工作不能让股东满意则股东可以直接更换一个更合适的管理者。在此分别对德国和日本的内部控制体系加以说明。

首先介绍德国公司的内部控制机制，它包括股东大会、监事会和经营委员三个部分，监事会由股东大会和员工代表共同产生，股东大会的权力还包括新股的发行、利润处置和红利发放等。德国法律规定，德国公司设立双层委员会的管理机制，双层委员会由经营委员会和监事会组成，经营委员会组织开展公司日常经营管理工作并对监事会负责，监事会则有权任命和改组经营委员会成员并监督其职责的履行以及决定公司管理者的报酬。这就把公司的监督职能和业务执行职能分开了，并使得监事会成为公司最高权力机构。①法律规定监事会成员包括公司股东代表和公司职工代表。由于德国公司的股权相对集中在银行，因此，银行代表通过其自有的股权和代理股权得以进入监事会。劳工监事则由企业员工通过工人委员会提名经过选举产生。② 公司职工代表进入公司监事会参与公司经营

---

① 德国《公司法》对监事会的权责有如下规定：一是有权任命和改组执行委员会成员，监督执行委员会的工作，执行委员会要定期向监事会作述职报告；二是有权在任何时间审核公司的财务状况；三是监事会有重大决策权。参见［英］乔纳森·查卡姆《公司常青：英美法日德公司治理的比较》，郑江淮等译，中国人民大学出版社2006年版，第18—27页。

② 德国1972年的《企业组织法》规定在工厂设立企业委员会代表员工的集体利益以实施共决权，包括福利、人事和经济等方面诸多内容：解雇员工必须听取企业委员会的意见，工资共同协商以体现劳动生产率的提高和物价水平，在工作条件、工作时间和工作环境等方面员工拥有共决权，休假安排和带薪假期乃至职工宿舍等。1976年的《共同决策法》规定：雇员超过20000名的股份公司和有限责任公司监事会成员20名，劳资各占一半，其中3名劳工监事由工会提名；雇员人数在10000—20000名的企业，监事会成员16名，劳资各占一半；雇员超过2000—10000名的企业监事会成员人数为12名，其中必须有一半的监事由劳方代表担任，劳方代表由工人委员会提名并由职工直选产生；雇员在1000名以上的企业监事会成员人数为11名，由劳资双方分别提名4位代表和1位其他代表，剩下一名成员则由双方都能接受的"中立者"担任，并且经营委员会中必须有一名劳工经理；雇员500名以上的企业，规定监事会中劳方代表占成员人数的1/3，如果监事会席位多于一个，则必须至少有一名劳方代表。劳方代表采用工人委员会提名和直接选举的办法产生。德国企业中的工人委员会是劳方参与公司管理的机构，是共同决策机制中劳方的代言人和执行者，工人委员会由企业员工（工会和非工会）选举产生。管理委员会中的人事和劳工事务管理委员，只有在监事会的工人代表多数意见的支持下，才能够任命和解聘。20世纪90年代，德国实行《共同决策法》规定的职工参与制的企业雇员总数达1860万，占社会总雇员数的85％。德国1995年颁布的《股份公司法》规定公司监事会由资方和劳方共同组成。2004年《监事会职工三分之一参与法》规定：相应于雇员规模，公司监事会成员有3—6名时，员工监事应有1—2名，员工监事只能来自本企业职工。企业监事会成员超过或等于9名时，劳工监事可以有工会提名代表，但是要至少保证有2名劳动监事来自本企业。参见［德］霍斯特·西伯特《德国公司治理中的共同决策》，成福蕊译，崔之元校，《国外理论动态》2006年第6期；庞文薇《德国职工"共决权"何去何从？——对目前德国职工"共决权"讨论的一些思考》，《德国研究》2006年第3期。

第六章 公司治理模式的国别比较和中国国有企业治理模式创新

的重大决策，是劳工权利受到社会认可的集中体现。这种制度安排，使得劳方在一定程度上获得了企业重大经营事务上的知情权、监督权、建议权、咨询权、听证权和重大决策权。需要指出的是，在德国公司中公司股东一般拥有多数投票权，因而可以突破员工监视的限制，实际上掌握着公司的重大经营决策权。①

这种共同决策机制的实施和德国以国家意识为主导的经济赶超战略以及德国社会所秉持的社会市场经济的经济哲学思想有密切联系，而且也是历史上工人运动取得的重要成果。② 早在1848年法兰克福国民议事会就在《营业法》有关条款讨论中提出了在企业内成立工人委员会参与企业决策的提案，在1891年德意志帝国重新修订的《营业法》中对工人委员会的地位予以承认。第一次世界大战结束以后，德国魏玛共和国制定的《魏玛宪法》明确规定，企业员工和资本家协商决定工资和劳动条件，以及在企业中员工有权选举自己的代表以维护自己的经济利益和社会权益。③ 第二次世界大战以后，这种保障劳工权利的思想和做法被新的德国法律继承下来，其主要的精神体现在1951年的《煤炭和钢铁工业职工共同决定法》、1952年的《雇员代表共同决定法》、1965年修订的《股份法》、1972年的《劳工法案》、1972年的《企业组织法》、1976年的《共同决策法案》乃至2004年的《监事会职工三分之一参与法》。并且德国政府在1967年颁布了《经济稳定增长法》，通过法律手段规定

---

① 德国1972年《共同决策法》规定：监事会主席和副主席由2/3多数原则产生，在多数对等情况下，主席由股东代表选举产生，副主席由劳方代表选举产生。在监事会决策时，如果出现投票对等的情况，因为监事会主席拥有两票，所以监事会主席有了事实上的最终决策权。参见［德］霍斯特·西伯特《德国公司治理中的共同决策》，成福蕊译，崔之元校，《国外理论动态》2006年第6期。

② 1974年诺贝尔经济学奖得主哈耶克（Friedrich von Hayek，1899–1991）虽然是说德语的奥地利人（1938年加入英国籍），但是，他所倡导的新自由主义市场竞争思想一直不是德国的主流经济学思潮。

③ 1919年《魏玛宪法》第165条规定：工人与职员应平等地与雇主共同参与工资与劳动条件的规制以及各种生产力的总体经济性发展，他们之间的组织以及协议将被认可。参见［日］佐藤孝弘《社会责任对德国公司治理的影响》，《德国研究》2008年第4期。

了政府可以使用财政政策、货币政策和计划机制等手段干预经济活动，以实现经济增长、充分就业、货币稳定和外贸平衡的宏观经济发展目标，给德国资本主义市场经济打上了国家有计划控制的印记。这种社会市场经济的法律制度安排，为微观层面的公司治理的劳资共同决策模式提供了宏观层面的法律基础和精神指导。还要指出的是，除德国之外的欧洲大陆国家公司法都有公司员工参与公司治理的有关规定，如奥地利、荷兰、瑞典等国家。[①] 欧洲国家对劳动者参与公司治理的法律规定，体现了欧洲历史上社会主义运动和工人运动所取得的成就。

德国公司的经营委员会负责公司日常经营工作，并且要照顾利益相关者利益，包括公司员工、公司债权人以及受公司业务影响的一般公众的利益。经营委员会做出的重大决策需要经过监事会批准才有效。经营委员会中的经理一般任职不超过 5 年，并且经营委员会成员不能担任监事会成员。经营委员会在开展公司日常经营业务活动时，一般采取"一人一票"的多数决定机制，但是由于经营活动效率的需要以及成员的历史贡献等综合因素的作用，在经营委员会中往往会形成如同"主席"或者"总裁"之类的实权人物。德国公司中股东代表和职工代表组成监事会监管经营委员会以实施劳资共同参与公司治理的机制图 6-1 所示。

日本的内部控制模式则被称为"从业者主权"（经理人中心主义）模式，其中的从业者包括员工和企业经营者。日本学者伊丹敬之（2000）指出，在日本企业中长期参与企业经营活动的经营者和核心员工成为企业事实上的"主权者"，他们作为企业最重要的利益相关者，享有企业经营决策权和经营成果的剩余索取权。[②] 这种"从业者主权模式"在第二次世界大战以后得以建立，主要缘于对劳动者集体谈判权的法律认可、工会力量的增强以及公司为协调劳

[①] 一般规定员工监事占监事会的比例为 1/3，低于德国企业中监事会劳资对等的比例。

[②] 参见侯惠英、张长胜《日本经营者主权现象与企业治理结构的改革》，《现代日本经济》2005 年第 4 期。

第六章　公司治理模式的国别比较和中国国有企业治理模式创新

资关系所实行的终身雇佣制度。《日本宪法》第 28 条确认了劳动者的集体谈判权，日本《工会法》进一步明确了劳动者通过集体谈判维护自身权益的法律权利并对实施办法做了明确的法律界定。这就为劳动者通过集体谈判参与公司治理获得了法律上的保证。企业为避免劳资严重冲突带来对经营的不利影响，采取终身雇佣制度的办法，用确保员工稳定就业以换取员工的努力工作，这就进一步强化了这一"从业者主权"模式。

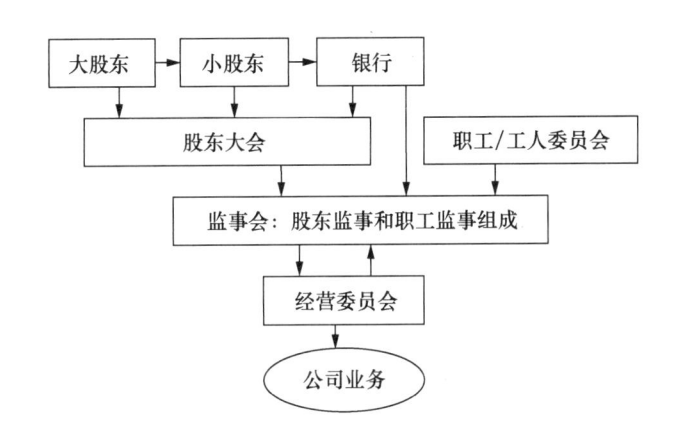

图 6-1　德国公司治理结构

资料来源：参照王学新《公司治理的德国模式》，《德国研究》2005 年第 3 期。

日本企业组织体系之内，员工可以循着一个升迁的选拔制度进入企业核心员工集团。日本公司的经营者拥有很大经营自主权，为了企业的成长和发展，经营者非常重视员工人力资本对公司的贡献，表现为努力协调劳资之间的利益冲突，在维护员工合法权益和积极保证员工的稳定就业的同时重视对员工的长期培训。这种"以人为本"的内部控制机制，包括终身雇佣制、内部晋升制和年功序列制，其核心都在于对企业员工人力资本充分利用及促进员工对公司经营管理的积极参与。

《日本商法》第 254 款规定：董事不一定必须由股东担任，只要他能力够强并且没有破产记录就有资格。第 260 款对董事会的职责规定如下:"董事会负责对公司的管理做出决定,并监督董事执行其职责。"这就为董事会由公司的内部人控制敞开了大门,事实上在日本公司中正是管理者控制着董事会。这种状态用下面的数据可以充分地说明:据东洋经济1992年发布的统计年鉴,日本上市公司76.5%的董事是由企业内部任命的,23.5%是由外部任命的,外部任命的董事中超过4/5的董事是普通公司和银行的代表。① 资料显示,日本公司的董事具有股东身份的比例很少。20世纪90年代,在公司董事会中具有股东身份的人数仅占9.4%,这其中主要股东占5.7%,股东代表占3.7%;在上市的大公司中,具有股东身份的董事仅占3.9%。② 这些数据都表明,日本公司的董事会事实上被公司管理者控制着,并且由于日本社会的东方文化气质,董事一般都由公司总裁选择,而日本公司的总裁是通过一个严格的员工考核选拔制度被提拔起来的,要成为公司总裁则必须首先成为公司董事会成员。并且不同于英美公司中董事之间地位平等的情况,日本公司董事会成员存在级别的高低差异,从上到下依次为主席、总裁、高级常务董事、常务董事和一般董事。在这一系列文化习俗及制度安排之下,公司的董事会一方面被公司经营成员控制着,另一方面能够成为公司董事则是对公司核心员工最好的奖励。

　　日本法律虽然规定股份公司必须设立监察机构,但是日本公司的监事候选人的提名权在董事会,所以,监事会是从属于董事会的,公司监事职位也往往成为一个可以授予企业员工的"荣誉头衔"。③ 这样日本公司的监事会就成为一个不折不扣的摆设,监事会被董事会所完全容纳。

　　由于银行是日本公司的债权人和主要股东,因此在公司的董事会中至少会有一名以上的银行代表。日本商业银行的通常做法是安

---

　　① 以上日本商法的条款内容和统计数据来自[美]乔纳森·查卡姆《公司常青英美法日德公司治理的比较》,郑江淮等译,中国人民大学出版社2006年版,第79页。
　　② 数据来自李维安等《公司治理》,南开大学出版社2001年版,第193页。
　　③ 参见孙丽《公司治理结构的国际比较:日本启示》,社会科学文献出版社2008年版,第42—45页。

第六章　公司治理模式的国别比较和中国国有企业治理模式创新　167

排公司主银行的前任主管担任公司的银行董事，这就为银行方面获取公司经营信息提供了方便，当公司经营不善时，银行可以做到及时的控制与监督。银行股东和企业法人股东以及公司经理会通过一种协商的机制，如"经理俱乐部"会议，定期对公司发展项目、重大人事调整和公司管理政策调整进行部署。在这种模式下，由于员工和经理人员的相对稳定性，使公司经营者有很大经营自主权，最终形成了以经理人为中心的"从业者主权"模式。

由于在德日公司中形成了比较稳定的股东（银行股东和企业法人股东）和稳定的员工队伍，使得公司重视企业长期发展，而不只是为了实现股东的短期利益。银行和企业法人成为公司的主要股东，从关注自身贷款安全回收（较多的长期贷款）和股票收益的实现考虑，使得银行非常重视公司的经营状况，这就必然要求公司的管理者追求企业的长期存在和良好经营。一个股权稳定的公司确保了管理层的相对稳定和管理层人事变动的规律化，这使得管理者能够致力于企业的长期发展。公司的长期投资包括新产品研发、不动产（新的厂房和设备）以及员工培训，显然，对社会来说，这是社会再生产得以在更大规模上实现的基础。从现实情况看，微观层面上德国和日本公司注重长期投资能带来稳定持续的增长预期，在宏观层面上也是德日经济能够实现在战后近30年高速稳定增长的重要基础。对于企业注重长期发展的问题，日本学者加野护忠男（1982）通过日美企业的比较研究发现：美国企业以投资收益率为中心目标，日本企业则以市场占有率和新产品比率为目标；美国企业重视公司市值增长的短期收益（实际是股东的利益），而日本企业注重长期发展所需的投资。① 德日模式的集权式内部控制机制，将企业股东、贷款人和从业人员捆在一起。这种模式重视员工人力资本对公司的长期投入，对第二次世界大战以后德国和日本的重建

---

① 参见［日］加野护忠男《东洋的奇迹——日本经济奥秘剖析》，日本经济出版社1993年版，第544页。转引自车维汉《日本式公司治理结构的形成、机能及其演化》，《现代日本经济》2005年第4期。

和经济腾飞起到了非常重要的作用。公司致力于企业的长期发展，对广大的员工形成了更强的凝聚力，员工方面有稳定的就业预期和参与公司治理的制度安排和事业前景，使得员工能够比较积极地对公司的长远发展贡献力量，并且也有利于促使员工做出对企业成长有利的专用性人力资本投资。这种内部控制模式有一个重要的特色是实现了一定程度的公司员工对公司治理的参与。

在德日模式中，管理者的薪酬由公司长期考核而定，有一个比较固定的制度考核标准，不同于英美模式中公司高管的薪酬主要来自股票期权计划的短期激励。如德国公司的经理人员基本不存在股票期权收入，在中等规模公司中，50%管理者部分收入与公司业绩挂钩，但也仅仅占其全部收入的15%。德国公司1998年CEO的薪酬结构中基本工资占薪酬总额的62%，奖金占17%，其他占21%，没有股票期权收入。在日本公司中，对经理人员则多采用事业型激励，这包括荣誉称号、职位升迁以及终身雇佣，日本公司董事的薪酬一般由股东大会决定总数，再由总裁在保密的状态下分发给各个董事。[①] 日本公司中的董事头衔是对公司有长期贡献或重大贡献员工的奖赏，这对企业员工来说是一种很强的激励机制。

德日公司的大股东实质是银行所代表的金融资本、企业法人资本和富有家族的私人资本。因此，相较于英美国家公司中股权的相对分散，德日公司的股东则可以行使对公司经营业务比较直接的监督和管制，能够极大提高监管效率。以银行来说，作为公司股票和债券的持有人，相较于一般的个人股东和债券持有人，银行具有专业的金融知识和丰富的业务经验，而且也有充分的时间和精力管理自己的股票和债券，银行为了所持有公司股票的保值和增值以及公司债券发放的安全回收，就有动力去监督公司管理者的工作是否努力，经营是否达到预期的目标。股权控制是一种直接的控制手段，但却受到持股份额大小和信息成本的影响，债权控制则主要关注贷款权益的保障，一般债

---

① 参见杨胜刚、安青松《全球关注：公司治理结构的国际比较》，《国际问题研究》2003年第1期。

权人是不能对正常经营的公司日常业务有过多的干涉。德日银行作为公司债权人和主要股东的双重身份,使得银行可以采用一种相机治理机制,即将股权控制和债权控制两种手段结合起来并在合适情况下斟酌运用的双重监督机制。银行直接参与对管理者的控制和监督,因而对于公司内部经营的信息是相当了解的,这就减少了英美模式中所具有的企业信息披露方面带来的成本。银行和企业之间形成的长期贷款业务关系,使得公司比较容易获得稳定发展资金来源,这就在很大程度上减少了公司发展资金的短缺问题。这种银行和公司之间财务上的联合,使公司可以有效地借鉴银行对资金的管理经验和优势,并且在银行的帮助和监督之下,更有效率地节约使用资金,这就促成公司经营效率的提高和盈利能力的增强。

由于银行是公司的重要股东之一,银行方面必然会关注企业的长期稳定发展,当公司经营出现危机时,银行方面可以通过强大金融财力的支持帮助企业渡过难关,最终维护银行作为公司股东的利益。如在1973年第一次石油危机中,作为主银行的住友银行对马自达公司的成功挽救就是很好的证明。马自达公司生产的汽车引擎由于相比其他公司的油耗大,因而在石油危机的冲击下濒临破产。在关键时刻,住友银行在整个住友集团的通力协作下,通过提供低息贷款、延长还贷期限、购买公司产品、派遣管理人员以及股市直接融资等手段,成功地使马自达公司起死回生,马自达公司日后的盈利为住友银行带来了大量收益回报。[①] 这一案例是主银行使用相机治理机制的成功典范,当企业经营恶化时,主银行将积极介入以挽救企业,并且在必要时还可以运用股份控制权改组企业管理层。主银行的积极介入避免了"过度清算"的社会成本问题,即对于处于暂时困难且有发展前景的公司,如果采取简单的破产清算重组的办法就会导致资源的浪费,马自达公司能够生存并继续发展,实在是有赖于公司主银行的帮助。

---

① 事例资料来自封文丽《日本公司治理中的股东监控机制》,《现代日本经济》2005年第2期。

企业法人之间的相互持股关系结成了一个庞大的企业集团，这就将市场上分散的不同企业联系在一起了，从而形成了集团内部的长期稳定的交易关系。这种稳定的交易关系避免了市场上讨价还价过程带来的损失，也极大地节省了企业寻找交易对象所带来的费用，企业集团内部形成的较大的交易数量提高了整个经济的交易效率。而且即使在企业集团之外，有持股关系的企业间也具有优先交易的特权。这种情况可以通过以下数据说明：在1989年，日本六大企业集团在销售额方面，同一集团内部占10.5%，国内相互持股公司（持股10%以上的集团外企业）占20.3%，海外有关系的公司占到20.3%；在购买额方面，其比例则分别为15.2%、24.6%和28.1%。由此可见，企业相互持股造成的关系性企业间的交易占到了六成以上。[①] 这种对于企业来说比较稳定的原料来源交易和产品销售交易，对企业的长期稳定成长有极大的帮助，也促进了国家宏观经济稳定高速的增长。必须指出的是，关系企业间稳定的交易也可能带来弊端，如长期稳定的交易关系减小了企业竞争所带来的产品质量的提高，导致低效率的供应商的出现。

德日模式经过几十年稳定发展以后，其内在的弊端也表现出来，包括管理者过度集权，法人相互持股导致"沉默的股东"引发外部监督机制的缺失，公司小股东利益得不到保障，企业内部组织体系膨胀带来管理费用增加等。

二 德日模式的调整

应传统的德日公司治理模式为第二次世界大战以后德国和日本经济恢复和重新崛起发挥了非常重要的作用，尤其在这个模式中所体现出的对人力资本贡献的重视、肯定和依靠，因而获得广泛认可和推崇。但是，经过20世纪60—80年代的经济高速发展期以后，日本90年代"泡沫经济"导致了经济衰退，德国经济同样在20世纪最后10年开始陷入疲软状态，德日公司治理模式的一些问题暴露出来。更主要的是由于伴随着全球化浪潮而来的主流英美模式的影

---

① 资料来自李维安等《公司治理》，南开大学出版社2001年版，第196页。

第六章　公司治理模式的国别比较和中国国有企业治理模式创新　171

响，德日模式在维持其基本特点的基础之上，做出了一些调整。

先看德国对其劳资共决公司治理模式的调整。自1948年现代德国建国以来，一直推行的所谓社会市场经济体制缓和了社会矛盾，为德国的重新崛起起到了非常重要的作用。但是，进入20世纪90年代以后，长期的社会福利负担的积累，以及为实现国家统一付出的高额财政负担①，使得国家财政紧张，而德国宏观经济却在同期陷入疲软状态并且失业率居高不下，数字显示，国内GDP长期徘徊在1%而失业率却长期保持在10%左右。并且德国企业面临着英美企业的激烈竞争，这主要表现为英美企业较低工资成本所带来的高资本投资收益率，而德国企业则需为"劳资共决制"付出较高的工资成本。"冷战"结束之后，国际社会政治经济风气整体右转，并且随着新兴产业的崛起，传统工会的影响力也显著下降，因而使得劳方在劳资谈判中的地位有所下降。另外，公司长期发展也使得积累能力增强，由此导致企业负债率减少，再加上同期不断爆发的银行财务丑闻，使得政府对银行加强了监管，从而银企关系变得松动。随着个人股东的兴起伴随而来的证券市场的发展，企业可以更多地进行直接融资，从而企业间相互持股率也随之降低。② 随着欧洲一体化进程的深入，德国特色的劳资共决公司治理体制也面临着

---

① 德国重新统一以后，德国政府花费一万亿马克价格实现了东部地区原国有企业的私有化和市场化改造，而且德国统一之后对东部地区的各项社会补贴使国家财政付出巨大，到2007年年底，总支出已超出1.8万亿欧元。参见连玉如《二战以后德国"社会国家"发展问题探索》，《德国研究》2009年第3期。

② 德意志银行对戴姆勒·奔驰公司的持股额从1975年的57.9%降至1990年的28%。德国最大的十家私人银行在非金融公司的持股额占其名义总资本比率1976年为1.3%，1986年降至0.7%，到1994年为0.4%。同时，证券市场加快了发展速度，德国上市公司数量递增，1980年有2147家、1995年有3780家、2001年增加到11753家；股票发行总额也逐年递增，1986年股票净发行额为323.71亿德国马克，到1999年增加到2954.06亿德国马克（1500.13亿欧元）。机构投资者持股比例也在增加，如德国养老保险基金和投资基金持有上市公司股份从1990年的15.5%增加到2000年的30.6%；外国机构投资者持有德国上市公司的股权比重在1990年为10.1%，到2001年则上升到18.7%。数据来自李海洪、郑庆华《德国公司治理模式的演进》，《财务与会计》2008年第6期。

德国Bayerische Landesbanku银行丑闻事件曝光，在1996—1997年在该银行两个来自基民盟的监事"监督"之下，银行在东南亚13亿马克的资产蒸发了。资料来自周梅《德国监事会制度的最新发展及对中国监事会发展的启示》，《中德法学论坛》2009年第7辑。

如何同国际潮流接轨的问题。这些影响都对德国的"劳资共决制"的公司治理体制发出了冲击。

总的来说，对德国"劳资共决制"这些冲击，并没有导致德国公司治理模式发生根本改变。2002年德国对《资本收益税》的调整，使公司间相互持股明显减少，但是德国公司普遍存在的控股股东并没有消失。银行作为企业主要融资人的单位也没有发生根本动摇。监事会劳工代表权问题虽然有改革方案提出，但是源自根深蒂固的社会市场经济传统，法律对劳工代表权的保障依然坚固。实际上，在德国只是对"劳资共决制"的公司治理体制做了一定限度的修正，并且由于认识到2008年美国金融危机的爆发所显露出来的英美公司治理模式的弊端，使德国人对于自己公司治理体制的信心重新恢复起来。正如德国学者 Noack 和 Zetzsche（2005）所指出的，德国公司治理制度的改革不是要建立一个美国式的外部控制制度，而是适应经济状况的变化的一种调整，追求一种混合的体系，应当是以内部控制为主、外部控制机制参与的体系。① 下面从立法变动的角度，逐一对近期在德国发生的有关公司治理模式的修正加以说明。

为促进资本市场发育，德国政府1994年发布了有关禁止内部人交易的法规，并且在1995年建立了"联邦证券监督办公室"。为适应欧洲一体化进程，增强企业的国际竞争力，德国政府在1998年要求公司财务管理采用"美国通用会计标准"和"国际会计标准"。同时为加强监事会对管理委员会的监控，在1998年颁布了《加强控制和透明度法案》。由此可见，调整一开始，德国政府就从内部和外部两个方面同时入手，在引入外部控制机制的同时，也加强内部控制机制体系的建设。

德国公司内部控制机制造成外部投资者的信息不对称，因而有可能因为内部人的败德行为和内部交易的信息屏蔽造成对企业外部

---

① 转引自鲁茉莉《德国公司治理改革的成效与问题》，《产业经济研究》2011年第1期。

投资者的损害，从而使外部投资者丧失信心，不利于外部资本市场的成长。针对这个问题，2003—2005 年德国政府开展了"十步骤计划"，其核心是提高公司经营状况的透明度从而加大信息披露、加强监事会和管理层的责任、限制市场投机操作以保护分散的小股东利益。2002 年德国颁布了《公司治理规范》即体现了一种折中的意味，在坚持德国公司治理体系双层内部控制结构基础上，明确了提高公司经营透明度以增加外部投资者信心以及保护股东权利的内容。2001 年出台的《公司收购法》明确了对公司小股东利益的保护，如规定在超过 30% 的公司股权交易中，要求收购者对公司所有股东提供强制收购价，这就为小股东提供了一个可接受的退出公司的选择。但是我们应当看到，这个法律规定事实上也提高了收购成本，反过来不利于公司股权的流动，并且该法律给予了公司管理者可以不经过股东批准而采用防御性手段以避免恶意收购发生的权力。这样看来，法律虽然明确了对小股东权利的保护，但是，也很难由此导致现实德国公司股权集中状态的改变，进一步说，也不可能造成外部市场控制体系的形成。

"劳资共决制"内部控制体系在德国施行了 30 年以后，其主要批评声音来自资方的抱怨，资方认为，由于承担了劳资协调带来的高成本，使得德国公司不利于吸引投资者，并且在欧洲一体化和全球化浪潮冲击下，德国公司的竞争力被削弱。在 2004 年德国学术界对"劳资共决制"的改革展开了讨论，其焦点问题在于监事会中劳方代表的名额是否应该削减，以及如何有效地行使劳方代表权。到 2005 年，德国联邦政府在其发布的联盟协议中，对这一问题的声明是："德国的劳资共同决策的成功模式需要适应全球化和欧洲一体化的挑战。"[①] 从这段话至少可以看出两点信息，在政府立场上对"劳资共决制"评价是肯定的，体现在其修饰语"成功"两个字上；另外，政府又以比较务实的态度承诺对于这一制度将会做出适应性

[①] 引文出自鲁茉莉《德国公司治理改革的成效与问题》，《产业经济研究》2011 年第 1 期。

调整。紧接着在2007年,德国政府就有关监事会改革问题,委托一个由贸易联合会、企业主和学术专家组成的委员会设计改革方案。这个委员会提出的改革方案的要点是将大公司监事会劳工代表权减少到1/3,但是这个建议遭到整个德国社会的反对而最终导致改革流产。真正对德国"劳资共决制"产生的冲击,是2004年欧盟层面上的《欧盟公司法》颁布执行,这一法案有一个灵活的处置办法,即至少在两个欧盟成员国运营的公共企业(公开发现股票的企业)其适用的法律形式可以转向《欧盟公司法》。到2007年9月,有33个德国企业采用该法律。统计资料显示,8个采用了《欧盟公司法》的德国大企业(雇员2000名以上)有3个企业采用了单层董事会,即只给员工信息知情权而没有决策权;剩下5个企业虽然保留的双层内部控制结构,但监事会的规模都缩小了。其中,Allianz公司管理者对这种转变原因的解释是为了提高企业竞争力、降低成本以及增强灵活性而同国际接轨,该公司在征得劳工代表同意的前提下公司监事会的规模从原来的21人减为12人。这8家德国公司采用《欧盟公司法》以后,其内部控制体系的改变情况如表6-5所示。

表6-5 采用《欧盟公司法》的8家德国大公司"劳资共决制"转变情况

企业名称	雇员数量	董事会结构	劳工代表情况	决策权
Allianz	177000	双层	劳工6人,监事会共12人	有
Conrad Electronic	2314	单层	无劳工代表	无
Donata Holding	3922	单层	无劳工代表	无
Fresenius	100000	双层	劳工6人,监事会共12人	有
MAN Diesel	6625	双层	劳工5人,监事会共10人	有
PCC	3765	单层	无劳工代表	无
Porsche Holding	11500	双层	劳工6人,监事会共12人	有
Surteco	2109	双层	劳工3人,监事会共9人	有

资料来源:ETUI-REHS, SE Europe SE Factsheets. 转摘自鲁茉莉《德国公司治理改革的成效与问题》,《产业经济研究》2011年第1期。

从表6-5可以发现，大部分德国企业做出灵活性调整的同时，也坚持了"劳资共决制"基本特征，并且雇员规模越大的公司这一特征保持愈加明显。我们认为，这种情况一方面反映了传统习俗对于公司治理机制的影响，另一方面也说明随着公司规模的扩大对于人力资本所有者参与公司治理在效率实现上有着必然的现实规律性要求。

在2008年由美国次贷危机引发的全球金融海啸以后，使德国政府对自己所持有的"社会市场经济"体制和公司治理模式更具信心。这以德国总理默克尔在2009年1月30日达沃斯世界经济论坛上的讲话为标志，她说："竞争不能缺失节度性和社会责任感，如果个体的自由损害了别人的自由，就必须受到限制。"这一谈话凸显了德国政府对新自由主义思潮的反思。默克尔认为，德国第二次世界大战后建立的"社会市场经济"体制是介于国家中央集权计划体制和自由竞争体制的中间道路，德国成功的实践表明这种体制可以向全世界推广。显然，包含于德国经济体制下的"劳资共决制"公司治理模式是值得借鉴的。德国政府的态度充分表明，德国不会以英国经济模式代替自己引以为豪的"社会市场经济"模式。

日本公司治理模式调整则主要集中在外部独立董事制度的引入。经历"泡沫经济"之后的日本经济失去了高速发展时期的飙升势头，在全球化激烈竞争的背景下，日本公司治理模式中的主银行机制处于退潮时期，金融机构持股比例大幅降低，同时机构持股、个人持股和外国机构持股比例明显上升，企业间相互持股程度也呈下降趋势。日本公司股权结构的变化情况和公司间相互持股变化情况，如表6-6和表6-7所示。

另外，日本公司的股权集中度依然相当高，对2001年到2006年在东证一部（东京股市主板）上市的836家制造业企业的调查显示，这些样本公司的股权集中度为25.8%。[①] 表6-5和表6-6的数

[①] 资料来自李彬《日本股权结构演变及其对公司治理的影响》，《日本学刊》2008年第3期。

表 6-6　　日本上市公司所有者持股比例的演变　　单位：%

	1949 年	1970 年	1980 年	1986 年	1996 年	2006 年
政府	2.8	0.2	0.2	0.9	0.5	0.2
金融机构	9.9	32.3	38.8	43.5	41.3	24.6
城市银行	—	15.4	19.2	16.1	15.1	3.7
信托银行	—	—	—	7.1	10.8	14.4
人寿保险	—	11.1	12.5	13.3	10.9	3.8
伤害保险	—	4.0	4.9	4.4	3.4	1.7
其他	—	1.8	2.2	2.6	1.0	1.0
证券公司	12.6	1.2	1.7	2.5	1.1	1.8
事业法人	5.6	23.1	26.0	24.5	23.8	23.6
外国人	—	3.2	4.0	4.7	9.8	25.4
个人等	69.1	39.9	29.2	23.9	23.6	24.4

资料来源：日本五大证券交易所《平成十八年股权分布状况调查》(2007 年 6 月 15 日)，转摘自李东浩《日本企业公司治理结构的改革——基于近年来多元化改革的分析》，《产业经济评论》2008 年第 4 辑。

表 6-7　　银行和公司相互持股比例的变化　　单位：%

年度	银行				公司				相互持股总计
	银行	公司	其他	合计	银行	公司	其他	合计	
1991	0.60	10.4	0.28	11.28	8.19	6.01	0.36	14.57	25.85
1995	0.48	10.15	0.40	11.03	7.80	3.67	0.28	11.57	22.60
2000	0.05	7.24	0.28	7.56	2.72	1.64	0.18	4.54	12.10
2001	0.11	6.28	0.24	6.63	1.63	1.57	0.18	3.38	10.01
2002	0.12	4.09	0.2	4.42	0.94	1.64	0.18	2.76	7.18
2003	0.24	3.27	0.14	3.64	1.72	1.80	0.27	3.79	7.43
2004	0.26	3.08	0.10	3.44	1.23	2.02	0.25	3.50	6.94
2005	0.12	2.81	0.11	3.04	1.36	2.94	0.27	4.57	7.61

注：其他指证券、保险和其他金融机构持股比例的合计。

资料来源：转摘自李彬《日本股权结构演变及其对公司治理的影响》，《日本学刊》2008 年第 3 期。

据显示：在2006年个人和外国投资者持股总比例为49.8%，金融机构持股为24.6%，2005年企业间相互持股比例为7.61%。这些数据综合表明，在2000年以后的日本经济复苏时期，日本企业股权状态在保持一定的银行持股和相互持股的稳定股东基础之上，股权集中程度依然较高，同时个人股东和外国投资者的持股比例有明显上升。

在日本所谓"从业者主权"模式鼎盛时期，公司董事头衔很大程度成为对从业人员的一种奖励机制，由此造成公司董事会规模庞大，在日本公司中60个人组成的大董事会是常见的情况。"泡沫经济"之后日本经济持续低迷，日本不少学者将其归咎为经理中心主义体制带来的"沉默的股东"的公司治理机制的低效率，因而对资本投资收益率更加关注起来。这导致了学术界对英美模式的极大兴趣，也试图建立一个以股东利益为依归，并且以证券市场直接融资为手段的美国式外部控制公司治理模式。[1] 另外，"冷战"结束之后，日本工会影响力日趋下降。在公司股权结构发生一定转变的情况下，日本公司治理模式做出了相应的调整。这个调整以1994年商法的修订为先声。1994年商法的调整是主要应对当时日本不断爆发的公司丑闻，为加强对公司董事会的监督而采取的措施。[2] 1994年商法修订的内容主要包括两个部分：规定大公司必须设立监事会，人数从2人升至3人，其中至少有一人应是外部董事充任，并且把监事任职期限从2年延长到3年；另外，加强了对股东利益的维护。首先，将股东代表的诉讼手续费统一下调为8200日元，并且规定如果股东代表胜诉则公司负担诉讼费；其次，以前规定只有持有公司股票10%份额以上的股东才有资格审阅公司账簿，现在将拥有此项

---

[1] 有关日本学者对引入英美公司治理模式的讨论，参见［日］吉村典久《日本公司治理改革的动向》，《产业经济评论》2008年第4辑。

[2] 20世纪90年代，日本爆发的公司丑闻情况包括，东京电器电力公司用篡改数据的办法隐瞒核电站存在的问题；三菱公司则被查出在KUNSHIRI ISLAND电站投标中采用不正当竞争手段，以及在日本官方对蒙古国的发展援助项目中向蒙古国政府高官行贿。参见孙丽《公司治理结构的国际比较：日本启示》，社会科学文献出版社2008年版，第45页。

权力的持股份额降为3%以上。

2002年通过的新商法则试图将美国式独立董事制度引入进来，其主要变革包括：首先，新法案将监事会的任期从3年又延长到了4年，并且要求"监事出席董事会，并根据情况在必要的时候必须发表意见"；其次，最重大的突破则是引入"委员会制"的独立董事制度。这种"委员会制"将董事会对公司的监督和管理职能分离开来，对采用"委员会制"公司的主要制度规定如下：第一，不设监事和监事会；第二，董事会中设立提名、审计和报酬三个委员会；第三，三个委员会中的外部独立董事必须超过半数；第四，设立执行董事完全执行公司业务；第五，缩短董事会任期，从2年减至1年；等等。① 显然，这种"委员会制"的公司治理模式是不折不扣的美国式公司治理模式翻版。2005年日本公司法规定不仅是大公司，所有公司都可以选择这种公司治理模式。作为一种选择，日本立法者并没有强制所有公司必须施行新的"委员会制"。

修改后的商法对公司治理模式提出重大改革方案之后，以佳能和丰田为代表的公司并没有引进外部独立董事制度而依然保持传统的董事会制度，以索尼和HOYO为代表的公司则引入了外部独立董事制度，这就造成了日本企业公司治理模式的二元化状态。② 这种二元状态可以从下面的一些数据得到明确的说明，2003年从传统模式转型成"委员会制"的企业有64家，2004年为19家、2005年12家、2006年只有7家，呈一种明显下降趋势，并且在此期间从"委员会制"又转型为传统模式的企业共有14家。2007年东京证券交易所对上市公司转型情况作了统计，调查发现，在东证上市的公司设立了"委员会制"的公司不到2.5%，大多数的公司还是传统董事会模式的企业。对于引入独立董事的情况，调查结果显示：东

---

① 参见李东浩《日本企业公司治理结构的改革——基于近年来多元化改革的分析》，《产业经济评论》2008年第4辑。
② 李东浩（2008）对佳能、丰田、索尼和HOYO公司治理结构改革变迁情况有详细的研究，参见李东浩《日本企业公司治理结构的改革——基于近年来多元化改革的分析》，《产业经济评论》2008年第4辑。

证一部上市的企业聘请了独立董事的企业占39.8%，平均有0.70人；东证二部上市的企业聘请了独立董事的企业占38.9%，平均有0.68人；东证Mothers上市的企业聘请了独立董事的企业占55.8%，平均有0.98人。东证一部上市企业只有15%的公司增加了独立董事人数。对于独立董事出席董事会的情况，2006年的调查显示，只有大约半数独立董事出席董事会的次数达到八成以上。[①]这表明独立董事参与公司治理并不如人们想象中那样积极，最大原因在于日本企业聘请的独立董事大多也是在职的经营者，所以并没有多的时间和精力参与公司董事会会议。日本学者（吉村典久，2008）的研究发现，那些已经转型为"委员会制"的日本公司，其聘请的独立董事和该企业的经营管理者存在着密切的联系，这表明独立董事的"外部独立性"条件并不充分。

日本学者随之对采取两种治理模式的日本企业绩效做了比较，但是调查结果并没有给出充分证据表明引入独立董事的"委员会制"的企业绩效优于日本传统治理模式企业。日本政策投资银行设备投资研究所的经济学者花崎正晴（2006）以2003年6月底已完成"委员会制"转型的34家企业为对象，研究企业绩效和"委员会制"治理结构是否密切相关，其中绩效用收益性指标（ROA and ROE）和股价相关指标（平均股价和平均股价时价总额）衡量。研究结果表明，转型之后的企业，相对于收益恶化和收益基本没有改善，收益改善的企业并不是大多数；股价下降的企业要比股价上升的企业多，而2003以后日本宏观经济气候处于上升时期，上市公司股价和利润率都处于增长时期。因此研究结论是，"委员会制"改革同绩效提升没有相关性。日本经济新闻社（2005）也对公司治理改革和经营绩效相关性作了调查。他们对到2005年6月已经转型为"委员会制"的31家非金融企业的业绩同没有进行转型企业的业绩进行了比较。调查的结果是，从2002年6月到2005年6月，没有

---

① 资料来自[日]吉村典久《日本公司治理改革的动向》，《产业经济评论》2008年第4辑。

转型的企业股票市值增长不足三成,已转型企业增长则为-2.8%;若以同期利润和销售额来看,传统型企业则高于"委员会制"企业。① 其他的调查结果也同样显示,转型成"委员会制"企业同公司绩效的提升并没有直接的正相关关系。

从历史来看,日本民族是一个非常善于学习和引进别人先进制度与经验的民族,但是,每一次激进的改革都没有根本上割裂对传统的继承。日本立法者虽然引入美国式的公司治理制度,但是并没有强制所有的企业必须进行改革,这就为传统模式和"委员会制"模式在日本的比较选择奠定了基础。在美国公司不断出现公司财务丑闻以及美国金融危机爆发之后,日本企业的管理者对日本传统模式的信心也在恢复之中。正如坚持传统型治理模式的佳能公司董事长御手洗富士夫(日本经济新闻,2006)所言:"在全球化的潮流下必须建立基于竞争原理的公平的公司。必须承认价值观的多样性,而不是一味地美国化。应该以坚持日本的传统、文化、行为模式为前提来创造企业组织。在引入美国式的公司治理结构,建立'委员会'体制的日本公司中,只有 HOYA 实现了高业绩增长。"御手洗董事长对美国公司治理模式持批评态度。他认为(日本经济新闻,2002年4月12日):"实际上美国企业的高层独裁程度远甚于日本,安然事件的发生说明,美国的外部董事精神实际上正在崩溃。如果日本的商业法走向美国形式,那就会遭遇顽强的抵抗。"②日本学者也发出了同样的声音,花崎正晴(2006)说:"这里暂时得到的结论是,公司治理结构反映了各国企业体制和金融体制的特征,原来就是不一样的。对于日本企业来说,不能认为美国型的委员会制企业是最合适的公司治理方式。"③ 1998 年穆迪投资者服务

---

① 资料来自[日]吉村典久《日本公司治理改革的动向》,《产业经济评论》2008年第4辑。
② 引言转引自李东浩《日本企业公司治理结构的改革——基于近年来多元化改革的分析》,《产业经济评论》2008年第4辑。
③ 引言转引自[日]吉村典久《日本公司治理改革的动向》,《产业经济评论》2008年第4辑。

公司认为,"丰田的终身雇佣制度会削弱其竞争力",将丰田原来的最高的三 A 级信用等级下调。针对这一事件,日本财政大臣尾崎英外指示丰田公司当时的社长到纽约穆迪总部抗议,其理由是"长期雇佣可以实现人才的长期培养,是企业成长的源泉","只有长期雇佣关系才有利于丰田的发展"(日本经济新闻,2006)。① 这一事件显示,在日本政府层面对于传统的日本公司治理模式所具有的优势依然充满信心。吉村典久(2008)认为,日本引入独立董事"委员会制"的公司治理模式以后,现实状况并没有改变多少,而且是"没有进展","因此,不仅中国,日本也应该从法律、市场制度、文化、历史等差异的角度来考虑、探讨和实践适应该国国情的公司治理方式"。②

第三节　中国国有企业治理模式创新

中国国有企业改革经历了三个阶段。第一阶段是 1980 年到 1984 年 9 月的扩大企业自主经营权,主要目的是对以往计划经济体制下国家对企业管得过宽、统得过死的状态加以调整,试探性地让企业接受市场价格信号的指引,这是从计划经济向市场经济过渡的前奏。第二阶段从 1984 年 9 月到 1993 年年底,借鉴农村联产承包经营制改革的思路,在企业推行承包制经营方式,这是从政府直接控制企业向所有权和经营权分离的现代企业制度的过渡阶段。第三阶段从 1993—2000 年,明确提出建立现代企业制度,这一阶段的改革是在中共十四大提出建立社会主义市场经济体制的明确指导下,国有企业为适应国家经济体制转轨在公司治理模式上的重大调整。总的原则是保持国有资产在国民经济中的主体地位的前提下,通过

---

① 引言转引自李东浩《日本企业公司治理结构的改革——基于近年来多元化改革的分析》,《产业经济评论》2008 年第 4 辑。

② 引文引自[日]吉村典久《日本公司治理改革的动向》,《产业经济评论》2008 年第 4 辑。

"抓大放小"的改革使国有资本重点控制关系国计民生的基础性产业、支柱产业和高新技术产业,其目的是要实现国有资产在市场经济体制下的保值和增值,最终实现国有企业经营绩效提升从而做强做大国有企业。

2000 年之后,国有企业公司治理模式改革,在一段时期内出现了 MBO 风潮,在引发国人对国有资产流失的深度担忧之后,2003 年政府对国有企业 MBO 紧急叫停。[1] 我们认为,西方式的 MBO 方案不是我国社会主义市场经济体制所要求的国有企业治理模式改革的合适做法,创新劳资共同治理模式改革才是较好的选择,这种模式比较适应我国国有资本一股独大的公司所有权结构。[2]

一 国有企业治理模式创新条件

任何一种公司治理模式的建立和有效施行都离不开具体国情、社会习俗、历史发展路径、法律制度以及国家发展目标的制约。我国现阶段的总体发展目标是实现在共同富裕基础上的中华民族的伟大复兴。这一目标能否实现很大程度上依赖占国民经济主体成分的国有企业,在市场环境中是否能够不断抵御各种风险,是否能够在经济全球化形势下对各国企业的激烈竞争中保持长期稳定的创新发展。一般认为,国有企业不同于私有企业的明显特点是其经营目标的多元化。私有企业可以单纯追求经济效益,如果单纯按照股东利益最大化来看,则是追求企业市值的提升,国有企业除了追求经济效益以外,还承担着全民代表的国家所决定的社会效益和政治效

---

[1] 对国有企业 MBO 风潮,政府方面的态度是明确的,即停止这一国有企业改革动向的实施,并且下发了一系列文件。这些文件包括 2003 年 4 月财政部给原国家经贸委企业司的《关于国有企业改革有关问题的复函》,2003 年年末到 2004 年上半年,新组建的国资委随即下发两个文件《关于规范国有企业改制工作的意见》和《企业国有产权转让管理暂行办法》,证监会《关于规范上市公司实际控制权转移行为有关问题的通知》以及《国务院关于推进资本市场改革开放和稳定发展的若干意见》。

[2] 截至股权分置改革前的 2005 年,我国上市公司中非流通股占股市总值的比例为 61.9%,其中国有股占 44.8%。资料来自上海证券交易所研究中心《中国公司治理报告》(2009),复旦大学出版社 2009 年版。并且据 2005 数据,很多上市公司的平均国有股比例达 65%。资料来自史建平、刘艳妮、张航《对国有银行股改中的股权结构的缺陷分析及优化模式的探讨》,《中央财经大学学报》2005 年第 10 期。

益。对于我国的国有企业来说，其最具体的经营目标就是要实现国有资本的保值和增值，国有企业经营绩效在质量上的根本提高，更重要的是它还肩负着实现共同富裕社会主义理想的历史使命。我国经济体制转轨的过程中，国有企业则必然需要找出一个能够对企业所有投入要素的有效激励措施，这一措施，简单来说，就是要对物质资本和人力资本都能获得激励效果。劳资共同治理模式的提出也正是基于这样一个考虑，并且在我国也确实存在实现这一模式的社会文化基础。

首先表现在社会主义文化的长期熏陶对我国人民的心理产生了重大的影响，追求公平的"天下大同"也是古已有之的社会理想。人们对国有企业的向往和依赖在经过市场化转轨之后愈加明显，这直接表现为一般人的择业倾向，即追求国有单位的稳定就业。我们认为，这是实现劳资共同治理模式的非常重要的社会心理基础，实际上，我国国有企业一直以来就是执行着"终身雇佣制度"。并且随着近期国有企业经营绩效的稳定提升，普通人群更是对国有企业趋之若鹜，这也相应提高了国有企业员工的进入门槛。显然，这种情况对于提升国有企业从业人员素质有很大的促进作用。员工的人力资本在进入企业以后，面临如何激励的问题，比较德国和日本企业对员工的重视，资本单边治理模式对于这一问题的解决是乏力的。因此基于事实上我国国有企业实行的"终身雇佣制度"，我们也无法回避员工参与公司治理议题。我国《公司法》对员工参与公司治理有比较清楚条款规定，为建立劳资共同治理模式提供了法律依据。我国 2005 年通过的《公司法》中有关企业员工参与公司治理的条款，如表 6-8 所示。

我国向市场经济转轨是一个渐进式改革过程，所谓"摸着石头过河"，改革采取的是一个在发展中发现问题、解决问题的试探性方式。从我国 2005 年的《公司法》的具体条款规定来看，对我国企业的治理结构的法律规定是一个比较折中的方案。法律所规定的公司治理体制，不是美国式单层董事会结构，也不是德国式双层式的董事会结构。我国《公司法》的立法者在审慎斟酌之后，对于劳动者参与公司治理用语是严谨的，如对于国有独资公司，法律规定董

表6-8 《公司法》有关员工参与公司董事会和监事会的法律规定

有限责任公司	第四十五条 有限责任公司设董事会,其成员为3—13人。两个以上的国有企业或者两个以上的其他国有投资主体投资设立的有限责任公司,其董事会成员应当有公司职工代表;其他有限责任公司董事会成员中可以有公司职工代表。董事会中的职工代表由公司职工通过职工代表大会、职工大会或者其他形式民主选举产生 第五十二条 有限责任公司设监事会,其成员不得少于3人。股东人数较少或者规模较小的有限责任公司,可以设1—2名监事,不设监事会。监事会应当包括股东代表和适当比例的公司职工代表,其中职工代表的比例不得低于1/3,具体比例由公司章程规定。监事会中的职工代表由公司职工通过职工代表大会、职工大会或者其他形式民主选举产生。董事、高级管理人员不得兼任监事
国有独资公司	第六十八条 国有独资公司设董事会,董事会成员中应当有公司职工代表。董事会成员由国有资产监督管理机构委派;但是,董事会成员中的职工代表由公司职工代表大会选举产生 第七十一条 国有独资公司监事会成员不得少于5人,其中职工代表的比例不得低于1/3,具体比例由公司章程规定。监事会成员由国有资产监督管理机构委派;但是,监事会成员中的职工代表由公司职工代表大会选举产生。监事会主席由国有资产监督管理机构从监事会成员中指定
股份有限公司	第一百零九条 股份有限公司设董事会,其成员为5—9人。董事会成员中可以有公司职工代表。董事会中的职工代表由公司职工通过职工代表大会、职工大会或者其他形式民主选举产生 第一百一十八条 股份有限公司设监事会,其成员不得少于3人。监事会应该包括股东代表和适当比例的公司职工代表,其中职工代表的比例不得低于1/3,具体比例有公司章程规定。监事会中的职工代表由公司职工通过职工代表大会、职工大会或者其他形式民主选举产生

事会"应当有"职工代表,对有一定规模国有股份的有限责任公司也规定董事会"应当有"职工代表,对股份有限公司则规定董事会

"可以有"职工代表。《公司法》对公司监事会中职工代表权则对所有不同类型的公司统一规定为比例不得低于1/3,并且对职工代表的产生办法申明采用职工代表大会民主选举的适当方式。这样在我国实行劳资共同治理的公司治理模式,立法者给出了法律上的存在空间。

我国股市中的国有股一股独大格局是我国经济制度的必然要求。在2005年股权分置改革完成之后,使得国有股之间的流转成为可能,这就为形成国有企业之间相互持股格局的产生奠定了基础。并且这一趋势也渐显端倪,如2008年泸州老窖股份有限公司完成对华西证券有限责任公司的收购成为其控股股东,截至2013年12月31日,华西证券股东总数为33家,其中前五大股东泸州老窖集团持股22.58%,华能资本持股14.18%,泸州老窖持股12.99%,蜀电投资持股8.67%,剑南春集团持股8.49%。① 实际上,对国有企业之间相互持股乃至民营企业也参与相互持股,国资委是积极推动的。2011年1月国务院国资委主任王勇在全国国资监管工作会议上表示,继续支持鼓励和引导中央企业与地方国有企业、地方国有企业之间、国有企业与民营企业等相互持股、联合重组。2011年将继续推动和支持符合条件的大型国企整体上市或实现主营业务整体上市,"十二五"期间将加快国企股权多元化进程和国资证券化率。在国家政策积极推动下,中国国有企业通过市场交易而达成相互持股,并最终形成有竞争力的企业集团,是一个比较现实的未来预期。②

另外,我国四大国有银行完成股份制改造之后,成为真正意义上的商业银行。国有企业的发展和建设历来受到国有银行在资金上

---

① 资料来自凤凰财经《华西证券改制完成离IPO更近一步泸州老窖将受益》,http://finance.ifeng.com/a/20140723/12779760_0.shtml,2014年7月23日。
② 2011年全国各级国资委监管的企业控股的国内外上市企业达到1038家。"十一五"期间全国国有企业资产总额从25.4万亿元增加到53.5万亿元,年均增长率20.5%。以上数据和正文中国资委主任王勇的谈话内容来自腾讯网《国资委:继续支持国企民企相互持股联合重组》,http://finance.qq.com/a/20110110/000503.htm,2011年1月10日。

的大力支持，在路径依赖的作用下，国有商业银行将继续在国有企业的经营中发挥重要作用。实际上，由于国有企业的优良信贷评价等级，银行对国有企业的贷款要求有充分的风险预期，国家也对国有银行和国有企业间的业务关系的发展有政策性的倾斜。循着一个市场机制的预期，在银行和企业间的贷款和投资业务的推动下，一个有着中国特色的主银行制有望成为现实。

我国证券市场的建立很晚，有关证券交易法则的制定和完善有待进一步提高。事实上，我国近期发生的股权分置改革才向着真正完全流通的证券市场走出了第一步，这同英美发达的公司控制权市场是不可同日而语的。并且我们也相信，社会主义市场经济体制，从历史和社会经济制度的制约角度看，绝对不可能对完全放任市场自由竞争所可能带来的弊端视而不见。德国的社会市场经济的理论者提出"竞争尽其可能，计划以其必要"①，由此可见，西方国家经济学家也不全是原教旨主义市场竞争理论的鼓吹者。社会主义的核心精神价值是公平和效率的统一，只有做到公平才能确保经济社会的和谐发展，只有追求效率才能实现国民经济持续健康发展。社会主义市场经济体制的设立，是为了实现人民共同富裕和国家繁荣富强。资本单边的公司治理模式对社会的直接影响是贫富差距的扩大。在资本主义国家，由于日本和德国一定程度实现了劳动者参与公司治理和社会剩余的再分配，这两个国家的贫富差距相较于英美小很多。我国公有制经济具有全社会总资本的主体地位，一个创新的劳资共同治理模式在激发广大企业员工生产积极性并获得更大效率的同时，也必将为实现共同富裕的社会理想奠定微观层面的基础。

二　国有企业内部控制体系创新建言

2004年6月国资委发布了《关于中央企业建立和完善国有独资公司董事会试点工作的通知》，国务院颁布了《国务院国有资产监

---

① 这是德国社会市场经济的"精神之父"卡尔·席勒的名言。参见房宁《德国社会市场经济的六大信条》，《新视野》2005年第3期。

督管理委员会关于国有独资公司董事会建设的指导意见》（以下简称《指导意见》）。国资委按照《指导意见》的规定选择了一些中央企业进行建立和完善国有独资企业董事会的试点工作。到2006年年末有17家企业正式启动了试点工作。这次试点工作在时间上和2005年修订的《公司法》是合拍的，按照《公司法》的法律规定和国务院《指导意见》的精神，试点企业对董事会建设和完善做了大量的工作，其中较引人关注的是设立了外部董事以及职工董事。[①]这次试点工作是对2005年《公司法》在国有独资公司的一次具体实践，所取得成效和存在的问题为以后我国公司治理机制的建设提供了经验和启发。

从《公司法》的法律规定来看，我国公司的监事会是一个单纯的公司业务监督机构，这不同于德国公司监事会是董事会的管理机构的情况。我国公司的监事会没有德国公司监事会所有的对于董事会的人事任免权，监事会和董事会都是由股东大会产生，监事会的职责是对董事会和公司高级管理人员的工作进行监督。因此不同于德国的监事会，我国公司的监事会和董事会是由股东大会和职工代表大会产生的平行机构，董事会代表股东大会责成公司管理者开展公司业务，监事会只有监督权和弹劾权。这种监事会制度相较于单层董事会而言，是将监督权分离出来了。按照《公司法》的规定，我国公司内部控制体系如图6-2所示。

从我国《公司法》等现有法律规定看，对于职工参与公司治理在法律上有保障，其关键在于如何确实的落实职工代表权的问题。就国有独资和国有控股企业来说，法律规定职工代表"应当"进入董事会和监事会，并且通过职工代表大会的民主选举形式产生职工代表，这就存在如何与国有企业中原有的工会组织衔接的问题。这

[①] 在试点的17家企业中，董事会成员中外部董事和内部董事基本持平，大多数企业外部董事较内部董事多一人。按照国务院颁布的《指导意见》董事会成员至少有1名职工代表的要求，17家企业中有16家企业设立了职工董事，其中9家企业职工董事是工会主席，7家企业职工董事是集团公司职能机构和下属公司的主要负责人。参见徐炜《论我国国有独资公司董事会制度建设》，《经济与管理研究》2007年第12期。

首先要求工会和职工代表大会能够真正代表职工利益，能够真正选出让广大职工满意的代表。由于受传统的长官意识的影响，从2005年国有独资公司建立和完善董事会的试点工作来看，职工代表大多由企业工会主席和中层干部担任。当然工会主席和中层干部也是企业职工的一员，但是从结构看，这样的董事会和监事会颇有"经理中心主义"的意味。在原有计划经济体制时期，企业内部党政工团四大组织是企业的领导集体成员，而在社会主义市场经济时期，企业中的工会从原来的主管职工福利工作的"俱乐部型"工会向维权型工会转变就成为当务之急。我们认为，工会主席作为职工代表进入董事会或监事会不存在任何问题，重要的是要体现《公司法》所明确要求的民主选举形式，从而让工会摆脱原有的行政组织色彩。

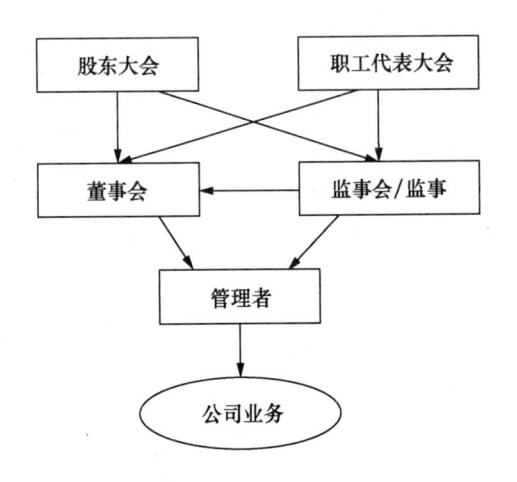

图6-2 2005年《公司法》规定的公司治理结构

就目前阶段看，一个可行办法是，由企业的工会组织和发起职工代表大会，通过职工代表大会多数投票的办法产生出职工代表委员会，并且这些职工代表应当是来自企业生产一线的基层职工，职工代表委员会成员应当包括工会主席。这个由职工代表大会选举出来的职工代表委员会作为广大职工权益的代表机构行使参与公司治理的权利和义务，并对职工代表大会负责。这个职工代表委员会中，工会主席虽然是成员之一，但是不应该有多数投票权，职工委员会的成员由一人一票原则形成多数投票决策机制。建议职工委员会的成员人数为5—11人，具体视企业职员规模而定。职工委员会成立以后，再由委员会综合权衡之后选择合适委员分别进入董事会和监事会，进入董事会和监事会的委员要随时接受职工代表委员会的咨询和建议。职工代表委员会作为职工代表大会闭会期间的常设机构，是公司和广大职工之间沟通的纽带。职工代表委员会的一个重要作用是作为信息交流的渠道，为保证广大职工拥有企业经营业务和财务状况的知情权，委员会要定期发布有关经营业务和财务状况的通告，职工代表应该接受职工的质询、建议和监督。

国有独资公司和国有控股公司董事会和监事会构成上，从法律规定和现阶段实际情况出发，可以考虑形成"三三制"格局。具体来说，董事会成员内部董事、职工董事和外部董事按照名额对等的原则各占1/3。内部董事应当由国资委选派，职工董事由企业职工民主选举产生，外部董事的选派应较多地考虑知识和技术专长，来源渠道应避免单一化，应当包括经济学家、管理学家、高级工程师以及优秀企业家等精通企业经营业务的专业人才。原则上，董事长应当由内部董事担任，并且董事长有两张投票权，其他董事则一人一票。监事会一般由3人组成，其中一人由国资委委任，一人由职工代表担任，另外一人则可聘请具有专业财务管理知识的专家担任，如会计师事务所的高级会计师、国家审计机构的高级审计员等。

国有资本为全民所有，企业员工的人力资本则为职工个人拥有，这里面的关系是个人利益和集体利益的协调问题。国有资本的保值和增值是整个国家的人民共同所有财富的积累，国家从经济发展战略的角度而言，会更多地倾向于积累而扩大社会再生产，而员工则会偏好更多的当前消费以满足自己的生活需求。在微观层面上的国有独资企业和国有控股企业，直接面临的就是企业长期发展所需积累资金和广大员工当期报酬如何统筹协调的问题。显然，过度的积累会导致员工当前消费的减少，而员工当前报酬的过度增加不利于企业发展所需的资金积累。国有资本和员工人力资本之间不存在根本性的对立矛盾,从本质上说,是当前消费和未来消费之间的统筹问题。职工当前消费一方面满足自己生存和发展需求,另一方面也是创造企业发展所需的人力资本再生产的条件。让职工参与公司的经营和管理,能够较好地协调企业积累和员工个人消费之间的矛盾,使得信息在企业内部上下级之间的流动和传递,职工能够了解企业发展面临的机遇、挑战和困难,管理者能够了解广大职工的意愿和要求,这样在一个双向互动的交流协调机制作用下,通过对等的协商以统一和凝聚企业所有成员的精神和意志,从而激发员工的主观创造精神。国有资本是全民所有的物质资本,在一个创新的劳资共同治理制度模式安排下,做到个人利益和集体利益的统一,员工当前收益和未来收益的统一,通过一个劳资两利、上下一心的机制,实现的是社会总福利的提高,最终维护和实现人民的根本利益。

第七章 结语

本书论述的中心是企业剩余权治理模式的最优安排。市场中的企业是投入要素间通过契约关系结成的生产性组织，劳动者通过劳动契约进入企业。劳动契约是一个不完全契约，劳动契约的剩余部分通过劳动者人力资本的使用才得以完成。在企业组织结构体系中，劳动契约的剩余控制权实质上由物质资本的代理人和劳动者双边掌握。在主观上，可以将剩余控制权授予任何一方，但是客观上却无法回避剩余控制权双边拥有的现实，这是理解企业剩余控制权治理模式最优安排基础所在。按照企业剩余索取权和剩余控制权对应的最优制度安排的要求，从剩余控制权劳资双边拥有来看，就必然要求剩余索取权的共同拥有。人力资本和物质资本通过契约关系结成企业，而企业的经营必然面临来自市场的风险，这个风险并不是物质资本单方面承担，人力资本也同样承担着风险。从风险承担和风险剩余收益相对应角度看，最优的公司治理模式安排应该是劳资共同治理模式。

企业中的物质资本代理人和人力资本所有者在企业制度的框架之内展开博弈以实现自己的参与目标。剩余索取权给予物质资本一方的现实制度安排，并不能阻止事实上人力资本所有者通过自己掌握的剩余控制权对企业剩余进行"攫取"。这种人力资本所有者对企业剩余的"攫取"行为是对企业剩余权制度安排的个人最优反应。在理论研究框架之内，通过企业中物质资本和人力资本合作博弈机制模型研究发现，能够实现社会总福利最大化的模式是劳资共同治理的企业剩余权治理模式，并且这个博弈能够获得帕累托最优合作解，需要参与人双方本着公平精神以协调双方的关系。

为协调人力资本和物质资本的利益关系，在主流的资本单边治理模式中，试图通过最优契约的激励加以解决，但从实践中的执行来看，主要集中在对公司高管的激励上面。这种治理模式是同主流经济学所秉持的思想密切相关的，这种资方单边治理理论在新自由主义经济学思潮鼓动下，不断强化并对各国的公司治理实践产生了重大影响。但是，在实际经济活动中，主流的资方单边治理模式却面临不断爆发的公司财务丑闻和金融危机等负面作用产生弊端的挑战，更值得关注的是这种模式的推行产生了贫富差距进一步拉大的社会负面影响。德日模式不同于英美国家，在资本主义制度框架的范畴之内，对此予以调整，其要点在于对于人力资本作用的重视及一定程度上实现劳动者参与公司治理。在国家推动为主导的经济发展战略背景下，德日公司治理模式为第二次世界大战以后德国和日本经济崛起发挥了巨大作用，并且在这一模式的推动作用下，相对于英美国家来说，德国和日本在社会财富分配上的不平等差距小许多。

任何一种企业剩余权治理模式都是在具体国家的社会、历史、文化、传统的路径依赖作用下的演化发展结果。中国的国有企业的剩余权治理模式创新也离不开中国具体国情和社会主义经济制度的约束。国有资本的主体地位是中国社会主义经济制度所决定的基本经济结构状态。在政府主导下推动建设社会主义市场经济体制是中国为实现经济腾飞的现实选择，在这个基本国情制约下，尤其需要注意人力资本的巨大作用。不同于资本主义国家，我国社会主义制度下的国有资本主体地位使得企业剩余权劳资共同治理模式具有更大的社会兼容性。中国社会主义制度能够不断发展和稳固，国民经济能够持续稳定高速发展，社会各阶层利益能够得到统筹协调，由此创造一个繁荣富强和谐的社会是我国人民的共同理想。一个合理的企业剩余权劳资共同治理模式将确保这一理想的实现。

参考文献

[1]《资本论》第一、二、三卷,人民出版社2004年版。

[2]《马克思恩格斯全集》第2卷,人民出版社1957年版。

[3]《马克思恩格斯选集》第三卷,人民出版社1972年版。

[4] 张衔、朱方明:《人才资本论》,四川大学出版社2000年版。

[5] 程恩富、伍山林:《企业学说与企业变革》,上海财经大学出版社2001年版。

[6] 刘元春:《交易费用分析框架的政治经济学批判》,经济科学出版社2001年版。

[7] 林毅夫、蔡昉、李周:《中国的奇迹:发展战略与经济改革》,格致出版社、上海三联书店、上海人民出版社1999年版。

[8] 李维安等:《公司治理》,南开大学出版社2001年版。

[9] 杨小凯:《经济学——新兴古典与新古典框架》,社会科学文献出版社2003年版。

[10] 张维迎:《博弈论与信息经济学》,格致出版社、上海三联书店、上海人民出版社2004年版。

[11] 陈郁编:《企业制度与市场组织——交易费用经济学文选》,上海三联书店、上海人民出版社2006年版。

[12] 陈郁编:《所有权、控制权与激励——代理经济学文选》,上海三联书店、上海人民出版社2006年版。

[13] 黄有光、张定胜:《高级微观经济学》,格致出版社、上海三联书店、上海人民出版社2008年版。

[14] 汪贤裕、肖玉明:《博弈论及其应用》,科学出版社2008年版。

[15] 孙丽:《公司治理结构的国际比较:日本的启示》,社会科学文献出版社 2008 年版。

[16] 费方域:《企业的产权分析》,格致出版社、上海三联书店、上海人民出版社 2009 年版。

[17] 上海证券交易所研究中心:《中国公司治理报告(2009):控制权市场与公司治理》,复旦大学出版社 2009 年版。

[18] 陈钊:《信息与激励经济学》,格致出版社、上海三联书店、上海人民出版社 2010 年版。

[19] 经济合作与发展组织:《公司治理:对 OECD 各国的调查》,中国财政经济出版社 2006 年版。

[20] 经济合作与发展组织:《经济合作与发展组织公司治理原则(2004)》,张政军译,中国财政经济出版社 2005 年版。

[21] 黄善明:《企业劳动契约剩余研究》,博士学位论文,四川大学,2005 年。

[22] [美] 玛格丽特·M. 布莱尔:《所有权与控制,面向 21 世纪的公司治理探索》,张荣刚译,中国社会科学出版社 1999 年版。

[23] [美] 哈罗德·德姆塞茨:《所有权、控制与企业》,段毅才、王伟译,经济科学出版社 1999 年版。

[24] [美] 奥利弗·E. 威廉姆森:《治理机制》,王健等译,中国社会科学出版社 2001 年版。

[25] [美] H. 培顿·扬:《个人策略与社会结构——制度的演化理论》,王勇译,格致出版社、上海三联书店、上海人民出版社 2002 年版。

[26] [美] 道格拉斯·C. 诺斯:《制度、制度变迁与经济绩效》,杭行译,上海三联书店、上海人民出版社 2002 年版。

[27] [美] 盖瑞·J. 米勒:《管理困境——科层的政治经济学》,王勇等译,上海三联书店、上海人民出版社 2002 年版。

[28] [美] 西蒙:《西蒙选集》,黄涛译,首都经济贸易大学出版社 2002 年版。

[29] [美] 奥利弗·E. 威廉姆森:《资本主义经济制度》,段毅才、王伟译,商务印书馆2002年版。

[30] [美] 阿道夫·A. 伯利、加德纳·C. 米恩斯:《现代公司与私有财产》,甘华鸣等译,商务印书馆2007年版。

[31] [美] 富兰克·H. 奈特:《风险、不确定性和利润》,王宇、王文玉译,中国人民大学出版社2005年版。

[32] [美] O. 哈特:《企业、合同与财务结构》,费方域译,格致出版社、上海三联书店、上海人民出版社2006年版。

[33] [美] 埃里克·弗鲁博顿、[德] 鲁道夫·芮切特:《新制度经济学》,姜建强、罗长远译,上海三联书店、上海人民出版社2006年版。

[34] [美] 萨缪·鲍尔斯:《微观经济学:行为、制度和演化》,江艇、洪福梅、周业安译,中国人民大学出版社2006年版。

[35] [美] 塞缪尔·鲍尔斯、理查德·爱德华兹、弗兰克·罗斯福:《理解资本主义:竞争、统制与变革》,孟捷等译,中国人民大学出版社2010年版。

[36] [美] 罗伯特·韦尔林:《公司治理案例》,吕彦俊等译,格致出版社、上海人民出版社2008年版。

[37] [美] 巴泽尔:《产权的经济分析》,费方域、段毅才译,格致出版社、上海三联书店、上海人民出版社2008年版。

[38] [美] 迈克尔·詹森:《企业理论——治理、剩余索取权和组织形式》,童英译,上海财经大学出版社2008年版。

[39] [美] 帕特里克·博尔顿、[比] 马赛厄斯·德瓦特里庞:《合同理论》,费方域等译,格致出版社、上海三联书店、上海人民出版社2008年版。

[40] [美] 哈尔·R. 范里安:《微观经济学:现代观点》,费方域等译,格致出版社、上海三联书店、上海人民出版社2009年版。

[41] [美] 科斯:《企业的性质》,载盛洪、陈郁编《企业、市场与法律》,格致出版社、上海三联书店、上海人民出版社

2009年版。

[42]［美］约瑟夫·熊彼特：《经济发展理论》，何畏等译，商务印书馆1990年版。

[43]［美］约翰·罗默：《社会主义的未来》，张金鉴等译，重庆出版集团、重庆出版社2010年版。

[44]［美］罗伯特·L. 海尔布罗纳、威廉·米尔博格：《经济社会的起源》，李陈华等译，格致出版社、上海三联书店、上海人民出版社2010年版。

[45]［英］乔纳森·查卡姆：《公司常青：英美法日德公司治理的比较》，郑江淮等译，中国人民大学出版社2006年版。

[46]［西班牙］泽维尔·维夫斯编：《公司治理：理论与经验研究》，郑江淮等译，中国人民大学出版社2006年版。

[47]［日］今井贤一、小宫隆太郎：《现代日本企业制度》，陈晋等译，经济科学出版社1995年版。

[48]［日］今井贤一、伊丹敬之、小池和男：《内部组织的经济学》，金洪云译，生活·读书·新知三联书店2004年版。

[49]［日］青木昌彦、奥野正宽编：《经济体制的比较分析》，魏加宁等译，中国发展出版社2005年版。

[50]［日］青木昌彦：《企业的合作博弈理论》，郑江淮等译，中国人民大学出版社2005年版。

[51]［日］铃村兴太郎、长冈贞男、花崎正晴：《经济制度的生成与设计》，东京大学出版会2006年版。

[52]［日］青木昌彦：《对内部人控制的控制：转轨经济中公司治理的若干问题》，《改革》1994年第6期。

[53]钱颖一：《企业的治理结构改革和融资结构改革》，《经济研究》1995年第1期。

[54]崔之元：《美国二十九个州公司法变革的理论背景》，《经济研究》1996年第4期。

[55]周其仁：《市场里的企业：一个人力资本与人力资本的特别合约》，《经济研究》1996年第6期。

［56］张维迎：《所有制、治理结构及委托—代理关系》，《经济研究》1996 年第 9 期。

［57］杨瑞龙、周业安：《一个关于企业所有权安排的规范性分析框架及其理论含义》，《经济研究》1997 年第 1 期。

［58］林毅夫、蔡昉、李周：《现代企业制度的内涵与国有企业改革方向》，《经济研究》1997 年第 3 期。

［59］方竹兰：《人力资本所有者拥有企业所有权是一个趋势》，《经济研究》1997 年第 6 期。

［60］杨瑞龙、周业安：《论利益相关者合作逻辑下的企业共同治理机制》，《中国工业经济》1998 年第 1 期。

［61］沈越：《德国社会市场经济理论来源新探》，《经济学动态》1998 年第 4 期。

［62］杨瑞龙、周业安：《相机治理与国有企业监控》，《中国社会科学》1998 年第 3 期。

［63］杨瑞龙、周业安：《交易费用与企业所有权分配合约的选择》，《经济研究》1998 年第 9 期。

［64］郑红亮：《公司治理理论与中国国有企业改革》，《经济研究》1998 年第 10 期。

［65］梅新育：《论美国企业股票期权计划的新发展》，《世界经济》1999 年第 5 期。

［66］周其仁：《公有制企业的性质》，《经济研究》2000 年第 11 期。

［67］叶祥松：《两种不同的国有公司治理模式评析》，《中南财经大学学报》2001 年第 2 期。

［68］张衔、黄善明：《员工效用函数、员工剩余控制权与企业治理结构创新》，《经济体制改革》2001 年第 3 期。

［69］杨瑞龙、杨其静：《专用性、专有性与企业制度》，《经济研究》2001 年第 3 期。

［70］杨瑞龙、刘刚：《不确定性和企业理论的演化》，《江苏社会科学》2001 年第 3 期。

[71] 林毅夫、刘培林：《自生能力和国企改革》，《经济研究》2001年第9期。

[72] 杨瑞龙、刘刚：《双重成本约束下的最优企业所有权安排——企业共同治理的经济学分析》，《经济学》（季刊）2002年第3期。

[73] 周鹏、张宏志：《利益相关者间的谈判与企业治理结构》，《经济研究》2002年第6期。

[74] 沈越：《从美国公司会计丑闻看美国公司治理神话的破灭》，《经济学动态》2002年第11期。

[75] 林毅夫：《自生能力、经济转型与新古典经济学反思》，《经济研究》2002年第12期。

[76] 杨胜刚、安青松：《全球关注：公司治理结构的国际比较》，《国际问题研究》2003年第1期。

[77] 劳兰珺、汪朝汉、张新辉：《高新技术企业人力资源价值的期权计量方法》，《研究与发展管理》2003年第4期。

[78] 洪银兴：《合作博弈和企业治理结构的完善》，《南京大学学报》（哲学人文科学社会科学）2003年第3期。

[79] 姚伟、黄卓、郭磊：《公司治理理论前沿综述》，《经济研究》2003年第5期。

[80] 孙少岩：《论美国企业职工持股制及其启示》，《当代经济研究》2003年第6期。

[81] 冯子标：《我国距离实施人力资本参与企业收益分配的差距探讨》，《学术月刊》2004年第3期。

[82] 黄少安、宫明波：《共同治理理论评析》，《经济学动态》2004年第4期。

[83] 陈继勇、肖光恩：《美国公司治理结构改革的最新发展及其启示》，《经济评论》2004年第5期。

[84] 祖良荣：《欧洲公司治理体制与企业社会责任重组》，《产业经济研究》2004年第5期。

[85] 封文丽：《日本公司治理中的股东监控机制》，《现代日本经

济》2005 年第 2 期。

[86] 王学新：《公司治理的德国模式》，《德国研究》2005 年第 3 期。

[87] 张兆国、宋丽梦、陈天骥：《试论我国上市公司财务的共同治理机制》，《中国软科学》2005 年第 3 期。

[88] 房宁：《德国社会市场经济的六大信条》，《新视野》2005 年第 3 期。

[89] 侯惠英、张长胜：《日本经营者主权现象与企业治理结构的改革》，《现代日本经济》2005 年第 4 期。

[90] 车维汉：《日本式公司治理结构的形成、机能及其演化》，《现代日本经济》2005 年第 4 期。

[91] 史建平、刘艳妮、张航：《对国有银行股改中的股权结构的缺陷分析及优化模式的探讨》，《中央财经大学学报》2005 年第 10 期。

[92] 张翼、马光：《法律、公司治理与公司丑闻》，《管理世界》2005 年第 10 期。

[93] 杨瑞龙、聂辉华：《不完全契约理论：一个综述》，《经济研究》2006 年第 2 期。

[94] 庞文薇：《德国职工"共决权"何去何从？——对目前德国职工"共决权"讨论的一些思考》，《德国研究》2006 年第 3 期。

[95] 关键、杨梅英：《经理交替模型与我国国有企业治理模式分析》，《管理学报》2006 年第 5 期。

[96] ［德］霍斯特·西伯特：《德国公司治理中的共同决策》，成福蕊译，崔之元校，《国外理论动态》2006 年第 6 期。

[97] 孙逊、郑飞虎：《预期、机会主义与股东行为均衡》，《南开经济研究》2007 年第 1 期。

[98] 刘少波：《控制权收益悖论与超控制权收益——对大股东侵犯小股东利益的一个新的理论解释》，《经济研究》2007 年第 2 期。

[99] 谢汪送：《社会市场经济：德国模式的解读与借鉴》，《经济社会体制比较》2007年第2期。

[100] 丁纯：《盎格鲁—撒克逊模式和莱茵模式的比较——20世纪80年代以来德、法和英、美经济表现和成因分析》，《世界经济与政治论坛》2007年第4期。

[101] 李维安、王世权：《利益相关者治理理论研究脉络及其进展探析》，《外国经济与管理》2007年第4期。

[102] 徐炜：《论我国国有独资公司董事会制度建设》，《经济与管理研究》2007年第12期。

[103] 李彬：《日本股权结构演变及其对公司治理的影响》，《日本学刊》2008年第3期。

[104] [日] 吉村典久：《日本公司治理改革的动向》，《产业经济评论》2008年第4辑。

[105] 李东浩：《日本企业公司治理结构的改革——基于近年来多元化改革的分析》，《产业经济评论》2008年第4辑。

[106] [日] 佐藤孝弘：《社会责任对德国公司治理的影响》，《德国研究》2008年第4期。

[107] 罗培新：《科学化与非政治化：美国公司治理规则研究述评——以对〈萨班尼斯—奥克斯利法案〉的反思为视角》，《中国社会科学》2008年第6期。

[108] 查会琼、洪功翔：《美国公司治理变迁中的政府作用研究》，《当代经济研究》2008年第10期。

[109] 连玉如：《"二战"以后德国"社会国家"发展问题探索》，《德国研究》2009年第3期。

[110] 田冠军：《公司治理国际化趋同、模式缺陷与纠偏机制——美国金融危机引发的思考》，《经济管理》2009年第4期。

[111] 张军：《对国有企业实施股份制改造中股权结构问题的探索》，《经济与管理研究》2009年第4期。

[112] 吕景春：《论劳资合作博弈中利益的帕累托改进——基于"和谐劳动关系"的分析视角》，《经济学家》2009年第

4 期。

[113] 荣兆梓：《从建立和谐劳资关系角度看公有制经济的进一步改革》，《当代经济研究》2009 年第 6 期。

[114] 余菁：《美国公司治理：公司控制权转移的历史分析》，《中国工业经济》2009 年第 7 期。

[115] 周梅：《德国监事会制度的最新发展及对中国监事会发展的启示》，《中德法学论坛》2009 年第 7 辑。

[116] 卢周来：《合作博弈框架下企业内部权力的分配》，《经济研究》2009 年第 12 期。

[117] 李丽林、陈力闻：《20 世纪 90 年代以来德国劳动关系的变化》，《教学与研究》2010 年第 1 期。

[118] 马力、张前：《公司治理制度的失衡与失效及其改革新方向：新制度经济学视角考察》，《现代财经》2010 年第 5 期。

[119] 陈初昇、衣长军：《基于人力资本视角的治理模式与企业所有权配置》，《宏观经济研究》2010 年第 7 期。

[120] 鲁茉莉：《德国公司治理改革的成效与问题》，《产业经济研究》2011 年第 1 期。

[121] 胡静锋：《再论公地的悲剧——基于公平偏好的博弈分析》，《中央财经大学学报》2010 年第 10 期。

[122] Aghion, P. and P. Bolton, "An Incomplete Contracts Approach to Financial Contracting", *Review of Economic Studies*, Vol. 59, 1992, pp. 473 – 494.

[123] Aghion, P. and J. Tirole, "Opening the Black Box of Innovation", *European Economic Review*, Vol. 38, 1994, pp. 701 – 710.

[124] Aghion and J. Tirole, "Some Implications of Growth for Organizational Form and Ownership Structure", *European Economic Review*, Vol. 39, 1995, pp. 440 – 455.

[125] Alchian, Armen and Demsetz, Harold, "Production, Information Cost and Economic Organization", *American Economic Review*, Vol. 62, 1972, pp. 777 – 795.

[126] Azariadis, C., "Implicit Contracts and Underemployment Equilibria", *The Journal of Political Economy*, Vol. 83, 1975, pp. 1183 – 1202.

[127] Azariadis, C. and J. E. Stiglitz, "Implicit Contracts and Fixed Price Equilibria", *Quarterly Journal of Economics*, Vol. 98, 1983, pp. 1 – 22.

[128] Baily, M. N., "Wages and Employment under Uncertain Demand", *Review of Economic Studies*, Vol. 41, 1974, pp. 37 – 50.

[129] Blair, Margaret, *Ownership and Control – Rethinking Corporate Governance for the Twenty First Century*, Washington: The Brookings Institution, 1995.

[130] Cheung, Stenven N. S., "The Contractual Nature of the Firm", *Journal of Law and Economics*, Vol. 26, 1983, pp. 1 – 21.

[131] Dow, G. K., "Why Capital Hires Labour: A Bargaining Perspective", *Americn Economic Review*, Vol. 83, 1993, pp. 118 – 134.

[132] Eswaran, M. and A. Kotwal, "Why are Capitalists the Bosses", *The Economic Journal* Vol. 99, 1989, pp. 162 – 176.

[133] Fitzroy, F. R. and D. Mueller, "Cooperation and Conflict in Contractual Organization", *Quarterly Review of Economics and Business*, Vol. 24, 1984, pp. 254 – 258.

[134] Franks, J. and C. Mayer, "Ownership and Control of German Corperations", *Review of Financial Studies*, Vol. 14, 2001, pp. 943 – 977.

[135] Gale, D. and M. Hellwig, "Incentive – Compatible Debt Contract: The One – Period Problem", *Review of Economic Studies*, Vol. 52, 1985, pp. 647 – 663.

[136] Gordon, D. F., "A Neo – classical Theory of Keynesian Unemployment", *Economic Inquiry*, Vol. 12, 1974, pp. 431 – 459.

[137] Grossman, S. and O. Hart, "An Analysis of the Principal – Agent Problem", *Econometrica*, Vol. 51, 1983, pp. 7 – 45.

[138] Grossman, S. and O. Hart, "The Costs and the Benefits of Ownership: A Theory of Vertical and Lateral Integration", *Journal of Political Economy*, Vol. 94, 1986, pp. 691 – 719.

[139] Hart, O. and J. Moore, "Property Rights and the Nature of the Firm", *Journal of Political Economy*, Vol. 98, 1990, pp. 1119 – 1158.

[140] Hart, O. and J. Moore, "Foundations of Incomplete Contracts", *The Review of Economic Studies*, Vol. 66, 1999, pp. 115 – 138.

[141] Harris, M. and A. Raviv, "Corporate Governance: Voting Rights and Majority Rules", *Journal of Financial Economics*, Vol. 20, 1988, pp. 203 – 235.

[142] Harris, M. and A. Raviv, "The Design of Securities", *Journal of Financial Economics*, Vol. 24, 1989, pp. 255 – 287.

[143] Holmström, B. R., "Moral Hazard and Observability", *Bell Journal of Economics*, Vol. 10, 1979, pp. 74 – 91.

[144] Holmström, B. R., "Moral Hazard in Teams", *Bell Journal of Economics*, Vol. 13, 1982, pp. 324 – 340.

[145] Holmström, B. R., "Equilibrium Long – Term Labor Contracts", *Quarterly Journal of Economics*, Vol. 98, 1983, pp. 23 – 54.

[146] Holmström, B. R. and J. Tirole, "The Theory of the Firm" In R. Schmalensee and R. Willig, eds., *Handbook of Industrial Economics*, Amsterdam: North – Holland, 1989, Vol. 1, pp. 63 – 133.

[147] Holmström, B. R. and J. Roberts, "The Boundaries of the Firm Revisited", *Journal of Economic Perspectives*, Vol. 12, 1998, pp. 73 – 94.

[148] Jensen, M. C. and W. H. Mechling, "Theory of the Firm: Managerial Behaviour, Agency Costs and Capital Structure", *Journal of Financial Economics*, Vol. 3, 1976, pp. 305 – 360.

[149] Jensen, M. C. and W. H. Mechling, "Rights and Production Functions: An Application to Labour – Managed Firms and Codetermina-

tion", *Journal of Business*, Vol. 52, 1979, pp. 469 – 506.

[150] Klein, B., R. G. Crawford and A. A. Alchian, "Vertical Integration, Appropriable Rents and the Competitive Contracting Process", *Journal of Law and Economics*, Vol. 21, 1978, pp. 297 – 326.

[151] Leland, H. E. and D. H. Pyle, "Informational Asymmetries, Financial Structure, and Financial Intermediation", *Journal of Finance*, Vol. 32, 1977, pp. 371 – 387.

[152] Mirrlees, J. A., "Notes on Welfare Economics, Information, and Uncertainty" In M. S. Balch, D. L. Mcfadden and S. Y. Wu, eds., *Essays on Equilibrium Behaviour under Uncertainty*, Amsterdam: North – Holland, 1974, pp. 243 – 258.

[153] Mirrlees, J. A., "The Theory of Moral Hazard and Unobservable Behaviour: Part 1", *Review of Economic Studies*, Vol. 66, 1975, pp. 3 – 21.

[154] Mirrlees, J. A., "The Optimal Structure of Incentives and Authority within An Organization", *Bell Journal of Economics*, Vol. 7, 1976, pp. 105 – 131.

[155] Milgrom and J. Roberts, "Bargaining Costs, Influence Costs, and the Organization of Economic Activity", In J. Alt and K. Shepsle, eds., *Perspectives on Positive Political Economy*, Cambridge: Cambridge University Press, 1990, pp. 57 – 89.

[156] Modigliani, F. and M. Miller, "The Cost of Capital, Corporate Finance and the Theory of Investment", *American Economic Review*, Vol. 48, 1958, pp. 261 – 297.

[157] Rajan, R. G. and L. Zingales, "The Tyranny of Inequality", *Journal of Public Economics*, Vol. 76, 2000, pp. 521 – 558.

[158] Riordan, M. H. and D. Sappington, "Information, Incentives and Organizational Mode", *Quarterly Review of Economics*, Vol. 102, 1987, pp. 243 – 264.

[159] Riordan, M. H., "What is Vertical Integration?", In M. Aoki, Bo Gustafsson and O. Williamson, eds., *The Firm as a Nexus of Treaties*, London: Sage Publications Ltd., 1990.

[160] Ross, S. A., "The Determination of Financial Structure: the Incentive Signalling Approach", *Bell Journal of Economics*, Vol. 8, 1977, pp. 23 – 40.

[161] Spence, M. and R. Zeckhause, "Insurance, Information, and Individual Action", *American Economic Review*, Vol. 61, 1971, pp. 380 – 387.

[162] Stiglitz, J. E. and A. Weiss, "Credit Rationing in Markets with Imperfect Information", *American Economic Review*, Vol. 71, 1981, pp. 393 – 410.

[163] Tirole, J., "Hierarrchies and Bureaucracies: On the Role of Collusion in Organizations", *Journal of Law, Economics and Organization*, Vol. 2, 1986, pp. 181 – 214.

[164] Tirole, J., "Corporate Governance", *Econometrica*, Vol. 69, 2001, pp. 1 – 35.

[165] Williamson, O. E., "The Vertical Integration of Production: Market Failure Considerations", *American Economic Review*, Vol. 61, 1971, pp. 112 – 23.

[166] Williamson, O. E., "Transaction – Cost Economics: The Governance of Contractual Relations", *Journal of Law and Economics*, Vol. 22, 1979, pp. 233 – 61.

[167] Williamson, O. E., "Organization of Work: A Comparative Institutional Assessment", *Journal of Economic Behaviour and Organization*, Vol. 1, 1980, pp. 5 – 38.

[168] Yang, Xiaokai and Yew – Kwang Ng, "Theory of the Firm and Structure of Residual Right", *Journal of Economic Behaviour and Organization*, Vol. 26, 1995, pp. 107 – 28.

后　记

本书是在我的博士学位论文基础上修改而成的。在四川大学攻读博士学位期间，有幸参加了我的导师张衔教授主持的国家社会科学基金重大招标项目"贯彻科学发展观　构建社会主义和谐社会的微观基础研究"（07&ZD003）课题研究。博士学位论文的选题来源于该课题研究，博士学位论文是这一课题研究的部分成果。在论文撰写过程中，得到了张衔教授的耐心指导，通过数易其稿的磨砺和推敲，博士学位论文终于完成。从论文的开题、研究思路的确立、研究方法上的探讨以及相关理论和概念的辨析，直到最终完成研究工作，张衔老师都进行了仔细推敲并提出了相应的修改建议。张衔老师严谨的治学态度、扎实的学术功底、求真务实的治学精神以及坦率正直的学术品格给了我很大的启迪和帮助，这些有益的影响和教育将为我未来的学术进步提供坚实的基础。

在读博期间，曾得到朱方明教授、蒋永穆教授、张红伟教授、杜江教授的学术指导以及袁芸老师、袁昌菊老师提供的工作帮助，在此表示感谢。需要感谢的还有经济学院的各位领导和老师对我读博期间学习和生活的关心及帮助。还要感谢我在四川大学攻读硕士研究生时候的导师周毅老师，我能继续在四川大学深造得，益于周毅老师的鼓励和教诲。感谢我的同学刘涛、贾玉玺、张秀利、张宪、杨元庆、毛孟凯等的帮助。

最后，我要感谢我的父母对我学业的支持，在四川大学求学过程中，他们的支持使我能够克服困难并最终完成学业。

本书的撰写过程中，参考了国内外学者和专家的研究成果，在这里对他们表达敬意。

本书是国家社会科学基金重大招标项目"贯彻科学发展观　构建社会主义和谐社会的微观基础研究"（07&ZD003）的部分成果。感谢国家社会科学基金对本书的资助。

胡静锋

2016年10月于重庆江北